ESSAIS PHILOSOPHIQUES SUR MONTAIGNE ET SON TEMPS
sous la direction de Philippe Desan
8

Série *Lectures des* Essais
dirigée par Thierry Gontier
3

De la force de l'imagination

Michel de Montaigne

De la force de l'imagination

Essais, I, 21

Introduction, notes et commentaire par Nicola Panichi

Traduction de Jean-Pierre Fauquier,
revue par Marc Foglia et Thierry Gontier

PARIS
CLASSIQUES GARNIER
2021

Nicola Panichi est professeure à l'École normale supérieure de Pise. Elle a notamment publié *La virtù eloquente. La « civil conversazione » nel Rinascimento*, *Les Liens à renouer. Scepticisme, possibilité, imagination politique chez Montaigne* et *Ecce Homo. Studi su Montaigne*.

Jean-Pierre Fauquier est professeur agrégé d'italien. Il a notamment traduit l'ouvrage de Nicola Panichi, *Les Liens à renouer. Scepticisme, possibilité, imagination politique chez Montaigne*.

ISBN 978-2-406-10657-9 (livre broché)
ISBN 978-2-406-10658-6 (livre relié)
ISSN 2116-7974

AVANT-PROPOS

L'objet de la série « Lectures des *Essais* » est de proposer un commentaire suivi de différents chapitres des *Essais* de Montaigne, chaque ouvrage de la série étant consacré à un chapitre.

L'édition reproduite est celle de Pierre Villey (F. Alcan, 1922-1923), qui a été plusieurs fois rééditée aux PUF, en conservant toujours la pagination de l'édition originale (que nous avons indiquée entre crochets). Nous en avons respecté la ponctuation et la découpe en paragraphes. Les auteurs ont librement ajouté en note les variantes qui leur paraissaient les plus significatives et en ont tenu compte dans leur commentaire.

Pour les chapitres des livres I et II, le texte de la couche [A] de l'édition de Pierre Villey (édition de 1580 des *Essais*) est reproduit en caractères romains, celui de la couche [B] (édition de 1588) en caractères italiques, celui de la couche [C] (ajouts faits à partir des ajouts manuscrits de Montaigne sur l'exemplaire de Bordeaux) en caractères gras. Pour les chapitres du IIIe livre, le texte de la couche [B] (édition de 1588) est reproduit en caractères romains et celui de la couche [C] (ajouts faits à partir des ajouts manuscrits de Montaigne sur l'exemplaire de Bordeaux) en caractères gras. Les citations épousent la casse de la couche du texte et sont signalées par des guillemets ou un retrait de paragraphe. Les autres termes en italiques de l'édition Villey apparaissent en caractères soulignés. Le commentaire reprend la codification de Villey (A, B, C). Les citations en langue étrangère sont traduites entre crochet dans le texte.

Pour les variantes, les éditions les plus courantes du vivant de Montaigne sont indiquées par les deux derniers chiffres de la date d'édition (80 = édition de 1580 ; 88 = édition de 1588, etc.). Il en va de même pour l'édition de 1595 (95). L'exemplaire de Bordeaux est noté EB. Les autres éditions sont nommées d'après nom de l'éditeur (p. ex. l'édition d'André Tournon = Tournon) ou, dans le cas, d'éditeurs multiples, du premier qui apparaît sur la page de titre (p. ex. l'édition d'Emmanuel Naya, Delphine Reguig-Naya et Alexandre Tarrête = Naya).

Pour les termes et expressions inusités aujourd'hui, un équivalent en langue moderne est mis en note.

Per Egisto.
Mens agitat molem

INTRODUCTION

Au banquet de Janus

DATATION, RÉCEPTION ET STRUCTURE

Un nombre élevé d'*exempla* du chapitre « De la force de l'imagination » (I, 21) figurent dans les compilations de l'époque, ce qui a autorisé Pierre Villey à en dater la rédaction, ainsi que celle d'un grand nombre d'autres chapitres (I, 14, 19 et 20), aux alentours de 1572. Un goût prononcé pour l'étrange se retrouve également dans d'autres pages des chapitres écrits à la même époque (entre autres, I, 23, 27, 34 et 49).

Puisant abondamment dans ce répertoire des histoires étranges, Montaigne conclut l'édition de 1580 par une formule prudente : « Car les Histoires que j'emprunte, je les renvoye sur la conscience de ceux de qui je les prens ». Il précise dans l'édition de 1588 qu'on doit seulement lui imputer les raisonnements construits à partir d'exemples « advenus ou non advenus », mais de toutes façons utiles pour comprendre l'homme sous ses multiples facettes, qui vont des désirs aux peurs en passant par les émotions. Dans la dernière mouture, il se résout à mieux préciser le cadre de sa pensée, « en l'estude que je traitte de noz moeurs et mouvemens » (l. 351), et livre ainsi une clef pour la compréhension de l'ensemble du chapitre.

Divers ajouts donnent une meilleure cohésion au chapitre et rejoignent les réflexions du chapitre « Des boyteux » (III, 11), intimement lié au chapitre I, 21. Du point de vue thématique, « Des boyteux » peut être considéré comme une réflexion au second degré sur les thèmes présents *in nuce* dans le chapitre « De la force de l'imagination », même s'il pose de façon plus explicite le rapport crucial entre philosophie et imagination, philosophie et fiction, et, au-delà, entre imagination, envoûtements et inquiétudes sexuelles. Ce chapitre III, 11 délaisse les discours apologétiques (souvent ironiques) autour de la sexualité masculine et prend en considération les contes fantastiques sur les deux sexes que l'on trouve dans les *Adages* d'Érasme (« Le boiteux le faict le mieux », selon la reine des Amazones) ou au chapitre X, 26 des *Problemata* d'Aristote, pour lequel les parties génitales des boîteuses seraient plus pleines et plus vigoureuses, parce que les jambes et les cuisses seraient moins nourries. Cette dernière hypothèse a donné lieu à un proverbe italien, que Montaigne transcrit ainsi : « celuy-là ne cognoit pas Venus en sa parfaicte douceur qui n'a couché avec la boîteuse » (III, 11, 1033)[1]. Montaigne commente en ces termes : « De-quoy ne pouvons nous raisonner à ce pris là ? » (*ibid.*, 1034). Quant au chapitre « Sur des vers de Virgile », qui attribue la cause à la voracité présumée du sexe féminin, il donne lieu à une conclusion ironique.

La première édition du chapitre I, 21 a valu à Montaigne le reproche du second *consultor* de la censure romaine : « 122. Il attribue au pouvoir de l'imagination l'assentiment particulier qui est donné aux miracles. Le titre du chapitre est : Une forte imagination crée l'événement[2] ». Suit une longue liste. D'autres critiques de Montaigne vont dans le même sens. Les *Disquisitionum magicarum libri sex* (*Enquêtes sur les phénomènes magiques*) de Martin Del Rio (qui était possiblement

1 Voir M. de Montaigne, *L'immaginazione*, éd. N. Panichi, Florence, Olschki, rééd. 2010, n. 32-33, p. 162-163. Pour Aristote, *Problemata*, X, 26, 893b (et IV, 31, 880b). Érasme, *Adages*, « *Claudus optime virum agit* », II, 9, 49 (adage n° 1849).

2 « *122. Tribuit potenti[a]e imaginationis praecipuum assensum, qui datur miraculis. Titulus capitis est : fortis imaginatio facit casum.* » Le *consultor* reproche à Montaigne d'attribuer le miracle à la force de l'imagination : « Il est vray semblable, que le principal credit des miracles, des visions, des enchantemens, & de tels effects extraordinaires vienne de la puissance de l'imagination, agissant principalement contre les ames du vulgaire, où il y a moins de resistance. On leur a si fort saisi la creance, qu'ils pensent voir ce qu'ils ne voient pas » (l. 82-87). Dans le chapitre « Des boyteux », Montaigne attribue les récits des sorcières et sorciers à la force de leur imagination malade. Ce chapitre est aussi alimenté par la polémique avec Bodin au sujet de Wier. Dans le chapitre « De la coustume », Montaigne ne se laisse pas intimider par les censures, et répète qu'il faut considérer que les miracles sont tels à cause de l'ignorance où nous sommes de la nature, non en fonction de la nature elle-même. Voir la transcription et le commentaire des *consultores* de 1581 [ACDF, *Index*, *Protocolli* C, f° 470r°-471r° [346r°-347r°] : *Documentum* 32, *In librum sermone Gallico impressum Abordeaus 1580 auctore Michaele de Montagnie*, in N. Panichi, *Montaigne*, Rome, Carocci, 2010 et P. Godman, *The Saint as Censor. Robert Bellarmine between Inquisition and Index*, Leyde – Boston – Cologne, Brill, 2000). À cette transcription, j'ai apporté quelques corrections significatives (voir chap. II : « Peurs de la censure »).

un cousin de Montaigne) préviennent le lecteur de la dangerosité du chapitre, et l'invitent ouvertement à « craindre Montanum[3] ». Pierre de L'Ancre, conseiller au Parlement de Bordeaux et élève des Jésuites, tout en condamnant les opinions « impertinentes » et « fausses » de Montaigne, tente de l'excuser sur au moins sur deux points : la dimension « familière » des *Essais*[4] et son « irrésolution », c'est-à-dire la tendance renvendiquée par Montaigne à laisser « toutes choses en doute » – bien qu'il prenne position « hardiment et absolutement » dans le cas du « nouement d'aiguillettes » et de la « sorcellerie ». Théophile Raynaud, dans *Des stigmates sacrés et profanes, divins, humains, démoniaques*[5] – un ouvrage écrit dans le style de Pomponazzi –, affirme la dangerosité des théoriciens qui croient fanatiquement à la force de l'imagination. Les interlocuteurs de la Compagnie des *Serées* (1584) de Jean Bouchet se déclarent presque tous partisans de Bodin, de l'existence du démon et de ses pratiques magiques. À propos du cas Marie-Germain, où Montaigne évoque l'émergence du membre viril chez une jeune fille provoqué par un saut, Bouchet se gausse du commentaire montaignien sur le pouvoir que possèderait l'imagination de donner corps à son désir : Bouchet objecte à Montaigne que la nature « tend touiours à une perfection » et qu'elle peut, à l'occasion d'un grand effort, faire sortir ce que le sexe féminin a de commun avec celui de l'homme, et qui n'est que caché, suivant l'idée des

3 « De cela, je pense que tu comprends aisément, lecteur, que Michel de Montaigne (I, 21) retire ces méfaits au démon pour les attribuer aux puissances de l'imagination. Celle-ci peut ramener un impuissant à la sexualité, personne ne le nie ; mais attribuer des affections si disparates et variées à la seule imagination, Oreste, du moins, ne l'aura pas fait pendant les moments de rémission de sa folie » (*Disquisitionum magicarum libri*, Lovanii : ex officina typographica Gerardi Riuii typog. iurati, 1599-1601 ; III, VIII, « De maleficio ligaminis », p. 219).

4 *L'Incredulité et mescreance du sortilege plainement convaincue, Ou il est amplement et curieusement traicté, de la verité ou illusion du sortilege, de la fascination, de l'attouchement…*, à Paris, chez Nicolas Buon, ruë Saint Iacques, à l'enseigne Sainct Claude, & de l'homme sauvage, 1622, Traité VI, p. 340. De L'Ancre, dans une manchette de la page 339, écrit que, malgré sa parenté présumée avec Montaigne, Del Rio « ne peut souffrir la liberté des opinions du Sieur de Montagne » et, ce qui est pire, il semble le mettre au rang de « ceux qui suivent les heretiques » (*Ibid.*). La digression, avec la transcription et quelques passages montaigniens, va jusqu'à la page 341. Montaigne est cité comme source polémique de Del Rio aussi à la page 331 (le fameux exemple du chat qui par son regard fait tomber entre ses griffes l'oiseau raide mort).

5 Gratianopoli, apud Claudium Bureau, 1647, *sectio* I, caput XI, *Stigmata S. Francisci*, p. 204-205.

anatomistes, selon qui « la matrice de la femme n'est que la bourse et verge renversee de l'homme[6] ».

Malebranche et Pascal mettront quant à eux en évidence les points de désaccord entre Montaigne et l'Église catholique. L'un des pouvoirs que possèdent les *imaginationes* consiste dans leur capacité à se greffer les unes sur les autres, donnant ainsi à celui qui en serait doté la faculté de persuader sans se fonder sur une raison valable. Avec Tertullien et Sénèque, Montaigne fait partie de ces individus doués d'une forte imagination, et par conséquent d'un pouvoir de persuasion hors du commun. Malebranche les présente comme des visionnaires :

> Par exemple, le tour des parolles de Tertullien, de Seneque, de Montagne, & de quelques autres, a tant de charmes, & tant d'éclat, qu'il éblouït l'esprit de la plûpart des gens, quoi que ce ne soit qu'une foible peinture, & comme l'ombre de l'imagination de ces Auteurs. Leurs paroles toutes mortes qu'elles sont, ont plus de vigueur que la raison de certaines gens[7].

L'envoûtement se fait par des paroles qui « entrent, pénètrent et dominent » l'âme, et leur permettent de se faire obéir sans se faire comprendre :

> on veut croire mais on ne sçait que croire : car lorqu'on veut sçavoir précisément ce qu'on croit, ou ce qu'on veut croire ; & qu'on s'approche, pour ainsi dire, de ce fantôme pour les reconnoître, ils s'en vont souvent en fumée avec tout leur appareil et tout leur éclat.

Dans les *Éclaircissements*, en particulier le IXe, Malebranche insiste sur la « domination contagieuse de l'imagination sur la raison[8] » qu'il voit à l'œuvre chez Sénèque, Tertullien et Montaigne. En vertu de la *vis imaginandi* de ces auteurs, les « paroles toutes mortes » et les « façons sensibles » l'emportent systématiquement sur la raison. En conclusion, « ils soulevent presque toujours les sens contre la raison ; & [...] ils repandent, pour ainsi dire, la conviction et la certitude dans tous ceux

---

6 *Les Serees*, derniere edition, reveuë et augmentee par l'Autheur, à Lyon, chez Pierre Rigaud, 1614, p. 84-85, réédition moderne dans A. Janier, *Les Serées (1584-1597-1598) du libraire-imprimeur Guillaume Bouchet (1514-1594)*, texte revu et corrigé par J.-C. Arnould, Paris, Champion, 2006.

7 *De la recherche de la vérité*, in *Œuvres complètes*, éd. G. Rodis-Lewis, Paris, Vrin, 1991, t. I, II, III, III, p. 341.

8 *De la recherche de la vérité. Éclaircissements*, *op. cit.*, III, IX, p. 119.

qu'ils regardent[9] ». Si Malebranche avoue avoir « beaucoup de respect » pour Tertullien, surtout dans l'*Apologia contra Gentiles* et ses prescriptions contre les hérétiques, ainsi que pour quelques passages de Sénèque, il n'a en revanche aucune estime « pour tout le livre de Montaigne[10] », dont il dénonce « les manières libres & naturelles », à même de fasciner l'esprit et de le corrompre[11]. Malebranche propose par ailleurs une critique psychologique approfondie de Montaigne dans le second livre de *La Recherche de la Vérité*[12].

L'objectif que poursuit Montaigne en traitant de la force de l'imagination est plus complexe. En réalité, le chapitre I, 21 prend appui sur un catalogue d'exemples pour mettre en évidence le pouvoir des facultés mentales sur le corps, le poids de ce que l'on appelle aujourd'hui le psychosomatique, qui va des rêves érotiques à l'impuissance sexuelle, de l'effet placebo des médicaments aux extases et aux ravissements. Il expérimente ainsi les mille formes du monde humain, les divers aspects de « l'humaine condition », comme il le souligne ailleurs dans les *Essais*, « en l'estude que je traitte de noz moeurs et mouvemens ». Le caractère propre de l'homme, c'est l'imagination prise dans ses effets incohatifs, persuasifs ou coercitifs : elle est une faculté dont le pouvoir va même au-delà du domaine de la *psyché* pour s'étendre jusqu'à ceux de la morale et de l'histoire.

Le chapitre « De la force de l'imagination » cherche en un sens à fournir des éléments de réponse à la question : qu'est-ce que la nature humaine ? Montaigne sait qu'il n'est pas possible d'en donner une définition qui cloturerait la notion. En citant des phénomènes concrets ou fabuleux, il essaie de remonter à leurs causes probables, à savoir aux illusions, mensonges et

9 *Ibid.*, p. 119-120.

10 *Ibid.*, I (II, III, III, 1), p. 342.

11 Malebranche, *Éclaircissements*, III, p. 120.

12 *Op. cit.*, I, p. 359-369. Ignorant la nature de l'esprit humain et de ses propres erreurs, Montaigne confondrait « l'esprit avec la matière » (p. 368). Après avoir insisté sur « la puissance de son imagination », Malebranche ajoute : « Tout Cavalier qu'il est, ne laisse pas d'être aussi pédant [...] il n'a eu qu'une connoissance tres-médiocre de l'esprit [...] il s'est plutôt fait un pédant à la cavaliere, & d'une espéce tout singuliére, qu'il ne s'est rendu raisonnable, judicieux, & honnête homme » (p. 361-362). Pour conclure : « il me semble qu'on doit avoir quelque horreur de la maniére cavaliére & et peu Chrétienne, dont Montaigne représente ses défauts » (p. 365). Le retourné final revient en quelque façon sur le problème de l'imagination. Ses discours sont « mal raisonnez, mais bien imaginez ». L'auteur arriverait à rendre original ce qu'il copie par la « vivacité » d'une imagination « toujours dominante » (p. 369).

superstitions liés à l'ignorance, où l'imagination trouve toujours un terrain fertile pour engendrer des monstres. L'expression de « nature humaine », dans la première couche de rédaction de l'« Apologie de Raymond Sebond » (II, 12, 467), constitue un *hapax* dans les *Essais*. On trouve en revanche 14 occurrences de l'expression « humaine nature[13] ». La notion de nature se superpose à celle de l'« estre », qui ne signifie pas pour Montaigne l'être permanent et substantiel, mais l'être-en-mouvement, sujet au « passage », à la déclinaison, aux vicissitudes et aux métamorphoses – ces dernières pouvant être d'ordre perceptif, psychologique, gnoséologique, historique ou moral, selon le bon ou le mauvais usage de la *vis imaginandi*.

Dans la dernière rédaction du chapitre, Montaigne a recours en permanence à Augustin, à qui il emprunte des éléments de réflexion sur les mouvements volontaires et surtout involontaires du corps, dans ses évocations de l'*impotentia coitus* ou *cœundi* agrémentées d'illustrations érotiques et médico-judiciaires. Dans ce chapitre, il livre ainsi une histoire personnelle, sorte d'éloge paradoxal faisant part à l'autobiographie. Montaigne aurait remis une amulette au comte de Gurson, à la fin de sa noce à laquelle il était invité. Il s'agissait d'une médaille en or représentant des figures célestes, censée posséder le pouvoir de conjurer une impuissance résultant d'un sort. Presque imperceptiblement, Montaigne amène son discours sur le terrain de l'histoire et de la poésie, retravaillant un passage de la *Poétique* d'Aristote qui souligne que « l'historien expose les événements réels, le poète des faits qui peuvent advenir[14] ». Le chapitre s'achève sur la capacité de l'imagination à se poser en médiatrice, en Mercure des événements, et à les saisir dans leur ambivalence par rapport à la réalité. Plutôt que de rapporter des faits contemporains (« les affaires de mon temps ») qui pourraient donner lieu à une sorte d'histoire de son époque[15], Montaigne préfère se recentrer sur un projet

13 À cette nomenclature, il faudrait ajouter six occurrences de « humaine condition » et une de « condition humaine ».

14 « De ce qui a été dit, il est évident aussi que l'œuvre du poète ne consiste pas à rapporter les événements réels, mais bien des faits qui peuvent advenir et des faits qui sont possibles, dans le cadre du vraisemblable ou du nécessaire. L'historien et le poète ne sont pas différents parce qu'ils s'expriment en vers ou en prose : les écrit d'Hérodote peuvent se tourner en vers, et ils demeurent toujours une œuvre d'histoire avec ou sans structure métrique. Mais la différence est celle-ci, que l'historien expose les événements réels, et le poète comme des faits qui peuvent advenir » (*Poétique*, 1451b).

15 J. Faye d'Espesses (*Recueil de plusieurs pieces des Sieurs de Pybrac, d'Espeisses, Presidents au Parlement de Paris, et de Bellièvre Chancelier de France non encore imprimee*, Paris, P. Blaise

moral, tentant de trouver une manière d'éduquer qui apprendrait à dire la possibilité. C'est là la signification la plus haute qu'il accorde à l'écriture de l'histoire. Comme l'écrit Euripide, « les songes sont créatures de la terre ». C'est en ce sens que Montaigne traite de l'imagination dans le chapitre I, 21. Peu à peu, la réflexion physiologique sur les scansions de l'imagination donne lieu à une réflexion morale sur la *vis imaginandi*, que Montaigne emprunte en partie à Lucrèce.

Le chapitre forme un texte structuré, qui compte parmi les plus élaborés des *Essais* dans leur version finale, et ce jusqu'à sa conclusion[16]. L'auteur procède, comme il le fait ailleurs, par grandes couches d'écriture successives, qui correspondent aux relectures des différentes éditions. Comme nous le montrerons, les concepts du chapitre I, 21 mettent en œuvre une réflexion qui se déploie à la fois sur les plans physiologique, épistémologique, éthique et historique, les effets de contamination et de décalage entre les différents plans étant nombreux. Dans sa dernière rédaction, Montaigne tente de montrer le pouvoir matérialisant de l'imagination. Il met alors en place une théorie de l'imagination fondée sur la possibilité de se mettre à la place d'un autre, de se détacher de son propre point de vue pour adopter celui d'autrui. Le chapitre instaure une sorte de cercle vertueux : on passe de la physiologie à l'éthique, les présupposés anthropologiques de la sympathie et de la pitié devienant des sentiments moraux. La théorie laisse place à une longue casuistique comprenant de nombreuses références relevant du domaine de la sexualité. Montaigne suit cette direction dans l'*Exemplaire de Bordeaux*, en se référant à Plutarque et à des *historia* antérieures. La capacité de l'imagination à changer de point de vue pour adopter celui d'autrui acquiert une consistance morale, celle d'une réciprocité fondatrice de la relation intersubjective. C'est ainsi que, dans le chapitre « Du jeune Caton » (I, 37), l'imagination prend une valeur éthique et paradigmatique, qui renvoie implicitement à la

---

1635, p. 149) raconte que Montaigne avait conçu l'idée d'écrire une histoire du voyage de Henri d'Anjou (futur Henri III) en Pologne. Sur ce point, voir : Ph. Desan, *Montaigne. Une biographie politique*, Paris, Odile Jacob, 2014, p. 251 et C. Magnien, « Montaigne historien de l'"expedition" de Henri d'Anjou en Pologne (1573-1574) ? Hypothèses », in *Histoire et littérature au siècle de Montaigne*, Mélanges offerts à Claude Gilbert Dubois, éd. F. Argod-Dutard, Genève, Droz, 2001, p. 195-206.

16 Voir A. Legros, « De la force de l'imagination selon l'*Exemplaire de Bordeaux* en l'état et du recours à l'édition posthume », *Bulletin de la Société Internationale des Amis de Montaigne*, n° 56, 2012, 2, p. 287-320.

conclusion de I, 21. Le chapitre « De la force de l'imagination » est animé par une dynamique centrifuge revendiquée par Montaigne lui-même. Le vaste spectre sémantique de cette notion lui permet d'attribuer à l'imagination la capacité de présenter le vrai et le faux et d'obtenir des résultats hétérogènes, voire opposés. Comme le souligne l'« Apologie de Raymond Sebond » (II, 12, 460), la « liberté de l'imagination » est « ce deresglement de pensées » qui représentent à l'homme « ce qui est, ce qui n'est pas, et ce qu'il veut, le faux et le veritable … ». Le chapitre I, 21 fournit en ce sens des éléments à une stratégie argumentative visant à expérimenter la capacité et les limites de la raison.

Un certain nombre de concepts scandent l'ordre linéaire du texte et confèrent au chapitre son anatomie :

1. Montaigne part du constat de la force matérialisante de l'imagination. Il élabore à partir du « *fortis imaginatio generat casum* » une première ébauche du concept de l'interversion du point de vue avec celui d'autrui, par une sorte d'échange dont la signification morale sera complétée dans le chapitre I, 37. Ce point de départ initie diverses géographies de l'âme et du corps, du désir et du songe, de la peur et de la joie, qui témoignent du pouvoir de la *psyché* sur le *soma*. Puisant dans les compilations de l'époque, et plus encore dans les sources antiques (Plutarque, Valère Maxime, Sénèque, Cicéron, Lucrèce, Pline) et modernes (Ficin, Paracelse, Cornelius Agrippa, Paré, Boaistuau, Joubert, Ludovic Ricchieri [Celius Rhodiginus], Tixier de Ravisy [Ravisius Textor], Pero Mexía), Montaigne propose une longue liste d'*exempla*, sous la forme de faits qu'il rapporte sans en garantir la véracité. Leur fonction est explicitée vers la fin du chapitre I, 21 dans un ajout tardif, lorsque Montaigne spécifie leur portée dans l'économie du chapitre et des *Essais* en général.
2. Le premier écart par rapport à cette thématique du départ transpose la réflexion dans le domaine religieux, confondant le profane et le sacré. Montaigne conclue sa liste d'*exempla* en mentionnant les cicatrices et les stigmates. Viennent ensuite la guérison des écrouelles dans un second décalage, le toucher des rois thaumaturges, mis sur le même plan que les miracles, puis enfin la magie, les ensorcellements et les « nouements d'aiguillettes » – ce dernier phénomène donnant à Montaigne l'occasion d'exprimer une théorie des mouvements

involontaires. En attribuant à l'imagination ces phénomènes physiques et psychiques, ainsi que divers effets thérapeutiques, il suggère la possibilité d'une explication par des causes naturelles des stigmates, des lévitations et par conséquent des miracles. Dans le chapitre « Des boyteux », il proposera une explication analogue par la « force de l'apprehension » et l'autosuggestion (III, 11, 1027).

3. Un autre palimpseste porte sur le rapport entre magie et justice. Celui-ci sera longuement développé dans le chapitre « Des boyteux », au point d'en constituer l'un des axes principaux. Il trouve ici son antécédent conceptuel immédiat. Reprenant l'une des lignes principales de son argumentation, à savoir la fonction de l'imagination dans la sexualité masculine, Montaigne met en scène une sorte de harangue ou d'éloge paradoxal du membre. Cette prosopopée est suivie de l'exemple des rois thaumaturges, de l'effet placebo des médicaments, de la présence de l'imagination chez les bêtes et enfin de la fonction du divertissement ou « diversion ».
4. La dernière articulation du chapitre développe un discours inédit sur la fonction de l'imagination en histoire. Il s'agit d'une reprise, mais aussi d'une révision des catégories de Bodin, en particulier de la question de la véracité des histoires et de la valeur des témoignages, qui conduit Montaigne à une réflexion sur la valeur de la comparaison et de l'analogie dans les domaines historique et épistémologique. En passant du statut de l'*exemplum* à la capacité projective de l'imagination, capable de prédire ce qui peut advenir, Montaigne accomplit un pas théorique décisif : l'imagination apparaît comme la faculté du possible dans le corps et dans l'espace, mais aussi comme la capacité du prédictible dans le temps – Montaigne abandonnant le chemin tracé par Bodin sur l'écriture de l'histoire dans le *Methodus ad facilem historiarum cognitionem*.
5. Le texte s'achève sur la valeur parénétique de la philosophie de Plutarque. Dans la conclusion du chapitre, qui reprend quelques pistes du début, les géométries de l'imagination finissent par devenir celles de l'éthique.

STATUT DE LA QUESTION ET PROBLÈMES DE LEXICOLOGIE

Les occurrences du couple thématique imagination/fantaisie, de ses corrélats et de ses dérivés, sont nombreuses dans les *Essais*, et fonctionnent en suivant l'homonymie *phantasia vel imaginatio.* Par ailleurs, on note que Montaigne se sert du vocable de « raison » selon la même acception. La *Concordance des Essais de Montaigne* de Roy Leake[17] établit les occurrences suivantes :

- *imaginatio*, 1 ;
- *imagination*, 116 ;
- *imaginations*, 31 ;
- *imagine* (verbe), 14 ;
- *imaginé*, 1 ;
- *imaginée*, 1 ;
- *imaginent*, 1 ;
- *imaginer*, 36 ;
- *imaginera*, 1 ;
- *imaginez*, 3 ;
- *imaginoit*, 1 ;
- *imaginons*, 3 ;
- *image*, 74 ;
- *images*, 17 ;
- *imaginaire*, 6 ; *imaginaires*, 5 ;
- *imaginant*, 1.
- *fantaisie*, 82 ;
- *fantaisies*, 36 ;
- *fantasia*, 1 ;
- *fantasioit*, 1 ;
- *fantasions*, 2 ;
- *fantasques*, 3 ;
- *fantastique*, 16 ;

17 Roy E. Leake, *Concordance des Essais de Montaigne*, Genève, Droz, 1981.

– *fantastiquer*, 1 ;
– *fantastiques*, 12 ;
– *fantosme*, 1 ;
– *fantosmes*, 2.

La richesse des occurrences manifeste non seulement l'intérêt de Montaigne pour cette problématique, mais aussi la polysémie de ce couple notionnel dont les significations peuvent aller jusqu'à s'opposer dans les *Essais*[18]. Ainsi, dans le lexique philosophique montaignien, l'imagination signifie à la fois l'idée « sainement assortie » (I, 39, 245) et son réceptacle ou son *locus* (II, 12, 589). Il peut s'agir d'une pensée authentique (« imagination vraye », II, 4, 363), comme dans le cas des « belles imaginations » de Sebond (II, 12, 440) ou d'une image produite par la nécessité des démonstrations géométriques (II, 12, 535) : elle va jusqu'à signifier l'idée même de sagesse humaine (« imagination de prudence humaine », II, 12, 473). Montaigne lui attribue également la capacité de discerner le vrai (II, 17, 658). Dans le chapitre « Des menteurs », l'imagination restaure dans sa forme originelle un événement, en en « délogeant la fauceté » (I, 9, 36), même si elle n'est pas en mesure d'en fournir ensuite une base certaine. Conservant son caractère oscillatoire, elle donne un fondement – même s'il s'agit ici d'un fondement peu assuré – aux inventions fantaisistes des menteurs. Dans certains cas, elle renvoie à une pensée qui possède une dimension pratique (« action ou imagination » : I, 28, 193). L'imagination recouvre en outre une fonction épistémologique importante, étant en mesure de douter (III, 13, 1084). Son parcours croise celui de la raison sans jamais s'en séparer vraiment : cheminements et buts se confondent, tout comme victoires et échecs, degrés et nuances. Instrument gnoséologique et moral pour la connaissance du « genre humain », une imagination « plus plaine et plus estenduë » (I, 26, 156) comme celle de Socrate devient chez lui imagination (au sens d'idée) « vive » et « claire » (*ibid.*, 169) lorsqu'elle touche au domaine du cosmopolitisme : « luy [...] embrassoit l'univers comme sa ville » (*ibid.*, 157), et ce dans le respect de l'« interest universel de la cité » (II, 8, 398). De cette manière, Socrate montre « toute sa sagesse et toutes ses grandes et si reglées imaginations »

18 Sur cette problématique voir *I vincoli del disinganno. Per una nuova interpretazione di Montaigne*, Firenze, Olschki, 2004, trad. fr. J.-P. Fauquier, *Les liens à renouer. Scepticisme, possibilité, imagination politique chez Montaigne*, Paris, Champion, 2008, p. 257-292.

(II, 12, 550), la « merveilleuse clarté » résultant d'« imaginations solides et de toute verité » (I, 25, 151), de fortes conceptions que seul un esprit bien fait peut concevoir.

Il est clair que le statut épistémologique de l'imagination l'oppose diamétralement à la « sotte imagination », qui gouverne par exemple l'« appetit de thesaurizer » (I, 14, 65), la pléonexie ou le désir d'accumuler indéfiniment les richesses. Cet exemple porte en soi une critique de l'opinion courante selon laquelle l'argent est une valeur d'échange et non d'usage. Une série de termes adjectivés contribuent à renforcer ce sens négatif dans l'ensemble des *Essais* : l'imagination est « impatiente » (*ibid.*, 56), « aigre » (III,4, 835 ; III, 12, 1052), « importune » (III, 3, 827), « penible » (II, 5, 367) : conception absurde (I, 56, 320), elle choisit mal (I, 53, 309), elle s'enfle (II, 12, 569) même par des mots (III, 5, 873), elle déforme en agrandissant (I, 20, 90 ; II, 6, 372), elle produit un « appetit artificiel et contre nature » (II, 2, 344) – bien ces défauts puissent trouver une utilité dans le mécanisme de la « diversion ». En tant que « resverie sans corps et sans subject » (III, 4, 839), elle domine et agite l'âme : des passions imaginaires suscitent des rictus de stupeur ou le rire, traduisant la confusion sur le visage. Elle signifie en outre des pensées indécises et contradictoires (III, 2, 805), voire opposées (II, 12, 568) ou des idées communes répétées sans aucun sens critique (III, 9, 962).

Dans le chapitre I, 14 déjà, l'imagination prend une valeur négative en s'opposant à la « science certaine » (I, 14, 55), c'est-à-dire à la connaissance fondée. Elle n'est ni bridée, ni soumise à des règles, mais « desreiglée », engendrant « varies et vitieuses imaginations » (*ibid.*, 64). Même idée dans le chapitre « De l'oisiveté » : « Si on ne les [les esprits] occupe à certain sujet, qui les bride et contreigne, ils se jettent desreiglez, par-cy par-là, dans le vague champ des imaginations » (I, 8, 32). Champ vague des idées changeantes, l'imagination produit des monogrammes de l'âme, des dessins que ne détermine aucune règle, Montaigne 'anticipant' ici la *Critique de la raison pure* d'Emmanuel Kant (II, III, I). La faculté imaginative renvoie aussi du soin de soi-même, à l'obligation de se tenir sur ses gardes, l'imagination étant tenue à se contrôler elle-même en étant vigilante et responsable[19]. Pour pouvoir

19 *Transversis itineribus* réapparaît l'herméneutique de la Renaissance, celle de l'éternel mythe de Prométhée et d'Épiméthée d'après Hésiode, la fable du double, des frères dissemblables, le prévoyant et l'imprévoyant, celui qui apporte aux hommes le feu de

être « bridée », c'est-à-dire retenue par des rênes, l'imagination doit être connue et contenue à l'intérieur de limites bien définies (III, 12, 532), malgré le fait que l'horizon des facultés humaines soit d'une « extreme estenduë » (II, 17, 637). Et si, comme la vie, elle est essentiellement mouvement (III, 13, 109), si parfois elle vole (I, 42, 206), court (I, 51, 307) et flotte (II, 6, 374), c'est la même imagination qui se forme dans un « extreme effort » et nous pousse vers l'idée de la perfection (II, 12, 513). Elle dessine alors non seulement une topographie de la vertu, mais aussi de la vérité en tant que vérité toute humaine, à notre portée. Par sa propre force, elle arrive à entrevoir encore ce *focus imaginarius*, le « païs au-delà » (I, 26, 146), même si c'est « d'une veuë trouble et en nuages ». L'imagination continue ainsi à donner un sens moral à la recherche humaine et à revêtir un sens à la fois épistémologique et éthique. Dans le chapitre III, 4, « De la diversion », Montaigne parle du « bienfait » de la nature, qui fait pour un moment « diversion » au sentiment ou à la pensée, en fournissant d'autres occupations à l'imagination[20]. On trouve dans ce chapitre l'ébauche d'une véritable critique de l'imagination.

Dans sa reconstruction historico-philosophique du concept d'imagination, Jean-François Pic de la Mirandole, faisant la synthèse d'une longue tradition, considère l'*imaginatio* comme la translitération latine du grec *phantasia* : *imaginatio/phantasia*, *phantasia vel imaginatio*, constitue un couple synonymique. Le chapitre I, 21 manifeste l'amplitude de l'emploi de la notion d'imagination dans l'ensemble des *Essais*. Les deux termes sont employés de façon interchangeable. On retrouve ailleurs, en effet, la même polysémie des emplois et des occurrences, les mêmes oscillations sémantiques et, dans deux cas du moins (III, 2, 815 et III, 12, 1038), la même signification dans la même phrase. Si le chapitre « De la force de l'imagination » devait devenir l'un des axes

---

l'intelligence (selon la lecture du mythe faite par Bovelles) et l'élément civilisateur des arts (selon la lecture de Bacon), ou bien celui qui ouvre la boîte de Pandore en laissant s'échapper tous les maux. L'imagination est bien sûr bénéfique à l'homme, mais si elle est laissée sans bride, elle peut dégénérer et faire le « cheval eschappé » (I, 8, 33). À l'instar de la dynamique incontrôlée du progrès, si la vigilance de l'homme sur l'histoire et ses processus vient à faire défaut, l'imagination peut conduire à des régressions.

20 « … une aigre imagination me tient ; je trouve plus court, que de la dompter, la changer ; je luy en substitue, si je ne puis une contraire, au moins un'autre. Tousjours la variation soulage, dissout et dissipe. Si je ne puis la combatre, je luy eschape, et en la fuyant je fourvoye, je ruse : muant de lieu, d'occupation, de compaignie, je me sauve dans la presse d'autres amusemens et pensées, où elle perd ma trace et m'esgare » (III, 4, 835-836).

des méditations montaigniennes, on n'en comprendrait la spécificité thématique qu'en prenant en compte les approfondissements et les nuances disséminés dans le reste des *Essais*, qui démontrent à quel point Montaigne considère la faculté imaginative comme une puissance de connaître et d'organiser le monde.

Le nombre presque illimité de significations possibles fait de la théorie de l'imagination le sol sur lequel se développent la « contrariété », la recomposition philologique (in)consciente et l'activité herméneutique. La philologie fonde ici les possibilités génératives et expansives des significations[21]. En vertu de sa nature intermédiaire entre sensibilité et intellect (« nostre fantasie ne s'applique pas aux choses estrangeres, ains elle est conceue par l'entremise des sens » : II, 12, 601), l'imagination se donne à voir au moment où elle apparaît comme rêverie, comprise comme source de pensées inséparables de représentations sensibles. Dans l'« Apologie de Raymond Sebond », la *vis imaginativa* doit trouver une méthode qui lui confère un usage légitime et constructif, tout en prévenant les préjudices produits par une faculté qui enfante monstres et chimères, sous l'effet de son activité ou, pire encore, de son inactivité. Il en va de même pour l'intelligence, dont les multiples erreurs découlent d'utilisations erronées. Montaigne institue des renvois en miroir entre les produits de l'imagination et les produits de l'intellect, les délires de l'imagination et les constructions de la raison, allant jusqu'à identifier la complexité des « actes internes » de la pensée à des images (de l'imagination) et à des processus (de la raison)[22] : la raison humaine

21 Il n'est pas étonnant alors que la pratique de la « contrarieté », ainsi déclinée, requière les extrêmes : elle part de la rêverie, véritable illusion – et souvent illusion au second degré suivant l'illusion originelle des sens – et aboutit à la pensée consciente, idée vive et claire, « distincte », sainement conçue, solide et « de toute verité », capable de « trier le vray », fantaisie/imagination (*phantasie*, un *hapax* en II, 12, 546). Elle s'étend de l'acception du *topos* du mouvement par soi et de la liberté de pensée à celui de l'immobilité de la *doxa*. Elle signifie aussi bien les idées communes (« communes imaginations » : I, 23, 115) ainsi que le préjugé et son contraire (« une seule fantasie que j'ay contraire au commun usage : c'est tout ce que je puis conferer à vostre service en cela » : I, 26, 150). On la trouve au pluriel souvent associée au « discours » (II, 12, 447 et 651), ou, plus rarement, au singulier, associé au terme d'« action ». Dans le chapitre « De la coustume » (I, 23, 111), elle renvoie à une ontologie sociale de la raison : « J'estime qu'il ne tombe en l'imagination humaine aucune fantasie si forcenée, qui ne rencontre l'exemple de quelque usage public, et par consequent que nostre discours n'estaie et ne fonde ».

22 Outre E. Garin, « *Phantasia* e *imaginatio* tra Ficino e Pomponazzi », in *Phantasia-Imaginatio*, Colloquio Internazionale (Rome, 9-11 janvier 1986), Lessico intellettuale europeo, éd.

est ainsi un « instrument libre et vague » (III, 11, 1026) qui, comme l'imagination, cherche les « causes », et non la vérité.

L'imagination est déjà une pensée. En tant que telle, elle apparaît commune aux hommes et aux animaux dans le chapitre « De la force de l'imagination » (I. 296-301) et dans au moins deux autres chapitres – « Que le goust des biens et des maux depend en bonne partie de l'opinion que nous en avons » (I, 14, 58, et « Apologie de Raimond Sebond » (II, 12, 452 ; 454-455 ; 460 ; 481, etc.). Une autre indication à ce sujet se trouve dans le chapitre « Du Repentir » (III, 2, 1055) : la différence de participation à l'imagination est d'ordre quantitatif, non qualitatif, les hommes souffrant davantage parce qu'ils ont davantage d'imagination que les animaux. Si des effets semblables doivent correspondre à des facultés semblables, Montaigne en conclut que « ce mesme discours, cette mesme voye, que nous tenons à ouvrer, c'est aussi celle des animaux » (II, 12, 460). Une forme de rationalité anime les bêtes – abeilles, fourmis, araignées, etc. : « Cette disposition d'actions et de vacations si ordonnée, la pouvons-nous imaginer se conduire sans discours et sans providence ? » (II, 12, 455). Un exemple topique est le comportement du « renard de Thrace » : « c'est une ratiocination et consequence tirée du sens naturel » (*Ibid.*). Montaigne parvient jusqu'à l'« equalité » et « correspondance [...] de nous aux bestes », suivant une suggestion de Plutarque : *bruta animalia ratione uti*[23] – les animaux font usage de la raison.

M. Fattori et M. Bianchi, Rome, Edizioni dell'Ateneo, 1988, p. 12, voir S. Peytavin, « Montaigne, philosophe baroque ? », *Revue de Métaphysique et de Morale*, avril-juin 1999, p. 147 *sq.* ; M. Ferraris, *L'immaginazione*, Bologna, il Mulino, 1996, p. 65-66 ; voir aussi : R.-D. Cottrell, *Sexuality/Textuality : A Study of the Fabric of Montaigne's Essais*, Columbus, Ohio State University Press, 1981, en part. « *A Strong Imagination Creates the Event* », p. 19-27 ; D. Polachek Eisenberg, *Montaigne and the Concept of Imagination : A Synchronic Reading*, Diss., University of North Carolina at Chapel Hill, 1984 et *Montaigne and Imagination : The Dynamics of Power and Control*, in M. Tetel (dir.), *Le Parcours des Essais, Montaigne 1588-1988*, Colloque international Duke University-Universite de la Caroline du Nord-Chapel Hill (7-9 avril 1988), textes réunis par M. Tétel et G. Mallary Masters, Paris, Aux Amateurs de Livres, 1989, p. 134-145 ; F. Piro, *Il retore interno. Immaginazione e passioni all'alba dell'età moderna*, Napoli, La Città del Sole, 1999 ; Id., « La cognizione del desiderio. L'immaginazione e la 'virtù estimativa' tra topografie dell'anima medievali e proto-moderne », in I. Cubeddu, et *al.*, *Materiali per una storia e teoria dell'immaginazione*, Urbino, « Quaderni dell'Istituto di filosofia », 1999, p. 55-98 ; Id., « Tra intelligenza animale e passioni umane : discussione sull'immaginazione e la "virtù estimativa" nel XVI secolo », in *Imago in phantasia depicta*, éd. L. Formigari, G. Casertano et I. Cubeddu, Rome, Carocci, 1999, p. 167-188.

23 « ... Rome et Paris que j'ay en l'ame, Paris que j'imagine, je l'imagine et le comprens sans grandeur et sans lieu, sans pierre, sans plastre et sans bois ; ce mesme privilege, dis-je,

TERRES DE L'ESPRIT, TERRES MATÉRIELLES

Le cadre de l'imagination étant tracé, d'autres approfondissements et d'autres nuances de sens peuvent être découverts, en se référant à d'autres chapitres des *Essais*, sans épuiser la complexité de la notion. Son spectre polysémique la situe dans le droit fil de la tradition, servant souvent de base à une élaboration originale. Montaigne ne perd jamais de vue la dimension morale de la *vis imaginandi*. Partant du « *fortis imaginatio generat casum* », il évoque son pouvoir de transformer les productions des autres facultés de l'âme, à la suite de Pic de la Mirandole : « elle forme toutes les ressemblances des choses, et transforme les effets des autres puissances de l'âme[24] ».

Dans l'*Advancement of Learning* de Bacon, l'imagination est messagère entre l'intellect, la raison et la volonté d'un côté, l'appétition et la passion de l'autre : « le sens en effet émeut l'imagination avant que la raison ait jugé, et la raison émeut l'imagination avant que le décret puisse être mis en œuvre ; car l'imagination précède toujours le mouvement volontaire[25] ». Ces lignes semblent prolonger les pages de Montaigne sur la force de l'imagination, sans que l'on puisse pour autant parler d'un emprunt direct. Si elle se présente comme un Mercure entre les régions du jugement et de l'action, l'imagination se présente aussi comme un Janus aux visages difformes. Lorsqu'elle porte l'empreinte de la vérité, son visage est tourné vers la raison ; lorsqu'elle porte l'empreinte du bien, il est tourné vers l'action. L'imagination n'a pas non plus par elle-même d'autorité, quelle soit légitime ou usurpée, selon les mots que Bacon trouve dans un passage connu d'Aristote (*Politique*, I 5, 1254b) : « l'âme a sur le corps cette autorité que le seigneur a sur le serviteur, mais la

---

semble estre bien evidamment aux bestes : car un cheval accoustumé aux trompettes, aux harchebusades et aux combats, que nous voyons tremousser et fremir en dormant, estendu sur sa litiere, comme s'il estoit en la meslée, il est certain qu'il conçoit en son ame un son de tabourin sans bruict, une armée sans armes et sans corps » (II, 12, 481).

24 « *Effingat omnes rerum similitudines impressionesque virium aliarum transmutet in alias* » (J.F. Pic de la Mirandole, *De l'imagination / De imaginatione*, éd. Ch. Bouriau, préface de P.-F. Moreau, Chambéry, Éditions Comp'Act, 2005, chap. IV, p. 30-32).

25 Dans Francis Bacon, *Works*, collected and edited by J. Spedding, R.L. Ellis and D.D. Heath, Londres, Longman, 1857 *sq.*, VI, p. 252 (supprimé du *De dignitate et augmentis scientiarum*, V, I).

raison a sur l'imagination cette autorité qu'a le magistrat sur le citoyen libre qui peut, à son tour, accéder à la magistrature ».

Hobbes poursuivra ces références mythologiques, en montrant à quel point l'imagination ou « *fancy* » correspond, à l'âge moderne, à la figure et à la fonction d'Apollon dans les sociétés antiques[26]. Dieu mythologique de la divination, Apollon fait don à Cassandre de ses pouvoirs prophétiques pour conquérir son amour[27]. Au paragraphe 4 de la *Naissance de la tragédie*, Nietzsche évoque lui aussi le dieu créateur d'images, des formes du songe et du réel, de « l'illusion de l'illusion », de « l'œuvre d'art naïve », comme celle de Raphaël en « immortel ingénu ». Acteur du principe d'individuation, Apollon produit de la singularité dans l'espace et le temps. Mais surtout, comme le souligne Hobbes, il a une faculté éminemment philosophique : le temps et la culture font l'expérience, l'expérience engendre la mémoire, la mémoire produit le jugement et l'imagination. Du jugement naissent en particulier la force et la structure de la pensée, de l'imagination naît l'esthétique et la poésie. Si la mémoire est la mère des Muses, l'imagination trace la route de la véritable philosophie et de ses effets admirables, pour le plus grand bénéfice de l'humanité.

Idée-force de la Renaissance parvenue à sa maturité, la réflexion philosophique sur l'imagination dans le chapitre I, 21 des *Essais* associe des fonctions de l'âme et du corps en les articulant à la mémoire et au langage. La bipolarité de l'imagination engendre des effets à la fois positifs et négatifs, renvoyant à des possibilités d'action que l'intellect ou la volonté ne possèdent pas pris séparément. La « force de l'imagination » a par ailleurs une influence sans égale sur la vie psychique, le corps, la santé et la maladie. Elle produit des miracles, des tours de magie et des prophéties. Instigatrice d'erreurs et d'illusions, elle sait se poser comme

---

26 Voir J. Engell, *The Creative Imagination. Enlightenment to Romanticism*, Cambridge (Mass.) – Londres, Harvard University Press, 1981, p. 16-17. Pour Hobbes, *The Answer by Hobbes to Sir William Davenant's*, Preface before *Gondibert* (1650), in Sir William D'Avenant, *The Gondibert : An Heroick Poem*, 52-64, Londres, IV, p. 441-458.

27 Eschyle, *Agamemnon* 1203-1208 : « – CA. À cette tâche [la prophétie] m'a attaché Apollon prophète. – CHOEUR Peut-être que, bien qu'étant un dieu, il est blessé par amour ? – CA Avant ce jour, j'avais de la pudeur à le dire. – CHOEUR N'importe qui, quand il est heureux, a plus de retenue. – CA Mais c'était un lutteur, et il exprimait de grandes louanges envers moi. – CHŒUR Peut-être en arrivâtes-vous aussi, comme d'habitude, à l'action qui engendre des fils ? – CA Je l'avais promis au Lossia ["à partir des réponses obscures et ambiguës"] et je le trompai … ».

remède au mal ; origine et instrument de la passion, elle est capable de la dominer pour tracer des parcours métaphysiques et antimétaphysiques. Elle a les visages de Janus mais constitue toujours aussi une porte d'accès à la totalité de l'humain, comme une clé universelle concurrente à la mémoire et à la mnémotechnie.

Marsile Ficin, Pietro Pomponazzi, Paracelse, mais surtout Cornelius Agrippa dans *La Philosophie occulte*[28], source majeure de « De la force de l'imagination[29] », conçoivent l'imagination comme la faculté qui permet de visualiser les concepts et de les rendre sensibles. C'est ce que feront aussi leurs épigones, Caelius Rhodiginus, Jean Tixier de Ravisy et Pierre Messie. L'imagination perçoit la particularité empirique tout en transcendant sa dimension sensible dans la mesure où elle est capable de produire des images en l'absence de l'objet[30]. Sa productivité révèle la puissance créatrice de l'homme. Dans la taxonomie traditionnelle des facultés – sensation, imagination et intellect – elle est classée parmi les « sens internes » avec le sens commun, la mémoire et le jugement. Elle en vient à désigner la complexité d'un espace psychique que l'on peut identifier à la raison au sens large. Aussi Montaigne identifie-t-il à l'esprit qu'il nomme « imagination » l'ensemble des actes de pensée de celui qui pense, parle et écoute (I, 26, 171).

QUID EST IMAGINATIO ?

Quelques années avant la rédaction du chapitre « De la force de l'imagination », Jean-François Pic, comte de Mirandole et de Condordia, neveu et biographe de Jean, consacre tout un traité à l'imagination, le *De imaginatione*. Échaffaudant l'un des piliers de la nouvelle vision du monde, il définit l'imagination comme « toute la force interne de l'âme

---

28 Cornelius Agrippa, *De occulta philosophia*, 63-65 : « *Quomodo passiones animi mutant corpus proprium permutando accidentia, et movendo spiritum* : comment les passions modifient le corps lui-même, en venant chambouler tout ce qui est fortuit, et en agitant l'esprit ».

29 Pour les indications précises des sources, voir *infra*. Dans le cas de Ficin, il s'agirait en réalité d'une sorte de source inconsciente, que Montaigne semble reproduire à partir de Pero Mexía, auteur de la *Selva di varia Lettione*..., Lyon, 1556.

30 Voir E. Garin, « Phantasia e imaginatio tra Ficino e Pomponazzi », *op. cit.*, 1988, p. 6.

sensible », « *omnis sensualis animae interiorem vim*[31] », sens intérieur par excellence et unique support des opérations sensibles de l'âme[32]. La définition renvoie explicitement à l'ouvrage d'Aristote sur l'âme :

> [...] ceux qui ont la curiosité d'approfondir ce point peuvent lire et étudier les analyses du *De Anima* d'Aristote, et de ceux qui ont philosophé à sa suite [...]. L'imagination est un mouvement de l'âme produit par la sensation en acte ; elle est la puissance de l'âme qui fait sortir les formes à partir d'elle-même ; elle est une faculté affiliée à toutes les autres puissances : elle forme toutes les ressemblances des choses et transforme les effets des autres puissances de l'âme ; elle a le pouvoir de s'assimiler tout le reste[33].

Montaigne répond à sa façon au *Quid est imaginatio* : faculté hybride, la raison imaginative ou imagination raisonnable a le pouvoir de pénétrer la « science de l'homme », d'enquêter sur le « tour de l'humaine capacité » et de circonscrire les données de l'existence au moyen de décompositions et recompositions incessantes. Une telle façon de penser *per speculationem*, comme en miroir, conduit la réflexion sur le terrain de ce que l'on appellera plus tard les sciences humaines, et sur celui du philosopher conçu comme exploration du possible – au sens non seulement des possibilités formelles de la logique, mais aussi de celui du possible matériel, qui porte sur des contenus[34]. Cette capacité est clairement évoquée dans « De la force de l'imagination », lorsqu'il est question de souffrir avec autrui : « La veue des angoisses d'autruy m'angoisse materiellement, et a mon sentiment souvent usurpé le sentiment d'un tiers. Un tousseur continuel irrite mon poulmon et mon gosier », l. 6-9). Dans le chapitre

31 *De l'imagination / De imaginatione*, *op. cit.*, chap. V, p. 36-37 (*Animalium omnium Vitam atque Actiones magna ex parte Imaginatonibus regi*). Je renvoie aussi à *De Imaginatione*, Venice 1501 ; Strasbourg, 1507 ; pour les éditions modernes : *On the imagination*, the latin Text with an Introduction, an english Translation, and Notes, by Harry Caplan, New Haven, London, Oxford, Yale University Press, 1930 (Cornell Studies in English, XVI) ; Id., *Über die Vorstellung. De imaginatione*, lateinisch-deutsche Ausgabe, mit einer Einleitung von Charles B. Schmitt – Katharine Park, München, hrsg. von Eckhard Keßler, Fink, 1984 ; pour la première traduction française, voir *Traitté de l'imagination*, tiré du latin de I. Françoys Pic de la Mirandole. Par I.A.D.B [Jean-Antoine de Baïf], à Paris, chez André Wechel, demeurant à l'enseigne du Cheval volant, rue S. Iean de Beauvais 1557, Avec privilège du Roy.

32 *Ibid.*, chap. IV-V.

33 *Ibid.*, chap. IV, p. 31-33.

34 Voir E.-T.-H. Brann, *World of the Imagination. Sum and Substance*, Savage, Maryland, Rowman & Littlefield Publisher Inc., 1990, p. 783.

« Des boyteux », la même capacité caractérise les rêves des sorcières : « Et ce qu'il fantasioit, il l'estoit. Si les sorciers songent ainsi materiellement, si les songes se peuvent ainsi par fois incorporer en effects, encore ne croy-je pas que nostre volonté en fust tenue à la justice » (III, 11, 1032-1033). L'imagination recouvre ici concrètement le rôle de l'intellect en activité[35]. Sans elle, aucune connaissance ne serait possible. L'imagination a elle-même besoin d'être guidée : elle fait s'élever ou descendre l'âme, selon la direction de son activité.

De la même façon que Jean-François Pic, pour qui « l'imagination [...] est souvent vaine et erratique[36] », Montaigne confère droit de cité à ce caractère erratique de l'imagination, en tous points comparable à celui de la raison. Pic la décrit comme essentiellement libre dans son origine, détachée de tout présupposé : « Elle convient avec l'entendement en tant qu'elle est libre, vagabonde, et qu'elle n'est soumise à aucune forme particulière[37] ». Ce n'est pas un hasard si dans « l'Apologie de Raymond Sebond », l'homme se définit par la liberté de son imagination – la circularité de la raison appartenant à Dieu seul. Identifiée à la liberté, l'imagination permet à l'individu de se mettre à la place d'autrui – un effet que le chapitre I, 21 préfigure allusivement, mais qui devient dans d'autres chapitres des *Essais* le fondement d'une théorie des sentiments moraux.

Dans le sillage du *De imaginatione* de Jean-François Pic, mais dans un vocabulaire pleinement moderne, Montaigne estime que la variété des opinions philosophiques sur la vertu et le vice est un effet de la liberté de l'imagination (II, 12, 582). La *libertas philosophandi* coïncide avec la *libertas imaginandi*. Un témoignage est trouvé dans l'histoire des « sectes » qu'est l'histoire de la philosophie (II, 12, 559-560) : la « varieté » expose l'esprit au conflit permanent, si la raison-imagination « n'en faict la difference » (*ibid.*, 577-578). Les questions intellectuelles et morales sont abordées sur la base d'une hypothèse que l'on trouve formulée dans le langage de Pic, et qui fait de l'organe de l'imagination le point de jonction entre l'âme et le corps[38]. La réflexion de Montaigne se concentre toutefois sur la portée de répercussions émotionnelles et perturbatrices,

35 *Ibid.*
36 J.-F. Pic de la Mirandole, *De l'imagination / De Imaginatione*, *Op. cit.*, ch. II, p. 27.
37 *Ibid.*, chap. 3, p. 31.
38 *Ibid.*, chap. IX.

d'origine corporelle, sur l'âme rationnelle[39] – le *De imaginatione* explicitait l'idée que toutes les erreurs, tant dans la vie civile que dans la vie philosophique et chrétienne (« *errata universa in civili quam philosophica et Christiana vita*[40] »), sont dues à un vice de l'imagination trompeuse.

Montaigne ne reprend pas à Pic sa christologie parénétique qui fait du Christ la jonction de l'esprit et du corps, et par conséquent l'axe imaginatif en l'homme[41], et qui fait reposer sur l'imagination et son pouvoir de persuasion le salut ou la damnation de l'homme. Il en accepte toutefois l'idée de base, à savoir que l'homme fait nécessairement usage de l'imagination lorsqu'il parcourt la pluralité des formes sur l'échelle des êtres. Il conserve encore l'idée de Pic selon laquelle une réforme de l'imagination est nécessaire pour que l'homme accède à sa dignité. Il prend aussi en compte son rôle anthropologique, comme faculté de synthèse sensorielle, ce qui est une nouveauté dans la littérature de la Renaissance. Synésios de Cyrène mentionnait dans le traité des songes (par ailleurs l'une des sources du *De imaginatione*) que « l'imagination est le sens des sens, parce que le *pneuma* est l'organe sensoriel le plus courant, le corps avant l'âme[42] » ? Tout entendre et tout voir : cela ne ressemble-t-il pas à l'intellect tel que le décrit Montaigne, probablement à partir de Joubert (I, 26, 152), et faisant aussi référence à Épicharme ? N'est-ce pas là mettre en relief la capacité qu'a l'imagination de réaliser la synthèse du multiple empirique dans l'espace et le temps ? Synésios fournira également des matériaux à la thèse de Giordano Bruno sur l'imagination, qui en fait littéralement le sens des sens et le premier corps de l'âme[43].

Montaigne lit chez Jean-François Pic à quel point l'intellect a besoin de l'imagination pour accéder à la contemplation des formes intelligibles[44]. Il ne peut ignorer non plus l'argument luciférien, selon lequel

39 *Ibid.*, chap. VIII.

40 *Ibid.*, chap. VII, p. 42.

41 *Ibid.*, chap. X.

42 Synésios, *De insomnis*, 5, p. 565 : et « le sens général (ou *pneuma*), d'un côté, est indivis dans ses parties singulières – l'imagination en effet entend avec tout le *pneuma*, avec lui tout entier il voit et fait le reste ».

43 *De imaginum, signorum et idearum compositione...*, libri tres, Francofurti, Apud Ioan. Vv[W]echelum et Petrum Ficherum consortes. 1591, maintenant in G. Bruno, *Opere mnemotecniche*, II, texte latin en vis-à-vis, éd. M. Matteoli, R. Sturlese, N. Tirinnanzi, dirigée par M. Ciliberto, Milan, Adelphi, 2009, p. 540.

44 J.-F. Pic de la Mirandole, *De l'imagination / De imaginatione*, *op. cit.*, chap. XI.

l'imagination est vouée à voir et faire voir ce que l'intellect et la raison sont incapables de comprendre. En revanche, il ne partage pas l'idée de Pic selon laquelle les vérités des Écritures Saintes, inaccessibles aux lumières naturelles, seraient connues grâce à la puissance imaginative[45] : les vérités théologiques, écrit-il, « il faut les imaginer inimaginables, indicibles et incomprehensibles, et parfaictement autres que celles de nostre miserable experience » (II, 12, 518).

En soulignant le pouvoir temporel de l'imagination, Montaigne en reconnaît le caractère déterminant pour la nature humaine, regardant tout ce qui a trait au désir et au choix. Toujours sur les traces de Pic, qui suit lui-même encore une fois Synésios[46], il fait de l'imagination le principe de la métamorphose, conçue comme le passage du corporel à l'incorporel et inversement de l'incorporel au corporel. La raison ne peut s'humaniser qu'en lien avec le corps et l'imagination, en mariant les deux natures, intellectuelle et sensible, rationnelle et organique. L'imagination les lie en une « etroite cousture [de l'esprit et du corps] s'entre-communiquants leurs fortunes », écrit Montaigne (l. 302-303). Dans le chapitre « De l'experience », il évoque à la suite de Lorenzo Valla les plaisirs pleinement humains, en les caractérisant, à l'aide d'une figure en chiasme, comme « intellectuellement sensibles, sensiblement intellectuels » (III, 13, 1107). Selon une terminologie empruntée, l'homme apparaît comme une synthèse de l'ange (animal rationnel) et de la bête (animal organique). Si l'imagination peut lier l'âme et le corps, souligne encore Montaigne en suivant Jean-François Pic, c'est parce qu'elle participe effectivement aux deux natures. L'imagination est de nature corporelle, dans la mesure où elle matérialise, en représentant les choses matérielles, et de nature spirituelle, étant libre vis-à-vis du corps organique. Sa puissance est capable de libérer l'individu de l'opacité pesante du réel, pour en faire un sujet capable de volonté libre, mais aussi de ramener l'homme des sphères de l'abstraction à la réalité corporelle.

La thèse de Jean-François Pic se situe dans le sillage de la notion de *dignitas hominis*, élaborée par son oncle Jean (Giovanni) au sujet de l'exercice du libre arbitre : « Nous pouvons affirmer sans difficulté que, de façon générale, tous les biens comme tous les maux peuvent dériver

45 *Ibid.*
46 *De insomniis*, 5.

de l'imagination[47] ». La question du bon usage de l'imagination est reprise par Montaigne, qui va au-delà de Pic sur la question du destin caméléonesque de l'être humain. Si le bonheur et le malheur dépendent de l'imagination, il ne reste à Montaigne qu'à reprendre l'argument « naturaliste » de Synésios, tandis que la parénétique du dernier chapitre du *De imaginatione* montre en effet comment l'homme peut s'élever, grâce à cette imagination, jusqu'à Dieu et au dévoilement des vérités révélées[48]. Ce qui intéresse particulièrement Montaigne est la possibilité d'alliance, soulignée par Pic, de toutes les facultés supérieures. Pic précise, au chapitre 3 de la section conclusive de son ouvrage, le rôle fondateur de l'imagination à cet égard : « sans l'appui et le soutien de l'imagination, celles-ci [les puissances supérieures] ne pourraient remplir la fonction que la nature leur a impartie[49] ». L'imagination est ainsi l'accomplissement de la volonté de la nature en ce qui concerne l'homme – on trouve ici encore un écho de Synésios. Selon le chapitre « Des coches », la nature est « une perpetuele multiplication et vicissitude de formes » (III, 6, 908) qui admet la « contrarieté ». Instrument de toute transformation possible, physique ou mentale, l'imagination trouve dans le personnage d'Alcibiade, au chapitre « De l'institution des enfans », sa manifestation la plus accomplie (I, 26, 167). L'imagination s'oppose à toute tentative d'enfermer le sujet dans une identité, de fixer l'humain dans telle ou telle forme définitive par ethnocentrisme. La pluralité des formes de l'humain permet à Montaigne d'articuler un scepticisme théorique avec la pratique d'un relativisme tolérant. Dès le second chapitre du *De imaginatione*, Pic s'arrête sur le lien entre l'imagination et le possible, et indique qu'elle peut représenter le non-être ou l'impossible de la raison, une circonstance attribuée par Montaigne à l'habitude, seconde nature ou seconde raison. C'est cette notion de possibilité qui donnera l'impulsion à la déconstruction sceptique radicale de l'humain accomplie par Montaigne.

47 *De imaginatione / De l'imagination*, cit., chap. VI, p. 39.

48 *Ibid.*, chap. XI-XII.

49 *Ibid.*, chap. III, p. 31.

DU BON USAGE DE L'IMAGINATION : RENAISSANCES ET RÉVOLUTIONS

Rapporté à d'autres chapitres aux thématiques voisines, le chapitre « De la force de l'imagination » dévoile l'étendue des pouvoirs que Montaigne attribue à l'imagination dans le domaine cognitif et moral. Montaigne se fonde sur les textes antérieurs de l'Antiquité et de la Renaissance pour réélaborer les concepts et les replacer dans des champs d'investigation nouveaux. Ainsi, la préfiguration de l'infini et l'anticipation de l'avenir se fonde-t-elle sur une ontologie imaginative. C'est précisément dans l'écart entre la tension ontologique de la limite et la valeur prospective de l'illimité que se déploient, en conclusion théorique du chapitre, l'éthique de l'espace (infini) et celle du temps imaginatif (futur), la physique et la métaphysique de ce qui peut arriver. Espace infini et temps futur constituent un couple indissoluble. Dans cette optique – et c'est là son résultat le plus important –, la force de l'imagination est posée à la fois comme *principium* et *criterium* de la possibilité et de l'ouverture d'un espace-temps infini, où s'ancre l'idée même de futur. L'homme expérimente l'espace infini dans un temps infini, ou du moins dans un temps futur où l'illimité peut faire l'objet d'une approximation. La force de l'imagination est sa capacité d'éroder l'évidence de l'expérience et de sa faisabilité, sa capacité de donner à penser et à concevoir un territoire au-delà de cette expérience. La connaissance et la morale deviennent ainsi une possibilité paradoxalement réalisée à travers le scepticisme. L'activité de la raison-imagination rend ses propres résultats certes possibles, mais toujours incertains. Dans l'« Apologie de Raymond Sebond », l'exemple du médecin et mathématicien Jacques Peletier du Mans va dans ce sens. Le discours de Montaigne joue sur la précarité du concept même de certitude issu de la raison et de l'expérience : une science exacte comme la géométrie possède ses démonstrations axiomatiques contre la vérité de l'expérience ; de son côté, le pyrrhonisme œuvre contre « l'apparence de l'expérience » (II, 12, 571). L'argumentation permet à Montaigne de faire émerger deux perspectives méthodologiques et épistémologiques apparemment irréductibles, mais en réalité convergentes, à savoir la déconstruction de l'expérience et l'invocation de la raison contre expérience.

À cette fin, Montaigne semble s'approprier le lexique antinomique du géomètre d'une part, avec la certitude dogmatique de ses « démonstrations inevitables », et du sceptique d'autre part, avec le pouvoir corrosif de son argumentation contre l'évidence des faits. Il s'agit de montrer *a contrario* que la vérité et l'apparence délimitent moins les frontières épistémologiques d'une substantialité inconnaissable, qui serait enracinée dans un modèle phénoméniste d'inspiration sceptique, qu'elles manifestent la valeur de la possibilité issue de l'imagination

Un long ajout manuscrit sur l'*Exemplaire de Bordeaux* repose la question de la relation entre vérité, opinion, temporalité et temporalisation de la vérité, en parcourant les nuances de sens du dicton antique « *veritas filia temporis* », la vérité est fille du temps, trouvé chez Aulu-Gelle (*Nuits attiques*, XII, 11, 7). Même si c'est *sub vestigiis parvis veritatis*, en suivant de petites traces de vérité, Montaigne évoque la thèse de l'éternité du monde (II, 12, 572). Privé d'imagination prospective, Ptolémée n'a pu concevoir un scepticisme géographique, cosmologique et astrologique qui lui aurait permis de penser un autre monde possible et de dépasser la représentation du monde en vigueur. L'imagination joue ici le rôle d'un instrument théorique capable de détruire les évidences de la perception sensible pour penser un autre système du monde physique – qui sera celui de Giordano Bruno. À la fois caché et agissant (Kant parlera d'un « art secret » de notre esprit), le monde de l'imagination devient un pricipe vivant, tant spirituel que matériel. Il est vrai que nous devons aussi à l'imagination les phénomènes de la crédulité, de l'illusion, de la manipulation par les mythes et les miracles : *Fingunt simul credunt* – ils imaginent et croient tout à la fois, écrit Tacite[50], que citeront aussi bien Bacon dans l'*Advancement of Learning* que Hobbes dans le *Léviathan*. Ce cercle vertueux atteint son apogée avec la dimension morale et parénétique de l'imagination. À l'instar de Jean-François Pic, dans les chapitres XI-XII du *De imaginatione*, Montaigne place sous le signe de l'imagination tout apprentissage possible, dont celui de la vertu : « [...] presentez vous tousjours en l'imagination Caton, et Aristide, en la presence desquels les fols mesmes cacheroient leurs fautes, et establissez les contrerolleurs de toutes vos intentions » (I, 39, 247-248). Montaigne laïcise ainsi la parénétique du *De imaginatione* de Pic.

50 *Annales*, V, 10.

RESPIRATIONS DE L'IMAGINATION : RELATIONS AVEC D'AUTRES CHAPITRES DES *ESSAIS*

IMAGINATION ET MÉTAPHYSIQUE (AVEC II, 12)

Le chapitre « De la force de l'imagination » apparaît comme une sorte d'emblème de la complexité des usages rhétoriques, épistémologiques et éthiques de la faculté imaginative. Cela tient non seulement à son titre, mais à la présence d'exemples, classés et illustrés, qui renvoient à la quasi-totalité des emplois de l'imagination, qui sont par ailleurs distribués en fonction de leur thématique dans les différents chapitres des *Essais*. L'ontologie mobile de l'imagination est ainsi thématisée dans l'« Apologie de Raimond Sebond » ainsi que dans plusieurs chapitres qui en exposent la riche phénoménologie, et observent avec minutie ses différentes fonctions dans la vie intellectuelle et morale. Il ne s'agit pas là de concepts que l'on étudierait à distance, à partir un *ordo necessarius* que Montaigne rejette, mais de l'économie de chapitres entiers composé, directement ou de façon oblique, autour de l'analyse critique de la faculté imaginative et de ses emplois légitimes ou illégitimes. Selon l'auteur des *Essais*, éduquer le regard à la complexité et à la contradiction signifie s'ouvrir à la compréhension d'un ordre à la fois complexe et signifiant en faisant usage de son imagination.

Aucun autre chapitre ne montre aussi clairement que l'« Apologie de Raymond Sebond » le double rôle du couple synonymique raison-imagination, son emploi illégitime et illusoire d'une part, légitime et authentique d'autre part. Cette ambivalence épistémologique est structurelle, selon une connotation « janusienne », l'imagination représentant à la fois le vrai et le faux, ce qui est et ce qui n'est pas. À la « liberté de l'imagination », identifée au « deresglement de pensées » (II, 12, 460), au mélange d'erreurs que « l'humaine fantaisie a produictes » (*ibid.*, 504), Montaigne oppose la suspension du jugement, le doute méthodique et l'usage critique de la raison-imagination. Au moyen de son « Que sais-je ? », il reformule dans un nouveau langage le doute pyrrhonien[51],

51 Je renvoie à A. Tournon, *Routes par ailleurs. Le « nouveau langage » des* Essais, Paris, Champion, 2006.

qui débouche sur l'acceptation toute positive du sens de la « fantasie ». Un tel ancrage sceptique implique la déconstruction de présupposés qui ont leurs racines dans la vanité de l'imagination, cette tisseuse laborieuse et infatigable, cette marraine de la « maladie naturelle et originelle » de l'homme qu'est la présomption de savoir, l'enfermant dans une spirale de tromperies et de mensonges, comme la croyance à l'ange de la nuit (le chat-huant, écrit Montaigne : II, 12, 552) qui, selon Aristote[52], fuit la lumière du soleil. Montaigne conçoit de la même façon la hiérarchie apparente des êtres naturels comme une tromperie (*ibid.*, 452), tandis que les ordres et les degrés se révèlent « sous le visage d'une mesme nature » (*ibid.*).

Il n'est pas question de noces cosmiques entre ciel et terre. Critique envers les prétentions illusoires de la raison-imagination, source d'abus, et ses emplois fautifs, tout en lui reconnaissant le rôle de « raison des-raisonnable », l'« Apologie » évoque l'abysse où tombe Phaéton (*ibid.*, 535). L'imagination raisonnable offre toutefois la seule possibilité de concevoir le vrai par la *via negationis*, à partir de l'impossibilité de connaître les choses autrement que dans leurs oppositions (« tous subjects esgalement, et la nature en general desadvouë sa jurisdiction et entremise », *ibid.*, 449) et d'accéder gnoséologiquement au phénomène. L'approche sceptique est ici moins due à la condition ontologique d'une raison naturellement faible, qu'au statut d'une raison humaine adulte, consciente de son éloignement par rapport à la raison naturelle. Elle est le fruit d'une raison historicisée et temporalisée : « S'ils nous eussent laissé en nostre estat naturel, recevans les apparences estrangeres selon qu'elles se presentent à nous par nos sens, et nous eussent laissé aller apres nos appetits simples et reglez par la condition de nostre naissance, ils auroient raison de parler ainsi… » (*ibid.*, 541).

La critique de l'imagination dans l'« Apologie » devient l'instrument théorique qui permet à Montaigne d'attaquer les prétentions de la métaphysique classique à connaître Dieu, l'âme et le monde. La seule voie d'entrée ou de sortie légitime vers l'épineuse question de Dieu est la théologie négative, qui consiste précisément à imaginer la divinité et ses prérogatives comme « inimaginables[53] ». Deux occurrences du terme

52 *Métaphysique*, II, 1, 993.

53 « Nous ne pouvons dignement concevoir la grandeur de ces hautes et divines promesses, si nous les pouvons aucunement concevoir : pour dignement les imaginer, il faut les

« estamine » (revêtant différentes significations) renvoient à une intelligence qui se fait juge et soumet tout au crible de sa discrimination : la première se trouve dans « De l'institution des enfans » (I, 26, 151), la seconde dans l'« Apologie » (II, 12, 528). Montaigne critique toute forme d'approche anthropomorphique et analogique de Dieu, toute connaissance *per analogiam*[54] ; l'homme, « compatriote » imaginaire de la divinité, construit « mille plaisantes societez entre Dieu et luy » (*ibid.*, 534). La critique des preuves classiques de l'existence de Dieu vise les preuves exposées par la théologie rationnelle, qui seront retravaillées par Descartes. L'inférence, marque du raisonnement déductif, invalide ces preuves. L'anaphore et l'ironie marquent ici le parcours illégitime du « donc », de la « subtilité sophistique de quelque syllogisme : le jambon fait boire, le boire desaltere, parquoy le jambon desaltere [?] » (I, 26, 171).

Sur le problème de l'âme, il n'y a pas d'échappatoire : « on ne pouvoit aller tant avant vers la cognoissance de l'ame, qu'on y peust arriver, si profonde estre son essence » (II, 12, 543). Dans ces pages qui sont à leur façon un petit traité *De anima* (mis à part la mention l'« âme du monde », *ibid.*, 542), Montaigne se focalise sur l'« *ego*, qui signifie moy » (*ibid.*, 543), en soulignant les difficultés de toute tentative « à cognoistre [son] estre propre » (*ibid.*, 538), d'une connaissance primitive ou d'une auto-connaissance qui serait fondatrice de toute expérience cognitive possible (*ibid.*, 561). *Ingens sylva*, forêt immense, le moi ne peut être que ce qu'il est, et doit s'astreindre à imaginer selon sa portée. Il ignore sa propre nature et son destin, il ne sait s'il est immortel ou mortel, ou s'il transmigre à partir d'autres corps (*ibid.*, 547 *sq.*). La philosophie a fait de l'âme une « chose publique imaginaire » (*ibid.*, 537) en lui attribuant arbitrairement sa nature et ses fonctions et la vouant, comme dans un jeu de dés, à un destin de mortalité, d'immortalité ou de transmigration. En une sorte de dialectique de la raison pure, Montaigne montre que c'est la tendance de l'imagination à se représenter la vérité comme

imaginer inimaginables, indicibles et incomprehensibles, et parfaictement autres que celles de nostre miserable experience » (II, 12, 518).

54 « Il nous faut noter qu'à chaque chose il n'est rien plus cher et plus estimable que son estre [...] et que chacune raporte les qualitez de toutes autres choses à ses propres qualitez [...]. De toutes les formes, la plus belle est celle de l'homme ; Dieu donc est de cette forme. Nul ne peut estre heureux sans vertu, ny la vertu estre sans raison, et nulle raison loger ailleurs qu'en l'humaine figure ; Dieu est donc revestu de l'humaine figure » (*Ibid.*, 532 ; voir aussi *ibid.*, 486).

« un corps solide » (*ibid.*, 539) qui donne lieu à la formation de l'idée d'immortalité, sous l'effet du désir de gloire (*ibid.*, 553) : les arguments tendant à démontrer l'immortalité de l'âme manifestent ici toute leur faiblesse.

La réflexion philosophique sur la catégorie de monde ne produit pas plus de clarté (« Voyons si nous avons quelque peu plus de clarté en la cognoissance des choses humaines et naturelles », *ibid.*, 536). Les choses humaines et naturelles sont symboliquement résumées dans ce concept totalisant de monde, dont il faut dépasser la dimension anthropocentrique[55]. L'idée de monde représente une entité unique dans un cosmos pensé comme fixe et limité, et qui est de fait de fait immense et illimité. La pensée de l'unicité du monde humain exclut la pluralité des mondes théorisée par la philosophie antique, mais aussi chez quelques philosophes contemporains auxquels Montaigne fait allusion (II, 12, 524-525) – on pourra penser à Érasme ou Bruno.

ANNEXE : « TOUT Y EST DIVERS »

L'idée d'un monde-nature contient en soi celle des formes dans leur vicissitude, leur multiplication et prolifération infinies, règle universelle et sel de la vie humaine. De ce monde-*cosmos* ne peut être exclu le principe naturel de la diversité de formes dissemblables et inconnues, qui impliquent à leur tour la pluralité et l'infinité spatio-temporelles.

En arrière-fond d'une telle perspective, on trouve l'émancipation humaine par rapport aux règles de la nature. Il s'agit d'un acte constitutif pour suivre la « vagabonde liberté de nos fantasies » (I, 14, 58), la valeur abstraite et négative qui dérive de l'abandon des faits pour les causes (« Comment est-ce que cela se faict ? – Mais se fait il ? faudroit il dire » : III, 11, 1027), ainsi que les anticipations d'une capacité de raisonnement qui s'octroie une juridiction infinie (« [les raisons] jugent et s'exercent en l'inanité mesme et au non estre », *ibid.*, 1034). Sur la base d'une méthode aux fondements reconnus, insiste Montaigne, on construit les coordonnées de l'arbitraire du vouloir et des désirs. Avec « ce commencement », on pose toutes les règles de la construction et de

55 « Que ne plaist-il un jour à nature nous ouvrir son sein et nous faire voir au propre les moyens et la conduicte de ses mouvements, et y preparer nos yeux ! O Dieu ! quels abus, quels mescontes nous trouverions en nostre pauvre science » (*ibid.*, p. 536).

l'architectonique d'une raison bien fondée, et partant d'un discours assuré et déductif. Le postulat des fondements est extrêmement insidieux : « [...] chasque science a ses principes presupposez par où le jugement humain est bridé de toutes parts » (II, 12, 540 et 561).

Faculté de la non-identité, de la non-fixité des formes, du changement, de la flexibilité et de l'infini possible, l'imagination est capable par sa force de construire cent autres mondes, d'en trouver le principe et la structure – n'ayant besoin ni de « matière » ni de « base ». Laissée à elle-même, elle construit sur le vide et sur le plein, à partir du rien comme de la matière, érige et enserre en d'étroites limites le suprême chef-d'œuvre de Dieu afin de soutenir la théorisation d'un monde unique créé et habité par l'unique créature. Elle met surtout en relief la marque d'une astronomie du fini et d'une astrologie inanimée de l'impossible, qu'elle paraphe, en l'habillant théologiquement, de la fermeture à un regard qui sait pourtant libérer l'infini et mettre en scène la méthode de la falsification[56].

Reléguer l'imagination dans les limites étroites de la défiance épistémologique, morale, éthique et esthétique, ce serait en opérer une réduction erronnée. Montaigne souligne même que la pratique du scepticisme est « le dernier tour d'escrime », à utiliser seulement comme « extreme remede » : c'est un « coup desesperé, auquel il faut abandonner vos armes pour faire perdre à vostre adversaire les siennes [...]. C'est grande temerité de vous perdre vous mesmes pour perdre un autre » (*ibid.*, 558). Surtout, ce serait méconnaître la valeur et la portée régulatrice de l'imagination, qui émergent de pages denses de Montaigne, par exemple lorsqu'il examine l'idée de la métaphysique. Ses objets sont d'abord ceux d'une recherche infinie de l'imagination, orientée vers l'idée même de perfection[57]. L'idée est régulatrice et par certains aspects cumulative : « ce que ma force ne peut descouvrir, je ne laisse pas de le sonder et essayer ; et, en retastant et pétrissant cette nouvelle matiere, la remuant et eschaufant, j'ouvre à celuy qui me suit quelque facilité pour en jouir plus à son aise et la luy rends plus soupple et plus maniable » (*ibid.*, 560).

56 Voir N. Panichi, *Les Liens à renouer*, *op. cit.*, p. 290. Pour J.-F. Pic de la Mirandole, *De l'imagination / De imaginatione*, *op. cit.*, p. 98.

57 « [...] la connoissance de cette cause premiere et estre des estres devoit estre indefinie, sans prescription, sans declaration ; que ce n'estoit autre chose que l'extreme effort de nostre imagination vers la perfection, chacun en amplifiant l'idée selon sa capacité » (II, 12, 513).

« Habitants » de ce « païs au-delà » (I, 26, 146), Dieu, l'âme et le monde peuplent un théâtre d'ombres humaines, ou plutôt ultra-humaines, de brumes et de voiles, qui sont en ce sens seulement « compatriotes » et réductibles l'une à l'autre dans leur inconnaissabilité. Il n'est pas possible d'avoir un juge impartial dans la recherche métaphysique. En toile de fond, on voit s'agiter l'argument sceptique du « troisième homme » d'Aristote : « Puis que les sens ne peuvent arrester nostre dispute, estans pleins eux-mesmes d'incertitude, il faut que ce soit la raison ; aucune raison ne s'establira sans une autre raison : nous voylà à reculons jusques à l'infiny » (II, 12, 600-601).

ARCANA MUNDI : MONSTRUOSITÉ, PROPHÉTIE, ANTICIPATION (AVEC I, 8 ; I, 11 ; I, 27 ; I, 32 ET II, 30)

Dans le chapitre « De l'oisiveté », l'imagination apparaît détachée de l'ordre des choses et de la lettre du monde, pour s'arrimer à un intellect oisif. C'est, métaphoriquement, « un vague champ » qui laisse l'âme dans un état d'agitation fébrile, sans but préfixé et comme perdue : « c'est n'estre en aucun lieu, que d'estre par tout » (I, 8, 32). Il s'agit ici de la traduction d'une épigramme de Martial : « *Quisquis ubique habitat, Maxime, nusquam habitat* » (celui qui habite partout, Maximus, n'habite en réalité nulle part[58]). La rencontre avec le non-lieu et le non-temps rend l'oisiveté encore plus séduisante : en l'absence d'un lien avec l'objet qui le ramènerait vers la terre, l'intellect est la proie d'une prolifération de pensées stériles. Plutarque suggère à Montaigne l'image de terres incultes, mais aussi de petits morceaux de chair, d'« amas » que les femmes produisent spontanément et qui ont besoin d'une semence pour être fécondés. Les images dessinent une captivité inconsciente et paradoxale, une trame subtile entre esclavage et liberté, au rythme inquiétant de l'action sans ordre ni dessein. Le « cheval eschappé » de l'imagination poursuit « chimeres et monstres fantasques ».

La fuite en avant est ainsi le risque d'un esprit qui ne converse qu'avec lui-même. C'est aussi le risque de la solitude et de la « retraite », une soustraction de la liberté à la présomption philosophique, découlant du refus de mesurer les choses « qui nous sont entre mains » avec la force de l'imagination plutôt qu'avec celle de la mémoire. Il s'agit d'une

58 *Epigrammes*, VII, 73, 6.

imagination qui a perdu son innocence[59], et qui apparaît ainsi comme l'unique antidote à la « présomption ». Par une sorte de paradoxe, dans le chapitre « Du démentir », l'imagination devient la faculté ordinatrice et projective, capable de s'opposer à l'avancée erratique de l'esprit sans but et au gré du vent : « Aux fins de renger ma fantasie à resver mesme par quelque ordre et projet, et la garder de se perdre et extravaguer au vent, il n'est que de donner corps et mettre en registre tant de menues pensées qui se presentent à elle » (II, 18, 665). Le vent est inutile à celui qui ne s'est pas donné de fin, souligne Montaigne à la suite de Sénèque dans le chapitre « De l'inconstance de nos actions » (II, 1, 337).

À bien y regarder, comme dans le cas de la conversation avec soi-même dans la « retraite », il ne s'agit jamais d'une volonté immuable, qui tracerait des lignes de partage nettes entre les significations. Sujet de la métamorphose, l'imagination est en mesure de transformer des concepts négatifs en perspectives positives, comme si elle bénéficiait du crédit de cette possibilité en travaillant sur la signification polysémique des mots. Le cas le plus emblématique est celui du concept limite de monstruosité, que le chapitre « D'un enfant monstrueux » (II, 30) décrit dans toute sa portée critique et polysémique. Il est question de la capacité à voir un *monstrum*, c'est-à-dire un signe qui fait allusion à une chose. Résultat d'une mauvaise imagination, incapable de comprendre l'ordre de la nature, le concept de *monstrum* ouvre de nouvelles perspectives, en l'occurrence politiques, et notamment celle d'une cohabitation pacifique entre religions. Il s'agit d'un bon présage, énoncé pour le principe, sans que l'on puisse le rattacher au sens prophétique que Montaigne avait ironiquement laissé de côté dans le chapitre « Des prognostications » (I, 11).

Le présage et la prophétie en viennent à définir dans un lexique ancien, encore incomplet, les thèmes modernes et laïcs auxquels Montaigne tient le plus : la critique de la crédulité, riche d'un distinguo important, la condamnation des catégories de possibilité et d'impossibilité (I, 27), l'herméneutique du visible et de l'invisible (I, 32) et enfin la peur de la nouveauté (II, 30). De Plutarque dans *La Disparition des oracles*[60],

59 A. Hurtle, *Michel de Montaigne. Accidental Philosopher*, Cambridge, Cambridge University Press, 2003, p. 110.

60 Pour la traduction d'Amyot : *Des Oracles qui ont cessé*, in *Les œuvres morales & meslees de Plutarque, translatees du Grec en François par Messire Jacques Amyot, à present Evesque d'Auxerre,*

et surtout de Cicéron61, Montaigne reçoit la critique de cette même imagination qui montrait la dimension oraculaire et prophétique des choses, et sur laquelle l'Antiquité fondait une grande partie des affaires publiques et privées. Sur les causes de la décadence des oracles, les Anciens ont beaucoup réfléchi. La religion chrétienne a aboli les formes de la divination naturelle (dissection d'animaux – le foie *par exemple, selon le Timée*, 71d-72c, était le siège de la divination, d'où l'hépatologie – le vol des oiseaux, la foudre, les sources des cours d'eau, etc.), mais en a laissé survivre quelques-unes comme l'astrologie judiciaire, la physiognomonie, l'interprétation des rêves, etc. La religion chrétienne ne partage pas cet adage de Cicéron : « *Ista sic reciprocantur, ut et si divinatio sit, dii sint ; et, si dii sint, sit divinatio* » (Voici un argument qui marche dans les deux sens : s'il y a une divination, alors les dieux existent ; si les dieux existent, alors il y a une divination[62]). Montaigne rappelle toutefois que Cicéron lui-même penchait en faveur de la position plus équilibrée de Pacuvius et de Xénophane de Colophon, qui admettaient l'existence des dieux mais s'efforçaient de nier toute espèce de divination[63] : « J'aymerois bien mieux regler mes affaires par le sort des dez que par ces songes » (I, 11, 43).

ANNEXE : « LE SORT DES DEZ »

L'entrée en scène du hasard et de la chance a eu des effets immédiats sur le destin de ce chapitre « Des prognostications ». Dans ses derniers ajouts, Montaigne revient à une lecture politique de l'imagination, confiée au *deus ex machina* de la fortune :

> Je voudrois bien avoir reconnu de mes yeux ces deux merveilles : du livre de Joachim, abbé calabrois, qui predisoit tous les papes futurs, leurs noms et formes ; et celuy de Leon l'Empereur, qui predisoit les empereurs et patriarches de Grece. Cecy ay-je reconnu de mes yeux, qu'és confusions publiques les hommes estonnez de leur fortune se vont rejettant comme à toute superstition, à rechercher au ciel les causes et menaces ancienes de leur malheur. Et y sont

---

Conseiller du Roy en son privé Conseil & grand Aumosnier de France, à Paris, de l'Imprimerie de Vascosan 1572, avec Privilège du Roy (réimpr. Anastatique, intro. M.-A. Screech, Mouton Johnson Reprints Corporation, 1971), I, f. 336r°-352v° ; *Pourquoy la prophetisse Pythie ne rend plus les oracles en vers*, in *ibid.*, II, 627v°-636v°.

61 *De divinatione* II, 57, 117.

62 *Ibid.*, I, 6.

63 *Ibid.*, II, 57, 131 et I, 3, 5.

> si estrangement heureux de mon temps, qu'ils m'ont persuadé, qu'ainsi que c'est un amusement d'esperits aiguz et oisifs, ceux qui sont duicts à ceste subtilité, de les replier et desnouer, seroyent en tous escrits capables de trouver tout ce qu'ils y demandent (I, 11, 44).

Clairvoyance, prémonition et télépathie : l'imagination anticipe le futur et interprète le passé, découvre des vérités cachées, saisit la réalité à travers des perceptions extrasensorielles – ce que les Latins appelaient la *divinatio*. Dans le *Phédon* (60e-61a), Platon écrit que Socrate rêvait souvent de « faire de la musique ». La répétition du même rêve n'était pas une exhortation à accomplir ce qu'il avait toujours fait, à savoir pratiquer la philosophie – « la musique la plus grande » –, mais une invitation à la poésie.

Le passage de la prophétie à l'expérience quotidienne dans la variété de ses accidents, mais aussi à la loi de la commune nécessité, advient au détour d'un glissement d'ordre moral entre l'impulsion de la volonté et le conseil de la raison, évoqué avec le démon de Socrate[64]. La source en est à nouveau Plutarque, dans son traité *Le Démon de Socrate*, dont l'image de Socrate tient beaucoup du *Phédon* de Platon[65]. Le démon de Socrate est déconstruit par Montaigne en tant que métaphore porteuse d'un signe divin pour être reconnu comme l'indice d'un comportement inflexiblement énergique dérivé d'un jugement sûr. La vie de Socrate – être demeuré pauvre bien qu'il eût pu s'enrichir, n'avoir jamais abandonné

64 « Le demon de Socrates estoit à l'advanture certaine impulsion de volonté, qui se présentoit à luy, sans attendre le conseil de son discours. En une ame bien espurée, comme la sienne, et preparée par continuel exercice de sagesse et de vertu, il est vray semblable que ces inclinations, quoy que temeraires et indigestes, estoyent tousjours importantes et dignes d'estre suyvies. Chacun sent en soy quelque image de telles agitations d'une opinion prompte, véhemente et fortuite. C'est à moy de leur donner quelque authorité, qui en donne si peu à nostre prudence » (I, 11, 44).

65 Au devin Théocrite, Galaxidôros rappelle : « Cuydes tu donc que cest esprit familier de Socrates ait esté quelque propre & peculiere puissance, & non pas une parcelle de la commune necessité qui confirmoit cest homme par longue experience à donner le contrepois & le panchement pour le faire incliner deça ou dela en choses obscures & difficiles à conieucturer par discours de la raison ? Car tout ainsi comme une livre par elle seule ne méne pas la balance, mais là où le pois est entre deux fers, si on l'adiouste à l'un ou à l'autre costé, elle tire à soy & fait pancher le tout de ce costé la : aussi une voix, ou quelque autre signe petit & leger n'est pas suffisant pour attirer une grave pensée à faire quelque chose, mais adiousté à l'un des deux discours contraires, elle soult toute doute & toute difficulté estant toute l'inegalité ostée, de sorte qu'il se fait alors un mouvement & inclination » (« Du Demon ou l'esprit familier de Socrates », in *Œuvres*, *op. cit.*, II, 639D [11, 580F-581D]).

la philosophie face aux obstacles, n'avoir pas cédé aux insistances de ses amis qui lui proposaient un plan pour le sauver, faire preuve de courage devant la mort – n'est pas tissée d'opinions issues de présages ou d'éternuements : elle témoigne en revanche d'un homme guidé par une formation et un contrôle de soi supérieurs. La pensée divine se communique à l'esprit purifié de toute passion. Ce message de nature éthique est également véhiculé par le mythe de Timarque, dans lequel une vision de l'outre-monde devient une exhortation à refuser les passions basses et tout ce qui rend l'homme indigne. La défense de Xénophon face à l'accusation adressée à Socrate, d'avoir introduit « de nouvelles divinités[66] », relève du même style : l'élève témoigne combien le maître a honoré tous les dieux, et ne peut par conséquent être la cause d'une éventuelle colère de leur part. Socrate croit en une force spirituelle, qui est son oracle personnel.

Le vrai pouvoir anticipateur de l'imagination est attesté, pour Montaigne, dans la vie-pour-la-mort, dont Socrate donne l'illustration par sa conduite. Comme l'atteste le chapitre I, 21, la force de l'imagination engendre l'événement, mais elle sait aussi l'anticiper et neutraliser son impact émotionnel, comme le chapitre I, 20, « Que philosopher, c'est apprendre à mourir » tente de le démontrer.

L'IMAGINATION DE LA MORT ET MONDE À L'ENVERS (AVEC I, 20)

Montaigne assigne comme thème au chapitre « Que philosopher c'est apprendre à mourir » la fonction anticipatrice de la faculté imaginative, sans étouffer celle-ci sous d'autres significations rhétoriques ou naturalistes. Il l'étudie sur le terrain de la vie et de la peur de la mort, en convoquant les Anciens – Cicéron, Épicure, Lucrèce – en soulignant sa capacité d'intériorisation et d'assimilation, afin de nouer une alliance entre l'imagination et la nature. La force de l'imagination se présente comme le seul moyen capable d'exorciser la crainte de la mort, grâce à l'expérimentation réitérée d'une mort ressassée, actualisée et devenue un acte inévitable de la vie.

Un des résultats les plus importants d'un tel effort théorique est de faire voir la fonction cognitive et critique de l'imagination pour ce qui

66 Xénophon, *Mémorables*, I, 1, 1-9.

est du passage de la vie à la mort, que la conscience commune considère à tort ou à raison comme les termes extrêmes du bien et du mal. Vie et mort, selon le sens commun, constituent les confins opposés et irréductibles de la condition humaine. Le regard philosophique inverse la valeur axiologique et morale que leur attribue la conscience commune : la mort n'est pas un mal pour la vie[67]. Montaigne ne ne préserve cette valorisation de la mort que dans la mesure où il abandonne Cicéron pour le *De rerum natura* de Lucrèce et les lettres de Sénèque : à travers la médiation de ces textes, l'anticipation de la mort par la force de l'imagination transforme celle-ci en faculté morale originaire, riche de nombreux effets.

Si la trame première du chapitre I, 20 est fournie par Cicéron et Épicure, Lucrèce et Sénèque en sont comme les dieux tutélaires. Dans l'échange des rôles, la même fonction idéale passe d'Épicure à Sénèque. Le syntagme philosophique des *Tusculanes* (I, 30, 70) puise dans la possibilité d'expérimenter une pensée de la mort grâce à l'anticipation de la *vis* ou *virtus imaginandi*. Montaigne la rattache à une opération complexe, mais essentielle : celle d'un processus imaginatif dont la finalité est de décrypter l'acte ultime comme acte de la vie de l'individu et de la matière vitale ou vivifiante, dispensatrice de la vie de l'univers. Il la considère en définitive comme la soudure de « l'humaine condition » à la vie du monde. Le processus anticipateur ôte son étrangeté à l'événement unique et non reproductible qu'est la mort, en l'insérant dans le processus évolutif naturel et commun. L'anticipation de la mort apparaît ainsi comme une ruse de la nature pour réconcilier l'humain avec la vie universelle au sens de Lucrèce.

C'est à ce moment précis que s'impose la thèse lucrétienne du monde renversé qu'est le monde de celui qui n'a pas éduqué son imagination – *Qui capite ipse suo instituit vestigia retro* (celui qui s'est mis dans la tête d'avancer à reculons)[68]. La conscience commune craint la mort à la seule évocation de son nom, si bien que les Romains, à la syllabe *mors*, préféraient la périphrase (il a cessé de vivre, il a vécu, etc.), comme le rappelle Plutarque dans la *Vie de Cicéron* (22, 1), dans la traduction

67 « Il n'y a rien de mal en la vie pour celuy qui a bien comprins que la privation de la vie n'est pas mal. [...]. Il n'est rien dequoy je me soye des toujours plus entretenu que des imaginations de la mort. » (I, 20, 87).

68 *De rerum natura*, IV, 472.

d'Amyot que Montaigne reprend à la lettre : « Il se tourna vers eulx et leur cria tout hault : Ilz ont vescu, ce qui est une façon de parler, dont usent quelquefois les Romains, quand ilz veulent eviter la dureté de ceste rude parole de dire, Il est mort[69] ».

À trente-neuf ans et quinze jours, Montaigne, qui note avec précision son âge, pense être au milieu du chemin de la vie. Il se mettrait volontiers à l'abri, et « ce soubs la peau d'un veau » (I, 20, 85). Ne pas penser à la mort, c'est le faux remède des hommes qui rythment leur vie sur le mode pédestre : ils vont, ils viennent, ils trottent, ils dansent, mais de la mort, rien, aucune préoccupation. Le remède véritable, c'est à l'inverse de remettre le monde sur ses (vrais) pieds en luttant contre l'insouciance. La mort nous déclare une guerre inévitable : il faut y aller bien préparés, en suivant une sorte de stratégie militaire. Les extrêmes, vie et mort, se rejoignent ainsi dans l'apprentissage qui consiste à soutenir l'attaque avec fermeté et à combattre en privant la mort de son avantage, c'est-à-dire en lui ôtant par la force de l'imagination son étrangeté, son unicité et son inéluctabilité. La pratiquer, c'est la rendre habituelle, à tout âge et en toutes circonstances de la vie[70].

Deux opuscules au moins de Plutarque, le *Banquet des sept sages* et *Isis et Osiris*, évoquent la coutume égyptienne qui consistait à faire apporter un squelette, « anatomie seche d'un corps d'homme mort[71] », au cours des fêtes et des banquets. C'est à la fois un *memento mori* et une incitation à jouir du présent, « un admonestement aux conviez de se donner joye et

---

69 Plutarque, *Cicéron*, f° 599I, in *Les Vies des Hommes Illustres, Grecs et Romains Compares l'une avec l'autres par Plutarque de Chaeronee*, translatees de Grec en François, à Paris, De l'Imprimerie de Michael Vascosan, avec Privilège du Roy ; *Les Vies des Hommes illustres Grecs et Romains, comparees l'une avec l'autre par Plutarque de Cheronee*, translatee de Grec en François, par Maistre Jacques Amyot lors Abbé de Bellozane, et depuis en seconde edition reveües et corrigees en infinis passages par le mesme Traslateur, maintenant Abbé de Saincte Corneille de Compiegne, Conseiller du Roy, et grand Aumosnier de France, à l'aide de plusieurs exemplaires vieux, escripts à la main, et aussi du jugement de quelques personnages excellens en sçavoir, à Paris, De l'Imprimerie de Michel de Vascosan, 1565, avec Privilege du Roy. Aujourd'hui les *Vies* se trouvent dans l'édition Gallimard, Paris, 1951. Pour le texte latin que Montaigne aurait pu consulter, voir *Plutarchi Chaeronei quae vocantur Parallela : hoc est Vitae Illustrium Virorum Graeci nominis ac Latini, prout quaque alteri convenire videbatur, accuratius quam antehac unquam digestae et castigatae*, Basileae, Froben, 1560.

70 « Aprenons à le soutenir de pied ferme, et à le combattre. Et pour commencer à luy oster son plus grand advantage contre nous, prenons voye toute contraire à la commune. Ostons luy l'estrangeté, pratiquons le, accoustumons le » (I, 20, 86-87).

71 Dans la traduction d'Amyot, cit. *Le Banquet des sept sages*, f° 151D.

jouir alaigrement des biens presents, d'autant que bien de temps apres ils seront tous semblables à celui là[72] ». Par l'intermédiaire de l'anticipation imaginative de l'inévitable et de l'incontournable, le temps de la vie devient un temps-pour-la-mort, un exercice et un apprentissage qui enseignent à être libre de la peur et de l'esclavage. Les *Lettres à Lucilius* (26, 10 et 76, 8) en éclairent les principes et les conséquences. Ceux-ci sont rappelés par Montaigne : « La premeditation de la mort est premeditation de la liberté. Qui a apris à mourir, il a desapris à servir. Le sçavoir mourir nous afranchit de toute subjection et contrainte » (I, 20, 87). Considérée sous cet angle, l'imagination devient la faculté de la liberté, ce qui permet à Montaigne de souligner ensuite sa dimension morale : « c'est icy la vraye et souveraine liberté, qui nous donne dequoy faire la figue à la force et à l'injustice, et nous moquer des prisons et des fers » (*Ibid.*, 91). De longues pages de Lucrèce évoquées dans le chapitre I, 20 insistent sur l'exposition humaine à la terreur de la mort et en esquissent les conséquences politiques et religieuses, dont la croyance aux dieux et la naissance de la société civile.

Montaigne ne quitte plus l'appareil théorique qu'il a construit avec Épicure, Lucrèce, Cicéron et Sénèque : la mort ne concerne ni les vivants, ni les morts : « Elle ne vous concerne ny mort ny vif : vif, parce que vous estes : mort, par ce que vous n'estes plus[73] ». Vu sous cet angle, Lucrèce aide encore une fois à relativiser le temps : l'étendue de temps éternel, avant que nous naissions, n'a rien été[74], mais en revanche « Où que vostre vie finisse, elle y est toute » (I, 20, 95). C'est ce que Sénèque lui aussi enseigne : à n'importe quel moment, la vie peut prendre fin et si elle finit bien, elle est complète[75]. La référence à Sénèque conduit de nouveau au thème du suicide : c'est la seconde fois que Montaigne s'approche dangereusement de ce problème de la mort volontairement choisie. Dans un texte tardif, outre Sénèque (lettres 49, 10 et 93 ; 61, 4, 13), Lucrèce réapparaît : avec la fin de ta vie, tout s'en ira, corps et âme, ce qui résonne comme une négation de l'immortalité de l'âme[76]. La référence à Lucrèce[77] permet

72 Toujours d'Amyot : *De Isis et Osiris*, f° 322B-C.
73 *Tusculanae*, I, 38, 91.
74 *De rerum natura*, III, 972-973.
75 *Lettres à Lucilius*, 77, 4.
76 *De rerum natura*, III, 968.
77 *Ibid.*, II, 578-580.

encore une fois à Montaigne de réfléchir au sein d'un contexte naturaliste[78] qu'il trouve aussi chez Sénèque (lettres 61, 31 et 77, 13). Un nouveau recours à Sénèque (lettre 91, 21) permet d'amorcer un thème en lien avec l'imagination, sur lequel Montaigne reviendra dans d'autres chapitres : c'est une grande sottise de condamner des choses inconnues. Vers la conclusion du chapitre I, 20, Montaigne se rapproche encore de Sénèque, pour ne plus l'abandonner. C'est l'apparat de la mort qui fait peur, bien plus que la mort elle-même[79]. L'œuvre de l'imagination philosophique conclut le parcours phénoménologique de l'esprit. Prendre conscience d'un tel parcours, c'est remettre le monde sur ses pieds, ôter le masque – la *persona* – à celui qui ne veut ni écouter, ni suivre le commandement de la nature :

> Il faut oster le masque aussi bien des choses, que des personnes : osté qu'il sera, nous ne trouverons au dessoubs que cette mesme mort, qu'un valet ou simple chambriere passerent dernierement sans peur. Heureuse la mort qui oste le loisir aux apprests de tel equipage (I, 20, 96).

C'est cependant le chapitre « De la force de l'imagination » qui arrache son masque à l'imagination. Ce chapitre fournit en résumé la description des limites et des pouvoirs de la faculté imaginative. La faculté aux mille visages contraires, tant sages que trompeurs, y apparaît dans sa capacité à anticiper et matérialiser, révélant son caractère à la fois psychosomatique, anthropologique et éthique, dans l'échange de points de vue avec autrui. Son activité projective concerne aussi bien la magie que l'histoire.

CRUAUTÉ DE L'IMAGINATION (AVEC III, 11)

Utilisée de manière non légitime, l'imagination est source d'erreur. Le chapitre « Des boyteux » situe l'imagination au croisement de l'impératif gnoséologique et du dynamisme erratique et aveuglant de la pensée, de la puissance et de l'impuissance corrosive des concepts « dereglés ». Au-delà de l'exemplarité du texte anti-démonologique, satire de la « boyterie »

78 « Tout ne branle-il pas vostre branle ? Y a-il chose qui ne vieillisse quant et vous ? Mille hommes, mille animaux et mille autres creatures meurent en ce mesme instant que vous mourez » (I, 20, 98).

79 Voir en particulier *Lettres* 93, 2 et 24, 12-14 : « Pourquoy te pleins-tu de moy et de la destinée ? Te faisons-nous tort ? Est ce à toy de nous gouverner, ou nous à toy ? [...] Un petit homme est homme entier, comme un grand [...]. L'eau, la terre, l'air, le feu et autres membres de ce mien bastiment ne sont non plus instrumens de ta vie qu'instrumens de ta mort [...]. » (I, 20, 95-96)

mentale des juges et de la justice, le chapitre repose sur une imposante construction rhétorique, qui va d'Aristote à Érasme[80], afin de mettre en évidence la condition ontologiquement bancale de l'intellect et de la condition humaine[81]. Seules la volonté et la *directio ingenii* seraient capables de s'opposer à ce déterminisme naturel et moral.

Le chapitre « Des boyteux » réaffirme l'irrégularité fâcheuse d'une faculté qui est certes sans égale pour signifier l'homme, mais qui, dans ses différents usages, reste en permanence exposée à l'erreur, à la « présomption » de certitude et à l'omnipotence invasive d'un jugement toujours variable. Le chapitre représente aussi l'essai tout montaignien de proposer une position et une raison médianes entre les modalités opposées des discours dogmatique et sceptique, afin de faire émerger la nécessité d'une raison-imagination autoréflexive et critique. Il montre ainsi d'une autre façon la nécessité d'un exercice réglé dans certaines limites, afin d'éviter que l'imagination ne s'accroche à une position « immoderée », en tentant de combler l'abîme entre la certitude et l'apparence. Montaigne part du lien entre le boiteux et le sorcier et a recours à l'iconographie classique du démon-boiteux ou de Saturne-Kronos à la jambe de bois (boiteux comme le mensonge de l'*Iconologie* de Ripa), dieu de son ciel, père commun des intellectuels, des magiciens et des sorciers, géniteur qui dévore ses enfants et accouche du temps qui s'autodétruit. Sa critique de l'imagination est non seulement une critique de la magie, mais aussi un appel à remettre la raison sur pied et une exhortation à une critique du jugement dans ses replis métaphysiques, moraux et juridiques.

Le libre-arbitre, les passions, les humeurs et l'absence de clarté judiciaire témoignent aussi de la nécessité d'une critique du jugement dans l'« Apologie de Raimond Sebond » :

> Quelque bon dessein qu'ait un juge, s'il ne s'escoute de prez, à quoy peu de gens s'amusent, l'inclination à l'amitié, à la parenté, à la beauté et à la vengeance, et non pas seulement choses si poisantes, mais cet instinct fortuite qui nous

80 Voir *Les Liens à renouer*, *op. cit.*, p. 293-294, n. 1.

81 A. Tournon, *Montaigne : la glose et l'essai*, Lyon, Presses Universitaires de Lyon, 1984 (Paris, Champion, 2000), p. 273. L'idée est réaffirmée dans « Le grammairien, le jurisconsulte et l'humaine condition », in *Bulletin de la Société Internationale des Amis de Montaigne*, n° 21-22, 1990, p. 107-118, et « L'humaine condition : Que sais-je ? Qui suis-je ? », in M.-L. Demonet (dir.), *Montaigne et la question de l'homme*, Paris, Presses Universitaires de France, 1999, p. 29. Voir aussi la contribution de P. Magnard, « La vraie prud'homie, de Montaigne à Charron », p. 85-101.

> faict favoriser une chose plus qu'une autre, et qui nous donne, sans le congé de la raison, le chois en deux pareils subjects, ou quelque umbrage de pareille vanité, peuvent insinuer insensiblement en son jugement la recommandation ou deffaveur d'une cause et donner pente à la balance (II, 12, 565).

La conduite du procès Martin Guerre et sa sentence boiteuse sont également emblématiques à cet égard. Martin, jeune époux – une circonstance sur laquelle insistera l'épouse, Bertrande de Rols, et qui aura son importance dans l'issue du procès –, abandonne femme et village en Languedoc pour réapparaître douze ans plus tard, tandis qu'un autre homme, Arnaud du Tilh, a pris son identité et sa place à côté de Bertrande, reconnu comme Martin Guerre par tout le monde – femme, sœurs, oncle, amis et tout le village. Dénoncé par Pierre Guerre, l'oncle de Martin, en dépit l'avis de Bertrande qui verra longtemps dans Arnaud son mari mais qui cède à la fin aux pressions de son oncle et parrain, il est jugé en première instance à Toulouse, le procès donnant lieu à nombreux coups de théâtre, reconnaissances et confusions d'identités, à des mémoires blessées, menacées et effacées – autant de mascarades dans ce jugement incertain et vacillant[82]. Le prévenu est finalement condamné, là aussi à cause de la force de l'imagination.

Faute de la « clairté lumineuse » d'un jugement honnête et sans preuve décisive, les juges, acteurs de la « justice malicieuse » du chapitre « De l'utile et de l'honneste » et créatures de l'imagination malade, font pencher la balance contre du Tilh. Le sosie est accusé sur un fondement imaginé, incertain et jamais prouvé. Le soupçon de magie ne fait cependant pas partie des chefs d'accusation. La condamnation et l'exécution ont lieu après le retour de Martin Guerre : des étonnantes phases du procès, des interrogatoires et de la confrontation des accusés, se dégagent aussi bien la perte de mémoire de Martin que l'hypertrophie de la mémoire, magique selon la Cour, du pseudo-Martin. Se dégagent aussi l'éloquence aveugle des témoignages, le phénomène de suggestion collective, la convergence des imaginations divergentes, le sentiment, qui transparaît dans l'exposé de la sentence, d'une vérité brisée et à jamais perdue dans la myriade des mensonges (y compris la boîterie du « nouveau venu »). Se dégage surtout le doute profond des juges, décrits par Coras comme étant « en grande perplexité[83] ».

---

82 Voir notre commentaire *infra*.

83 Jean de Coras, *Argument et sommaire du faict* (s.n.), in *Arrest memorable du Parlement de Tolose : contenant une histoire prodigieuse, de nostre temps, avec cent & onze belles, & doctes annotations :*

Alors que personne ne peut assurer que le dernier venu est le vrai Martin, l'imaginaire collectif d'un village et l'imaginaire sanguinaire des juges, pour suivre l'image tragique de Wier, semblent sceller un pacte de cruauté. La dépravation de l'imagination provoque des effets dévastateurs et irréparables. Montaigne lit ce procès en substitution de personne en faisant jouer le lien oblique entre injustice et sorcellerie, au-delà des magiciens présumés qui apparaissent dans le chapitre, et qui sont, souligne-t-il, en suivant les thèses de Wier développées dans le *De praestigiis* et le *De lamiis*, des malades qui ont besoin de soins. Le cercle se referme : Arnaud du Tilh aurait usurpé la mémoire défectueuse de *Martinus redivivus* par des pratiques de magie conduisant à des « jeux de tragedie », jeux d'une imagination cruelle qui ont rendu possible l'imposture et ont rempli la sentence elle-même de « merveilles », qui ne sont en rien innocentes :

> Je vy en mon enfance un procés, que Corras, conseiller de Toulouse, fist imprimer, d'un accident estrange : de deux hommes qui se presentoient l'un pour l'autre. Il me souvient (et ne me souvient aussi d'autre chose) qu'il me sembla avoir rendu l'imposture de celuy qu'il jugea coulpable si merveilleuse et excedant de si loing nostre connoissance, et la sienne qui estoit juge, que je trouvay beaucoup de hardiesse en l'arrest qui l'avoit condamné à estre pendu. Recevons quelque forme d'arrest qui die : La court n'y entend rien, plus librement et ingenuement que ne firent les Areopagites, lesquels, se trouvans pressez d'une cause qu'ils ne pouvoient desveloper, ordonnerent que les parties en viendroient à cent ans (III, 11, 1031)[84].

En quelques lignes, Montaigne fait de ce procès l'emblème de la boiterie de l'imagination, ce qui la lie étroitement au chapitre « De la force de l'imagination ».

---

dont les onze ont esté nouvellement adiustées, sur le procez de l'execution dud. Arrest, … Prononcé és arrests Generaux le XII. Septembre 1560. L'édition consultée a été publiée à Lyon chez Antoine Vincent, en 1565, suivie par *Les douze reigles du Seigneur Iean Pic, de la Mirandole, lesquelles adressant l'homme au combat spirituel :* traduites du latin en françois par ledit de Coras.

84 Sur l'« erreur » de Montaigne sur son âge, voir É.-V. Telle, « Montaigne et le procès Martin Guerre », *op. cit.*, p. 398 et *sq.*, et la mise au clair de l'expression « en mon enfance » de Fausta Garavini qui en fera un article pour les *Quaderni Leonardo Sciascia* (« Sciascia e Montaigne : breve storia di un malinteso », 3, 1998, p. 25-30).

IMAGINATION CONTRE COUSTUME (AVEC I, 23)

L'imagination est à l'origine des métamorphoses de l'esprit, mais trouve une limite extrinsèque dans la « coustume », négatrice du principe même du changement. Si la nature, au sens de Montaigne, est le principe de la multiplication et de « vicissitude » de l'infinité des formes, alors on peut dire que l'imagination trouve dans cette limite puissante qu'est l'habitude une sorte d'anti-nature[85]. L'habitude ne fait pas qu'endormir les sens : Montaigne y décèle la source de semences maléfiques de cruauté, de tyrannie et de traîtrise. L'action de la coustume est insidieuse, dans la mesure même où celle-ci présente quelques aspects en commun avec l'imagination. Sa première source de séduction est sa force et son efficacité : *Consuetudinis magna vis est* (l'habitude est une grande force), écrit Cicéron dans les *Tusculanes*[86], si bien qu'elle devient chez Montaigne une seconde nature, en référence au stoïcisme cicéronien, ou, pour un regard critique, une antinature. Mais la perfidie de la coutume ne s'arrête pas là : « J'estime qu'il ne tombe en l'imagination humaine aucune fantasie si forcenée, qui ne rencontre l'exemple de quelque usage public, et par consequent que nostre discours n'estaie et ne fonde[87] » (I, 23, 111).

Il y a ainsi une dialectique réciproque de la coutume et de l'imagination, qui porte jusqu'au domaine du religieux. Dans une prétérition (en latin *prœterire* veut dire « aller au-delà » ou « laisser de côté »), Montaigne

85 « Car c'est à la verité une violente et traistresse maistresse d'escole, que la coustume. Elle establit en nous, peu à peu, à la desrobée, le pied de son authorité : mais par ce doux et humble commencement, l'ayant rassis et planté avec l'ayde du temps, elle nous descouvre tantost un furieux et tyrannique visage, contre lequel nous n'avons plus la liberté de hausser seulement les yeux. Nous luy voyons forcer, tous les coups, les reigles de nature » (I, 23, 109).

86 *Tusculanae*, II, 17.

87 « Mais on decouvre bien mieux ses effets aux estranges impressions, qu'elle fait en nos ames, où elle ne trouve pas tant de resistance. Que ne peut elle en nos jugemens et en nos creances ? Y a il opinion si bizarre (je laisse à part la grossiere imposture des religions, dequoy tant de grandes nations et tant de suffisans personnages se sont veux enyvrez : car cette partie estant hors de nos raisons humaines, il est plus excusable de s'y perdre, à qui n'y est extraordinairement esclairé par faveur divine) mais d'autres opinions y en a il de si estranges, qu'elle n'aye planté et estably par loix és regions que bon luy a semblé ? Et est tres-juste cette ancienne exclamation : *Non pudet physicum, id est speculatorem venatoremque naturae, ab animis consuetudine imbutis quaerere testimonium veritatis* ». La citation latine est tirée de Cicéron, *De natura deorum*, I, 30 : « Quelle honte pour un physicien, qui chasse les secrets de la nature par la pensée, d'alléguer pour preuve de la vérité le résultat de l'habitude et des opinions convenues ! »

soutient à la suite d'Épicure et de Lucrèce que la coutume peut beaucoup grâce aux fictions de l'imaginaire religieux (l'« imposture des religions ») : la raison-imagination travaille à légitimer toutes les « fantasies » culturelles, politiques ou religieuses devenues coutume. Dans le *De natura deorum* (I, 30), Cicéron met en scène un physicien demandant une preuve de vérité à des hommes esclaves de l'habitude : l'habitude et l'esclavage qui en dérive empêchent de fournir ou même de demander la « preuve de la vérité », le *testimonium veritatis*, dès lors que la vérité est fondamentalement l'objet d'une chasse et une recherche. Paradoxalement, l'incapacité structurelle à fournir une vérité place la coutume dans le champ fertile de l'ignorance, engendrant des possibilités négatives et déraisonnables dans le domaine de l'anthropologie religieuse, mais aussi de l'anthropologie tout court : « Les miracles sont selon l'ignorance en quoy nous sommes de la nature, non selon l'estre de la nature » (I, 23, 112). Assoupie dans le sommeil de l'habitude, la raison est incapable de lire dans le livre de la nature : elle aperçoit des miracles et des monstres, voit les lois naturelles suspendues là où tout est selon un ordre. La multiplication et la vicissitude de formes infinies restent inconnues à l'homme « accoustumé ».

Comment l'imagination, complice de l'enracinement de la coutume en l'homme, peut-elle réveiller la raison (autrement dit s'éveiller elle-même) de ce sommeil dogmatique, qui lui fait prendre la coutume pour une nature ? Complice de l'obscurité et des ténèbres, selon l'image de La Boétie, l'imagination peut-elle devenir une amie de la vérité au sens montaignien du terme, c'est-à-dire une capacité de dévoilement apte à saisir « le vraye visage des choses » ? Montaigne prescrit de rentrer en soi-même pour discourir et raisonner sur les prescriptions de la coutume : s'en libérer, c'est comme donner « un bon coup de fouet » à la « bestise ordinaire de son jugement » ; c'est opter pour « les advis de la verité et ses preceptes », seule voie possible pour nous faire saisir la dimension originelle du « visage du monde », d'un visage authentique et sans masque : « De vray, parce que nous les humons avec le laict de nostre naissance, et que le visage du monde se presente en cet estat à nostre premiere veue, il semble que nous soyons nais à la condition de suyvre ce train » (I, 23, 115).

POUR UNE PÉDAGOGIE DE L'IMAGINATION (AVEC I, 25 ET I, 26). EN CONCLUSION

Le lien consubstantiel entre possibilité, nouveauté et innovation a-t-il pu échapper à Montaigne ? Ce qui pouvait apparaître comme un point de torsion dans sa pensée s'avère en réalité novateur. Il faut ici être attentif à l'interaction entre la subjectivité consciente et l'histoire politique. Le chapitre « De l'institution des enfans » contient ainsi un projet d'éducation de l'imagination, qui vise à instituer une subjectivité saine, par la formation de l'esprit et l'acquisition d'habitudes en vue de la vie en société. L'individu doit être formé dans sa dimension pratique, morale et politique : « nous sommes nez pour agir ». Les jeux des enfants y serviront, car ils sont ainsi à considérer comme « leurs plus serieuses actions » (I, 23, 110).

La question de la formation du sujet reste centrale, mais elle tient à l'écart l'idée d'un moi solipsiste : l'éducation de l'imagination présente une épaisseur à la fois intersubjective, sociale et politique. Il s'agit par ailleurs d'une tâche continue : l'éducation de la raison intérieure doit faire l'objet d'un soin tout au long de la vie, selon une comparaison tirée de Plutarque. La nouvelle éducation à la liberté exige une méthode innovante. En diverses occasions, Montaigne se montre particulièrement attentif au problème de la méthode. Comme toujours, sa vision est complexe, même dans l'utilisation d'un registre politique classique. Une fois l'ancienne croyance mise en doute, l'incertitude atteint les piliers de la foi et déracine les idées reçues à l'aide de l'autorité de la loi et des coutumes anciennes. La nouveauté devient ici la tête menaçante de l'Hydre qui met en péril l'usage et les opinions acquises. Montaigne observe avec suspicion, surtout en regard du « vulgaire », les « nouvelletez » religieuses et considère comme dangereuse la nouveauté en matière de méthode.

Même dans le domaine politico-social cependant, Montaigne maintient sa prédilection pour le *distinguo* : l'« innovation qui vient par violence à s'introduire » (I, 23, 122) n'est pas toujours l'équivalent d'une nouveauté négative. Ce sont souvent les conditions historiques qui en rendent impossible la réalisation légitime, entraînant une myriade de changements incorrects : « L'innovation est de grand lustre, mais elle est interdicte en ce temps, où nous sommes pressez et n'avons à nous deffendre que des nouvelletés » (III, 10, 1023). Parmi les authentiques innovations « de grand lustre », on relève le type d'éducation proposé par Montaigne, le regard qu'il porte sur le Nouveau Monde, son idée d'un tribunal de la raison, sa critique de la coutume, son affirmation de la liberté de conscience comme noble et juste liberté, sa façon de considérer le libre arbitre, le rapport entre liberté et nécessité, sa valorisation d'une loi de nature (qu'il ne faut pas confondre avec les définitions philosophiques et viciées par la coutume), ses concept même de nature ou d'amitié porteuses d'avenir, sa valorisation morale et prospective de l'imagination, etc. – bref, le projet d'ensemble des *Essais*.

Au chapitre XXVIII de l'*Advancement of Learning*, Francis Bacon pose et résout le problème à sa façon. Au nombre des « humeurs pernicieuses » pour le savoir, il compte l'extrême prédilection pour deux idées opposées, l'ancienneté et la nouveauté. Face la double nature saturnienne de ce danger, il semble « que les fils du temps aient hérité de la nature et de la malice de leur père. De même que celui-ci dévore ses enfants, l'un des deux en effet cherche à dévorer et à détruire l'autre ; tandis que l'ancienneté voudrait empêcher tout nouvel ajout, la nouveauté ne se contente pas d'ajouter, elle veut effacer ». L'approfondissement de ces deux concepts, ancienneté et nouveauté, permet à Bacon de conclure : « l'ancienneté mérite le respect, tant que les hommes s'efforcent de découvrir quelle est la meilleure voie ; mais dès que cette découverte est bien assurée, ils doivent aller de l'avant ». Ce n'est pas un hasard si Bacon parle de la voie correcte que la méthode doit parcourir comme d'une voie royale. L'ancienneté est la jeunesse du monde, souligne-t-il avec Lucrèce. Dans ces mêmes pages, il stigmatise « l'incapacité à supporter le doute et la hâte d'arriver à des assertions sans une suspension obligatoire et mûre du jugement ». Dans les *Essais*, l'imagination adulte reconnaît le signe le plus remarquable de la volonté morale dans la tentative de freiner et retarder l'inclination au mal. La résistance à la nouveauté peut ainsi signifier pour Montaigne « mieux esperer, mieux desirer » (III, 10, 993) : « Si je pouvoy planter une cheville à nostre rouë » (II, 17, 655, voir aussi II, 12, 569), souligne-t-il, cela l'empêcherait de rouler sans cesse.

L'emploi correct de l'imagination s'identifie alors avec la recherche du sens positif de la nouveauté, comme dans le cas de l'éducation et de sa « nouvelle maniere ». L'erreur la plus grande de l'imagination, qui fabrique et célèbre sa propre folie, est de vouloir juger « à travers quelques nuages » et « à tastons », en condamnant les choses comme « impossibles » et en présumant que l'on sait « jusques où va la possibilité » (I, 27, 180), au lieu de se prononcer en regard de la capacité humaine. Condamner une chose comme fausse et impossible, « c'est se donner l'advantage d'avoir dans la teste les bornes et limites de la volonté de Dieu et de la puissance de nostre mere nature » (*ibid.*, 179) : l'usage correct de l'imagination adopte une méthode qui aide à comprendre la différence entre impossible et inusité, et qui libère l'esprit du préjugé qui consiste à affirmer ou nier sans passer par « l'étamine » de la raison. Montaigne supprime de son propre vocabulaire l'acception aristotélicienne de « monstre » : il essaie de comprendre le sens de l'infinité des formes, de leur multiplication et de leurs « vicissitudes » infinies, comme l'œuvre d'un dieu ou d'une nature dont la parfaite sagesse ne peut produire que des choses bonnes et ordonnées. Ce sont là les résultats du chapitre II, 30 – pour ne pas parler des chapitres I, 31 et III, 6. La stupeur, à l'inverse, est à mettre en relation avec les formes de même genre inconnues de l'homme : et c'est précisément dans le corps de cet enfant monstrueux que Montaigne trouve encore le signe d'une possibilité dépassant notre intelligence des choses.

L'usage correct de la raison-imagination, évoqué dans les chapitres I, 25 et I, 26 comme un cercle quasi vertueux, est celui qui enseigne à vivre. C'est un apprentissage et une formation à la raison et à l'imagination même. Mais on peut aussi le comprendre selon un parcours contraire, partant du savoir collectif, de la *doxa* et des codes sociaux pour se reformuler en éducation de l'individu devenu adulte et en formation permanente. Le chapitre exemplaire « De l'institution des enfans » se déroule *motu proprio* selon cette direction, poursuivant par certains aspects le travail critique exposé dans le chapitre « De la coustume », en le singularisant pour le recomposer dans une dimension oblique : l'imagination devient une faculté éducatrice et à éduquer, un livre sans livre, le livre des mouvements de la vie. De par son hostilité à la formation de l'esprit, le principe d'autorité contraste avec l'anti-dogmatisme montaignien. Il représente un obstacle à la construction d'un savoir ouvert à la possibilité et à l'avenir, apte à exorciser un formation livresque qui n'est bonne que pour des « asnes chargez de livres », selon l'image qui clôt le chapitre I, 26. Le principe d'autorité s'oppose ainsi irréductiblement aux livres de l'imagination.

Il faut éduquer la raison imaginative, lui redonner vigueur et méthode[88]. Elle est « instruisable », ce qui signifie qu'elle est en devenir et en constante évolution. L'analogie avec l'agriculture, empruntée à Platon (*Theages*, 121a-c), est pleinement compatible avec le cadre de référence conceptuel : « Mais, à la verité, [...] la plus grande difficulté et importante de l'humaine science semble estre en cet endroit où il se traite de la nourriture et institution des enfans » (I, 26, 149). Le regard de l'éducateur se heurte à des promesses trompeuses, à des tendances naturelles manifestées au départ imperceptiblement. Le discours glisse de la science et de l'épistémologie vers l'anthropologie et la morale lorsque Montaigne se réfère aux vies de Cimon[89] et de Thémistocle[90] de Plutarque[91], pour dire à quel point ces deux personnages ont eu dans leur jeunesse des comportements hautement discutables, qui ont ensuite été corrigés par une éducation appropriée. Il reprend le même argument à propos de Socrate. À la différence de l'animal, dont les tendances naturelles primitives restent immuables et manifestes, la nature de l'homme, déclare Plutarque dans la traduction d'Amyot, « venant à se jetter en des accoustumances, et des opinions, et en des loix, couvre bien souvent ce qu'elle a de mauvais, imite et contrefait ce qui est bon et honneste[92]. » Par un étrange paradoxe, les animaux sont instruits à leur façon dès la naissance, bénéficiant entièrement des leçons d'une moralité naturelle. Montaigne reconnaît toutefois la difficulté, pour l'homme, à vaincre ses propres tendances naturelles et à se montrer à la hauteur de l'exigence pédagogique en se tournant vers des objectifs toujours plus élevés.

L'imagination n'entraîne avec elle aucun amoindrissement du savoir ou de la science. Fruit du travail de la raison, elle est un instrument d'une exceptionnelle utilité pour qui sait l'employer. Ce n'est pas par hasard si le motif de l'utilité de la connaissance constitue l'*incipit* du

---

88 « Quant aux facultez naturelles qui sont en moy, dequoy c'est icy l'essay, je les sens flechir sous la charge. Mes conceptions et mon jugement ne marche qu'à tastons, chancelant, bronchant et chopant ; et, quand je suis allé le plus avant que je puis, si ne me suis-je aucunement satisfaict : je voy encore du païs au delà, mais d'une veue trouble et en nuage, que je ne puis desmeler » (I, 26, p. 146).

89 *Cimon*, 336D.

90 *Thémistocle*, 77G.

91 *De sera numinis vindicta*, dans la trad. d'Amyot, *Pourquoy la Justice divine differe quelque fois la punition des malefices*, 260E-F.

92 Dans la traduction d'Amyot, *Pourquoy la justice...*, *op. cit.*, 266F.

chapitre considéré traditionnellement comme le plus sceptique des *Essais*, l'« Apologie de Raymond Sebond ». Il faut incorporer et digérer le savoir en l'exposant de mille manières et en l'adaptant à des sujets très variés. Montaigne est en ceci disciple d'Érasme lorsque celui-ci demande de reformuler cent quatre-vingt-dix fois la phrase « *Semper dum vivam, tui meminero* » (« Je me souviendrai de toi aussi longtemps que je vivrai », ou « ton souvenir me sera présent toute ma vie »), développée dans le *De duplici copia verborum ac rerum*. La rhétorique s'impose alors comme un principe pédagogique efficace et un moment obligatoire pour un usage correct de l'imagination. Celle-ci enseigne à vivre et à bien vivre : à cet endroit, elle se confond avec la philosophie.

À travers la métaphore de la digestion et de l'assimilation de la nourriture, reprise à la lettre 84 de Sénèque, l'éducation de l'imagination prend chez Montaigne, comme dans le platonisme pédagogique, une fonction à la fois cognitive et morale, en faisant changer la forme du savoir[93]. Pour cette école, tout est livre : Montaigne met en œuvre le concept de « livre universel » (I, 26, 153). Il adapte l'idée de la métamorphose au voyage, à la maîtrise des langues, à la vaste imagination de Socrate – c'est là l'une des idées directrices du chapitre « De l'institution des enfans » (I, 26, 155-156). Sur la « vraye philosophie », on reconnaîtra en toile de fond la leçon platonicienne de la *Lettre X* à Aristodore, qui loue la fermeté d'esprit, la fidélité et la sincérité.

L'éducation n'est pas adaptée au milieu familial. L'amour naturel attendrit excessivement les parents et les enfants. À l'inverse, selon Horace, la sueur et la poussière, le chaud et le froid, la rudesse et le danger *in rebus* sont les marques d'une bonne éducation, qui suppose fatigue, peine et privation. Les capacités de l'homme sont rendues citoyennes, le privé public, l'individu politique : « Car de ces dernieres icy encore peut-il estre en prinse, qui regardent les bons selon le temps, comme les meschants. Nous en sommes à l'espreuve. Quiconque combat les

93 « Nostre ame ne branle qu'à credit, liée et contrainte à l'appetit des fantasies d'autruy, serve et captivée soubs l'authorité de leur leçon. On nous a tant assubjectis aux cordes que nous n'avons plus de franches allures. Nostre vigueur et liberté est esteinte. *Nunquam tutelae suae fiunt* [...]. Qu'il luy face tout passer par l'estamine et ne loge rien en sa teste par simple authorité et à credit ; les principes d'Aristote ne luy soyent principes, non plus que ceux des Stoiciens ou Epicuriens. Qu'on luy propose cette diversité de jugemens : il choisira s'il peut, sinon il en demeurera en doubte. Il n'y a que les fols certains et resolus. *Che non men che saper dubbiar m'aggrada* » (*ibid.*, 151).

loix, menace les plus gens de bien d'escourgées et de la corde » (I, 26, 156). Dans un âge de fer, la torture concerne aussi les bons… L'étude de l'histoire, comme celle de la philosophie, recèle une valeur inestimable. La pratique des histoires perpétue en effet le commerce des hommes. La seule étude, selon Platon[94], que se seraient autorisée les Spartiates, serait celle des récits rapportant la généalogie des héros et des hommes et la fondation des États. Les *Vies* de Plutarque sont le modèle le plus accompli de cette histoire. Le précepte est clair : au lieu de la date de la défaite de Carthage, le précepteur transmettra à son élève les traditions concernant la vie de Hannibal ou de Scipion. Ce qu'il lui enseignera, ce ne seront pas de simples histoires, mais comment tirer un jugement de celles-ci.

Concluons en mentionnant le lien de l'imagination avec le livre des rapports sociaux et de la fréquentation des gens. La clarté de jugement qu'il confère est le résultat de l'échange et du commerce avec autrui : c'est pour cette raison que Socrate se considérait citoyen du monde[95], et c'est en ce sens que Montaigne lui reconnaît également une imagination plus pleine et plus ample. L'imagination philosophique parvient avec Horace au « *sapere aude*[96] » ; c'est l'imagination qui atteste du caractère central de la philosophie, à la fois dans la théorie et la pratique : il faudra ainsi l'enseigner aux enfants, et l'inviter au banquet de la « civile conversation » (I, 26, 160-165). Le principe de métamorphose est au plus haut point incarné par le personnage d'Alcibiade (*ibid.*, 169). Montaigne cite ici encore Horace : *Verbaque praevisam rem non invita sequentur* (Si l'on se représente bien le sujet, les mots suivront sans difficulté pour le dire)[97].

Le parcours théorique tracé par Montaigne au sujet des pouvoirs, de la force et des limites de l'imagination ramène toujours celle-ci à sa double valeur, à son visage de *Janus bifrons.* À bien y regarder, cette ambivalence caractérise l'espace et le temps de l'humain. L'homme se caractérise par son insociable sociabilité : « Il n'est rien si dissociable et sociable que l'homme : l'un par son vice, l'autre par sa nature » (I, 39, 238). De la même façon, l'imagination manifeste des potentialités tout en appelant des limites ; sous l'effet de sa seule force, des témoins,

94 *Hippias Majeur*, 285d.
95 Plutarque, *De exilio*, 600F, trad. Amyot, *Du bannissement ou de l'exil*, 125 D-E.
96 *Épîtres*, 1, 2, 40-43.
97 *L'Art poétique*, 311.

vulgaires comme savants, croient à ce qu'ils ne voient pas, et ne croient pas à ce qu'ils voient. Cicéron tente d'expliquer ces effets négatifs de l'imagination relativement à l'ignorance et à la crédulité[98] : ces explications sont reprise par Montaigne, dans le chapitre « C'est folie de rapporter le vrai et le faux à notre suffisance » (I, 37), qui soutient à la fois que l'ignorance engendre la crédulité et que l'homme ne peut savoir jusqu'à quel point s'étendent les possibilités humaines.

L'imagination est la faculté de la spontanéité. La raison philosophique doit devenir elle-même imaginative. L'art de philosopher développé par la raison imaginative porte essentiellement sur la réalisation des pouvoirs du possible. C'est d'abord dans l'imagination que l'on peut expérimenter toutes les possibilités humaines, abstraction faite des limites qu'elles rencontrent dans l'expérience. Montaigne reste conscient que le discours sur la raison-imagination est appelé à se confronter à l'universalisme (le mauvais universel, l'identité) et l'universalité (le bon universel, la différence quant à la forme et à l'ordre de la nature). Le défi n'est pas clos aujourd'hui, et l'idée selon laquelle le visage de la vérité serait le même, « uniforme et constant » (II, 12, 553) dans son historicité reste toujours d'actualité. Si Montaigne se contredit parfois, il ne contredit toutefois pas la vérité (III, 2, 805). Tout en étant éloigné des perspectives de Montaigne, Marcile Ficin le soulignait à sa façon dans sa *Théologie platonicienne* : *Illa facies veritatis una et immutabilis maneat* (Que cette image de la vérité puisse rester unique et immuable)[99].

98 *Academiques*, II, 12, 38.
99 *Théologie platonicienne de l'immortalité des âmes*, XI, 8.

ESSAIS,
LIVRE I, CHAPITRE 21

DE LA FORCE DE L'IMAGINATION

DE LA FORCE DE L'IMAGINATION[1] [97]

« Fortis imaginatio generat casum » [Une imagination forte produit l'événement], disent les clercs. Je suis de ceux qui sentent tres-grand effort[2] de l'imagination. *Chacun en est hurté, mais aucuns[3] en sont renversez. Son impression me perse. Et mon art est de luy eschapper, non pas de luyc resister. Je vivroye de la seule assistance[4] de personnes saines et gaies. La veue des angoisses d'autruy m'angoisse materiellemente, et a mon sentiment[5] souvent usurpé le sentiment d'un tiers. Un tousseur continuel irrite mon poulmon et mon gosier. Je* [98] *visite plus mal volontiers les malades ausquels le devoir m'interesse, que ceux ausquels je m'attens moins[6], et que je considere moins. Je saisis le mal que j'estudie, et le couche en moy. Je ne trouve pas estrange qu'elle[7] donne et les fievres et la mort à ceux qui la laissent faire et qui luy applaudissent[8]. Simon Thomas estoit un grand medecin de son temps. Il me souvient que, me rencontrant un jour chez un riche vieillard pulmonique, et traittant avec luy des moyens de sa guarison, il luy dist que c'en estoit l'un de me donner occasion de me plaire en sa compagnie, et que, fichant ses yeux sur la frescheur de mon visage, et sa pensée sur cette allegresse et vigueur qui regorgeoit de mon adolescence, et remplissant tous ses sens de cet estat florissant en quoy j'estoy, son habitude[9] s'en pourroit amender. Mais il oublioit à dire que la mienne s'en pourroit empirer aussi.* Gallus Vibius banda si

---

1 Les traductions du latin et les équivalents en français moderne fournis ici sont ceux de Pierre Villey. Certaines seront discutées ou modifées dans le commentaire.

2 Force.

3 Quelques-uns.

4 Présence.

5 Mon sentiment a.

6 Je donne moins d'attention.

7 L'imagination.

8 L'encouragent.

9 État.

bien son ame à comprendre l'essence et les mouvemens de la folie, qu'il emporta son jugement hors de son siege, si qu'onques[10] puis il ne l'y peut remettre : et se pouvoit vanter d'estre devenu fol par sagesse. Il y en a qui, de frayeur, anticipent la main du bourreau. Et celuy qu'on debandoit pour luy lire sa grace, se trouva roide mort sur l'eschafaut du seul coup de son imagination. Nous tressuons[11], nous tremblons, nous pallissons et rougissons aux secousses de nos imaginations et renversez dans la plume sentons nostre corps agité à leur bransle, quelques-fois jusques à en expirer. Et la jeunesse bouillante s'eschauffe si avant en son harnois[12] tout' endormie, qu'elle assouvit en songe ses amoureux désirs,

> « Ut quasi transactis saepe omnibus rebus profundant
> Fluminis ingentes fluctus, vestémque cruentent[13] »
>
> [En sorte que souvent ils répandent des flots abondants et inondent leurs vêtements]

Et encore qu'il ne soit pas nouveau de voir croistre la nuict des cornes à tel qui ne les avoit pas en se couchant : toutesfois l'evenement de Cyppus, Roy d'Italie, est memorable, lequel pour avoir assisté le jour avec grande affection[14] au combat des taureaux, et avoir eu en songe toute la nuict des cornes en la teste, les produisit en son front par la force de l'imagination. La passion donna au fils de Croesus la voix que nature luy avoit refusée. Et Antiochus print la fievre de la beauté de Stratonicé trop vivement empreinte en son ame. Pline dict avoir veu Lucius Cossitius de femme changé en homme le jour de ses nopces. Pontanus et d'autres racontent pareilles metamorphoses advenues en Italie ces siecles passez. Et par vehement desir de luy et de sa mere,

10 Si bien que jamais.
11 Suons abondamment.
12 S'échauffer en son harnois, signifie : parler, sentir, agir avec véhémence.
13 Lucrèce, *De la nature des choses*, IV, 1035-6.
14 Intérêt, passion.

[99] « Vota puer solvit, quae foemina voverat Iphis[15] ».

[Iphis acquitta garçon les vœux qu'il avait faits étant fille]

Passant à Victry le Françoys, je peuz voir un homme que l'Evesque de Soissons avoit nommé Germain en confirmation, lequel tous les habitans de là ont cogneu et veu fille, jusques à l'aage de vingt deux ans, nommée Marie. Il estoit à cett'heure-là fort barbu, et vieil, et point marié. Faisant, dict-il, quelque effort en sautant, ses membres virils se produisirent : et est encore en usage, entre les filles de là, une chanson, par laquelle elles s'entradvertissent de ne faire point de grandes enjambées, de peur de devenir garçons, comme Marie Germain. Ce n'est pas tant de merveille, quet cette sorte d'accident se rencontre frequent : car si l'imagination peut en telles choses, elle est si continuellement et si vigoureusement attachée à ce subject, que, pour n'avoir si souvent à rechoir en mesme pensée et aspreté de desir, elle a meilleur compte d'incorporer, une fois pour toutes, cette virile partie aux filles.

Les uns attribuent à la force de l'imagination les cicatrices du Roy Dagobert et de Sainct François. On dict que les corps s'en-enlevent telle fois de leur place. Et Celsus recite[16] d'un Prebstre, qui ravissoit son ame en telle extase, que le corps en demeuroit longue espace[17] sans respiration et sans sentiment. *Sainct Augustin en nomme un autre, à qui il ne falloit que faire ouir des cris lamentables et plaintifs, soudain il defailloit et s'emportoit si vivement hors de soy, qu'on avoit beau[18] le tempester[19] et hurler, et le pincer, et le griller, jusques à ce qu'il fut resuscité : lors il disoit avoir ouy des voix, mais comme venant de loing, et s'apercevoit de ses eschaudures et meurtrissures. Et ce que ce ne fust une obstination apostée[20] contre son sentiment[21], cela le montroit, qu'il n'avoit cependant[22] ny poulx ny haleine.*

15 Ovide, *Métamorphoses*, IX, 793.
16 Raconte, fait le récit.
17 Longtemps.
18 On perdait son temps de.
19 L'agiter.
20 Voulue, stimulée.
21 Contrairement à ce qu'il sentait.
22 Pendant ce temps (pendant l'évanouissement).

Il est vray semblable que le principal credit des miracles, des visions, des enchantemens et de tels effects[23] extraordinaires, vienne de la puissance de l'imagination agissant principalement contre les ames du vulgaire, plus molles. On leur a si fort saisi la creance, qu'ils pensent voir ce qu'ils ne voyent pas.

Je suis encore de cette opinion, que ces plaisantes liaisons[24], dequoyz nostre monde se voit si entravé, qu'il ne se parle d'autre chose, ce sont volontiers des impressions de l'apprehension et de la crainte. Car je sçay par experience, que tel, de qui je puis respondre, comme de moy mesme, en qui il ne pouvoit choir soupçon aucune de foiblesse, et aussi peu d'enchantement, ayant ouy faire le conte à un sien compagnon, d'une defaillance[25] extraordinaire, en quoy il estoit tombé sur le point, qu'il en avoit le moins de [100] besoin, se trouvant en pareille occasion, l'horreur de ce conte lui vint à coup si rudement frapper l'imagination, qu'il en encourut une fortune pareille ; *et de là en hors*[26] *fut subjet à y rechoir : ce villain souvenir de son inconvenient*[27] *le gourmandant et tyrannisant. Il trouva quelque remede à cette resverie*[28] *par une autre resverie. C'est que, advouant luy mesmes et preschant avant la main*[29] *cette sienne subjection*[30], *la contention*[31] *de son ame se soulageoit sur ce, qu'apportant ce mal comme attendu, son obligation*[32] *en amoindrissoit*[33] *et luy en poisoit moins*[34]. *Quand il a eu loy*[35], *à son chois, sa pensée desbrouillée et desbandée, son corps se trouvant en son deu*[36] *de le faire lors premierement tenter,*

23 Faits.
24 Il s'agit des nouements d'aiguillettes.
25 Accident, infortune.
26 Dorénavant.
27 Accident.
28 Folie.
29 D'avance.
30 Cet accident auquel il était sujet.
31 Tension, effort.
32 Engagement, devoir.
33 Diminuait.
34 Et cela lui était moins à charge.
35 Possibilité.
36 En bonne condition, en état normal.

saisir et surprendre à la cognoissance d'autruy, il s'est guari tout net à l'endroit de ce subjet.

A[37] *qui on a esté une fois capable, on n'est plus incapable, si non par juste*[38] *faiblesse.*

Ce malheur n'est à craindre qu'aux entreprinses, où nostre ame se trouve outre mesure tandue de desir et de respect, et notamment si les commoditez se rencontrent improveues[39] et pressantes : on n'a pas moyen de se ravoir de ce trouble. J'en sçay, à qui il a servy d'y apporter le corps mesme *commencé à ressasier* **d'ailleurs,** *pour endormir l'ardeur de cette fureur, et qui par l'aage se trouve moins impuissant de ce qu'il est moins puissant. Et tel autre à qui il a servi aussi qu'un amy l'ayt asseuré d'estre fourni d'une contrebatterie d'enchantemens certains à le preserver*[40]. *Il vaut mieux que je die comment ce fut. Un comte de tres bon lieu de qui j'estoye fort privé*[41], *se mariant avec une belle dame qui avoit esté poursuivie de tel qui assistoit à la feste, mettoit en grand peine ses amis et nommément une vieille dame, sa parente, qui presidoit à ces nopces et les faisoit chez elle, craintive de ces sorcelleries*[42] *: ce qu'elle me fit entendre. Je la priay s'en reposer sur moy. J'avoye de fortune en mes coffres certaine petite pièce d'or platte, où estoient gravées quelques figures celestes, contre le coup de soleil et oster la douleur de teste : la logeant à point*[43] *sur la cousture du test*[44]*; et, pour l'y tenir, elle estoit cousue à un ruban propre à rattacher souz le menton. Resverie germaine*[45] *à celle de quoy nous parlons. Jacques Peletier m'avoit faict ce present singulier. J'advisay d'en tirer quelque usage. Et dis au comte qu'il pourroit courre fortune*[46] *comme les autres : y ayant là des hommes pour luy en vouloir prester d'une*[47] *; mais que hardiment il s'allast coucher; que je luy feroy*

37 Avec.
38 Régulière (donc véritable).
39 Inattendues.
40 La même idée était indiquée sous une forme très différente et plus brièvement dans les éditions antérieures.
41 Ami intime.
42 Les nouements d'aiguillettes.
43 Exactement.
44 Crâne.
45 Sottise parente.
46 Avoir quelque mouvaise chance.
47 Une fortune, mésaventure.

un tour d'amy ; et n'espargneroys à son besoin un miracle, qui estoit en ma puissance, pourveu que, sur son honneur, il me promist de [101] *le tenir tres-fidelement secret ; seulement, comme sur la nuit on iroit luy porter le resveillon*[48]*, s'il luy estoit mal allé, il me fit un tel signe. Il avoit eu l'ame et les oreilles si battues, qu'il se trouva lié du trouble de son imagination, et me fit son signe. Je luy dis lors, qu'il se levast souz couleur de nous chasser, et prinst en se jouant la robbe de nuict que j'avoye sur moy (nous estions de taille fort voisine) et s'en vestist, tant qu'il*[49] *auroit exécuté mon ordonnance, qui fut : quand nous serions sortis, qu'il se retirast à tomber de l'eau ; dist trois fois telles oraisons, et fist tels mouvemens ; qu'à chascune de ces trois fois, il ceignist le ruban que je luy mettoys en main, et couchast bien soigneusement la médaille qui y estoit attachée, sur ses roignons, la figure en telle posture ; cela faict, ayant bien estreint ce ruban pour qu'il ne se peust ny desnouer, ny mouvoir de sa place, que en toute asseurance il s'en retournast à son prix faict*[50]*, et n'oubliast de rejetter ma robbe sur son lict, en maniere qu'elle les abriast*[51] *tous deux. Ces singeries sont le principal de l'effect : nostre pensée ne se pouvant desmesler que moyens si estranges ne viennent de quelqu'abstruse science. Leur inanité leur donne poids et reverence. Somme, il fut certain que mes characteres*[52] *se trouverent plus Veneriens que Solaires*[53]*, plus en action qu'en prohibition*[54]*. Ce fut une humeur prompte et curieuse qui me convia à tel effect*[55]*, esloigné de ma nature. Je suis ennemy des actions subtiles et feintes et hay la finesse, en mes mains, non seulement recreative, mais aussi profitable. Si l'action n'est vicieuse, la routte*[56] *l'est.*

Amasis, Roy d'Egypte, espousa Laodice tres-belle fille Grecque : et luy, qui se montroit gentil compagnon par tout ailleurs, se trouva court à joüir d'elle, et menaça de la tuer, estimant que ce fust quelque

48 Repas de la nuit.
49 Jusqu'à ce qu'il.
50 Besogne convenue.
51 Abritât.
52 Talismans.
53 Montaigne a dit plus haut que les figures gravées sur sa médaille étaient « conte le coup du soleis ».
54 Elles produirent un effet au lieu d'en empêcher un.
55 Action.
56 Le moyen.

sorcerie. Comme és choses qui consistent en fantasie[57], *elle le rejetta à la devotion, et, ayant faict ses voeus et promesses à Venus, il se trouva divinement remis des la premiere nuit d'empres*[58] *ses oblations et sacrifices.*

Or elles ont tort de nous recueillir[59] *de ces contenances mineuses*[60], *querelleuses et fuyardes, qui nous esteignent en nous allumant. La bru de Pythagoras disoit que la femme qui se couche avec un homme, doit avec la cotte laisser aussy la honte, et la reprendre avec le cotillon.* **L'ame de l'assaillant, troublée de plusieurs diverses allarmes, se perd aisement : et à qui l'imagination a faict une fois souffrir cette honte (et elle ne le fait souffrir qu'aux premieres accointances, d'autant qu'elles sont plus bouillantes et aspres, et aussi qu'en cette premiere connoissance, on craint beaucoup plus de faillir) ayant mal commencé, il entre en fievre et despit de cet accident qui luy dure aux occasions suivantes.**

Les mariez, le temps estant tout leur, ne doivent ny presser, ny taster leur entreprinse, s'ils ne sont prests ; et vaut mieux faillir indecemment [102] *à estreiner la couche nuptiale, pleine d'agitation et de fievre, attandant une et une autre commodité plus privée et moins allarmée, que de tomber en une perpetuelle misere, pour s'estre estonné*[61] *et desesperé du premier refus. Avant la possession prinse, le patient se doit à saillies et divers temps legerement essayer et offrir, sans se piquer et opiniastrer à se convaincre définitivement soy-mesme. Ceux qui sçavent leurs membres de nature dociles, qu'ils se soignent*[62] *seulement de contre-pipper leur fantasie*[63].

On a raison de remarquer l'indocile liberté de ce membre, s'ingerant si importunement, lors que nous n'en avons que faire, et defaillant si importunement, lors que nous en avons le plus affaire, et contestant de l'authorité si imperieusement avec nostre volonté, refusant avec tant de fierté et d'obstination noz solicitations et mentales et manuelles.

---

57 Imagination.

58 D'après.

59 Elles (les femmes) ont tort de nous accueillir.

60 De ces grimaces.

61 Troublé profondément, paralysé.

62 Prennent soin de.

63 Contre-tromper leur imagination.

Si toutes-fois en ce qu'on gourmande sa rebellion, et qu'on en tire preuve de sa condemnation[64], *il*[65] *m'avoit payé pour plaider sa cause : à l'adventure mettroy-je en souspeçon noz autres membres, ses compagnons, de luy estre allé dresser, par belle envie de l'importance et douceur de son usage, cette querelle apostée*[66], *et avoir par complot armé le monde à l'encontre de luy : le chargeant malignement seul de leur faute commune. Car je vous donne à penser, s'il y a une seule des parties de nostre corps qui ne refuse à nostre volonté souvent son operation, et qui souvent ne l'exerce contre nostre volonté. Elles ont chacune des passions propres, qui les esveillent et endorment, sans nostre congé. A quant*[67] *de fois tesmoignent les mouvemens forcez de nostre visage les pensées que nous tenions secrettes, et nous trahissent aus assistans. Cette mesme cause qui anime ce membre, anime aussi sans nostre sceu le coeur, le poulmon et le pouls : la veue d'un object agreable respandant imperceptiblement en nous la flamme d'une emotion fievreuse. N'y a-il que ces muscles et ces veines qui s'elevent et se couchent sans l'adveu, non seulement de nostre volonté, mais aussi de nostre pensée ? Nous ne commandons pas à nos cheveux de se herisser, et à nostre peau de fremir de desir ou de crainte. La main se porte souvent où nous ne l'envoyons pas. La langue se transit, et la voix se fige à son heure. Lors mesme que, n'ayans de quoy frire, nous le luy deffendrions volontiers, l'appetit de manger et de boire ne laisse pas d'esmouvoir les parties qui luy sont subjettes, ny plus ny moins que cet autre appetit : et nous abandonne de mesme, hors de propos, quand bon luy semble. Les utils*[68] *qui servent à descharger le ventre, ont leurs propres dilatations et compressions, outre et contre nostre advis, comme ceux-cy destinez à descharger nos roignons. Et ce que*[69], *pour autorizer la toute puissance de nostre volonté, Sainct Augustin allegue avoir veu quelqu'un* [103] *qui commandoit à son derriere autant de pets qu'il en vouloit, et que Vives, son glossateur, encherit d'un autre exemple de son temps, de pets organizez suivants le ton des vers qu'on*

64 Culpabilité.
65 Le membre.
66 Supposée.
67 Combien.
68 Outils, instruments.
69 Ceci que ; ce est sujet de suppose.

leur prononçoit, ne suppose non plus pure[70] *l'obeissance de ce membre : Car en est il ordinairement de plus indiscret et tumultuaire*[71]*. Joint que j'en sçay un si turbulent et revesche, qu'il y a quarante ans qu'il tient son maistre à peter d'une haleine et d'une obligation constante et irremittente*[72]*, et le menne ainsin à la mort.*

Mais nostre volonté, pour les droits de qui nous mettons en avant ce reproche, combien plus vraysemblablement la pouvons-nous marquer de rebellion et sedition par[73] *son desreglement et desobeissance ! Veut-elle tousjours ce que nous voudrions qu'elle voulsist*[74] *? Ne veut-elle pas souvent ce que nous luy prohibons de vouloir : et à nostre evident dommage ? Se laisse-elle non plus mener aux conclusions de nostre raison ; En fin je diroy pour monsieur ma partie*[75]*, que plaise à considerer*[76]*, qu'en ce faict, sa cause estant inseparablement conjointe à un consort et indistinctement, on ne s'adresse pourtant qu'à luy, et par des arguments et charges telles, veu la condition des parties, qu'elles ne peuvent aucunement apartenir ny concerner son-dit consort. Partant se void l'animosité et illegalité manifeste des accusateurs. Quoy qu'il en soit, protestant que les advocats et juges ont beau quereller et sentencier*[77]*, nature tirera cependant son train : qui*[78] *n'auroit faict que raison, quand ell'auroit doué ce membre de quelque particulier privilege, autheur du seul ouvrage immortel des mortels. Pour tant*[79] *est à Socrates action divine que la generation ; et amour, desir d'immortalité, et Daemon immortel luy-mesmes.*

Tel, à l'adventure, par cet effect de l'imagination, laisse icy les escruelles[80], que son compagnon raporte en Espaigne. Voylà pourquoy, en telles choses, l'on a accoustumé de demander une ame preparée. Pourquoy practicquent[81] les

70 Entière.
71 Désordonné.
72 Incessante.
73 À cause de.
74 Voulût.
75 Mon client.
76 Qu'on veuille bien considérer.
77 Prononcer des sentences.
78 La nature qui.
79 Pour ce motif.
80 La scrofule.
81 Cherchent à gagner.

medecins avant main[82] la creance de leur patient avec tant de fauces promesses de sa guerison, si ce n'est afin que l'effect de l'imagination supplisse[83] l'imposture de leur aposeme[84] ? Ils sçavent qu'un des maistres de ce mestier leur a laissé par escrit, qu'il s'est trouvé des hommes à qui la seule veue de la Medecine faisoit l'operation[85].

Et tout ce caprice m'est tombé presentement en main, sur le conte que me faisoit un domestique apotiquaire de feu mon pere, homme simple et Souysse, nation peu vaine et mensongiere, d'avoir cogneu long temps un marchand à Toulouse, maladif et subject à la pierre, qui avoit souvent [104] besoing de clisteres ; et se les faisoit diversement ordonner aux medecins, selon l'occurrence de son mal. Apportez qu'ils estoyent, il n'y avoit rien obmis des formes accoustumées : souvent il tastoit s'ils estoyent trop chauds. Le voylà couché, renversé, et toutes les approches faictes, sauf qu'il ne s'y faisoit aucune injection. L'apotiquaire retiré apres cette ceremonie, le patient accommodé, comme s'il avoit veritablement pris le clystere, il en sentoit pareil effect à ceux qui les prennent. Et si le medecin n'en trouvoit l'operation[86] suffisante, il luy en redonnoit deux ou trois autres, de mesme forme. Mon tesmoin jure que, pour espargner la despence (car il les payoit, comme s'il les eut receus), la femme de ce malade ayant quelquefois essayé d'y faire seulement mettre de l'eau tiede, l'effect en descouvrit la fourbe[87], et pour avoir trouvé ceux là inutiles, qu'il fausit[88] revenir à la premiere façon.

Une femme, pensant avoir avalé un'esplingue[89] avec son pain, crioit et se tourmentoit comme ayant

82 D'avance.
83 Supplée à.
84 Décoction.
85 L'effet.
86 L'effet.
87 En fit voir la tromperie.
88 Fallut.
89 Épingle.

une douleur insupportable au gosier, où elle pensoit la sentir arrestée ; mais par ce qu'il n'y avoit ny enfleure ny alteration par le dehors, un habil'homme, ayant jugé que ce n'estoit que fantasie[90] et opinion, prise de quelque morceau de pain qui l'avoit piquée en passant, la fit vomir et jetta à la desrobée dans ce qu'elle rendit, une esplingue tortue. Cette femme, cuidant[91] l'avoir rendue, se sentit soudain deschargée de sa douleur. Je sçay qu'un gentil'homme, ayant traicté chez luy une bonne compagnie, se vanta trois ou quatre jours apres par maniere de jeu (car il n'en estoit rien) de leur avoir faict menger un chat en paste : dequoy une damoyselle de la troupe print telle horreur, qu'en estant tombée en un grand dévoyement d'estomac et fievre, il fut impossible de la sauver. Les bestes mesmes se voyent comme nous subjectes à la force de l'imagination. Tesmoing les chiens, qui se laissent mourir de dueil[92] de la perte de leurs maistres. Nous les voyons aussi japper et tremousser en songe, hannir les chevaux et se débatre.

Mais tout cecy se peut raporter à l'estroite cousture de l'esprit et du corps s'entre-communiquants leurs fortunes. C'est autre chose que l'imagination agisse quelque fois, non contre son corps seulement, mais contre le corps d'autruy. Et tout ainsi qu'un corps rejette son mal à son voisin, comme il se voit en la peste, en la verolle et au mal des yeux, qui se chargent[93] de l'un à l'autre :

> Dum spectant oculi laesos, laeduntur et ipsi :
> Multaque corporibus transitione nocent[94],

> [« En regardant des yeux malades, les yeux deviennent malades eux aussi et beaucoup de maux se transmettent ainsi d'un corps à un autre »].

---

90 Imagination.

91 Pensant.

92 Douleur.

93 Se communiquent.

94 Ovide, *Les Remèdes à l'amour*, 615-6.

[105] pareillement l'imagination esbranlée avecques vehemence, eslance des traits, qui puissent offencer l'object estrangier. L'ancienneté a tenu de certaines femmes en Scythie, qu'animées et courroussées contre quelqu'un, elles le tuoient du seul regard. Les tortues et les autruches couvent leurs oeufs de la seule veue, signe qu'ils y ont quelque vertu ejaculatrice. Et quant aux sorciers, on les dit avoir des yeux offensifs et nuisans,

> Nescio quis teneros oculus mihi fascinat agnos[95].
>
> [« Je ne sais quel œil me fascine mes tendres agneaux »]

Ce sont pour moy mauvais respondans, que magiciens. Tant y a que nous voyons par experience les femmes envoyer aux corps des enfans qu'elles portent au ventre des marques de leurs fantasies[96], tesmoing celle qui engendra le more. Et il fut presenté à Charles Roy de Boheme et Empereur une fille d'aupres de Pise, toute velue et herissée, que sa mere disoit avoir esté ainsi conceue, à cause d'un'image de Sainct Jean Baptiste pendue en son lit. Des animaux il en est de mesmes, tesmoing les brebis de Jacob, et les perdris et les lievres, que la neige blanchit aux montaignes. On vit dernierement chez moy un chat guestant[97] un oyseau au haut d'un arbre, et, s'estans fichez la veue ferme l'un contre l'autre quelque espace de temps, l'oyseau s'estre laissé choir comme mort entre les pates du chat, ou ennyvré par sa propre imagination, ou attiré par quelque force atractive du chat. Ceux qui ayment la volerie, ont ouy faire le conte du fauconnier qui, arrestant obstinément sa veue contre un milan en l'air, gageoit de la seule force de sa veue le ramener contre-bas[98] : et le faisoit, à ce qu'on dit. Car les Histoires que j'emprunte, je les renvoye sur la conscience de ceux de qui je les prens.

95 Virgile, *Bucoliques*, III, 103.
96 Imaginations.
97 Guetter.
98 En bas.

Les discours[99] sont à moy, et se tienent par la preuve de la raison, non de l'expérience : chacun y peut joindre ses exemples : et qui n'en a point, qu'il ne laisse pas de croire qu'il en est, veu le nombre et varieté des accidens[100].

Si je ne comme[101] *bien, qu'un autre comme pour moy.*

Aussi en l'estude que je traitte de noz moeurs et mouvemens, les tesmoignages fabuleux, pourveu qu'ils soient possibles, y servent comme les vrais. Advenu ou non advenu, à Paris ou à Rome, à Jean ou à Pierre, c'est toujours un tour de l'humaine capacite, duquel je suis utilement advisé par ce recit. Je le voy et en fay mon profit egalement en umbre qu'en corps. Et aux diverses leçons qu'ont souvent les histoires, je prens à me servir de celle qui est la plus rare et memorable. Il y a des autheurs, desquels la fin c'est dire les evenemens[102]*. La mienne, si j'y sçavoye advenir,* [106] *seroit dire sur ce qui peut advenir. Il est justement*[103] *permis aux escholes de supposer des similitudes, quand ils n'en ont point. Je n'en fay pas ainsi pourtant, et surpasse de ce costé là en religion superstitieuse*[104] *toute foy*[105] *historialle. Aux exemples que je tire ceans, de ce que j'ay ouï, faict ou dict, je me suis defendu d'oser alterer jusques aux plus legeres et inutiles circonstances. Ma conscience ne falsifie pas un iota, ma science je ne sçay. Sur ce propos, j'entre par fois en pensée qu'il puisse*[106] *assez bien convenir à un Theologien, à un philosophe, et telles gens d'exquise*[107] *et exacte conscience et prudence, d'escrire l'histoire. Comment peuvent ils engager leur foy sur une foy populaire ? Comment respondre des pensées de personnes incognues et donner pour argent contant leurs conjectures ? Des actions à divers membres*[108]*, qui se passent en leur presence, ils refuseroient d'en rendre tesmoignage, assermentez par un juge*[109] *: et*

99 Les réflexions.
100 Des événements (de ce qui arrive).
101 Commente, adapte des exemples [équivalent donné par Pierre Villey : voir notre commentaire].
102 Le but est de raconter ce qui est advenu.
103 À bon droit.
104 Scrupule.
105 Fidélité, sincérité.
106 Le subjoncif marque une idée de doute.
107 Recherchée, rare.
108 Composées de diverses parties (qu'ils ne voient pas en leur entier par conséquent).
109 S'ils étaient assermentés.

n'ont homme si familier, des intentions duquel ils entreprennent de pleinement respondre. Je tien moins hazardeux d'escrire les choses passées que presentes : d'autant que l'escrivainay leu n'a à rendre compte que d'une verité empruntée. Aucuns[110] *me convient d'escrire les affaires de mon temps, estimant que je les voy d'une veue moins blessée de passion qu'un autre, et de plus pres, pour l'accez que fortune m'a donné aux chefs de divers partis. Mais ils ne disent pas que, pour la gloire de Salluste, je n'en prendroys pas la peine : ennemy juré d'obligation, d'assiduité,et le juge de constance ; qu'il n'est rien si contraire à mon stile qu'une narration estendue : je me recouppe si souvent à faute d'haleine, je n'ay ny composition, ny explication*[111] *qui vaille, ignorant au-delà d'un enfant des frases et vocables qui servent aux choses plus communes ; pourtant*[112] *ay-je prins à dire ce que je sçay dire, accommodant la matiere à ma force ; si j'en prenois qui me guidast*[113]*, ma mesure pourroit faillir à la sienne ; que*[114] *ma liberté, estant si libre, j'eusse publié des jugemens, à mon gré mesme et selon raison, illegitimes et punissables*[115]*. Plutarche nous diroit volontiers de ce qu'il en a faict, que c'est l'ouvrage d'autruy, que ses exemples soient en tout et par tout veritables ; qu'ils soient utiles à la postérité, et presentez d'un lustre*[116] *qui nous esclaire à la vertu, que c'est son ouvrage*[117]*. Il n'est pas dangereux, comme en une drogue medicinale*[118]*, en un compte ancien, qu'il soit ainsin ou ainsi.*

---

110 Quelques personnes.

111 Développement.

112 Pour ce motif.

113 Si je prenais une matière que je fusse obligé de suivre.

114 Ils ne disent pas que.

115 Montaigne aurait été si libre dans ses jugements qu'il aurait risqué d'encourir des châtiments.

116 Sous un jour.

117 Il dirait … que c'est son ouvrage que ses exemples soient utiles.

118 Comme il serait dangereux pour une drogue.

VARIANTES SIGNIFICATIVES

4 [80] effort de l'aprehention, chacun en est feru : mais aucuns en sont trans-formez.

6 [95] eschapper, par faulte de force à luy resister. Je vivroye de [EB] eschaper, non pas de la combattre. Je vivrois et guerirois de l'assistence.

7 [EB] gayes. Les an<goisses> d'autrui

9 [EB] m'angoisse et a souvant mon sentimant a souvant usurpe les mains du sentiment d'autruy, un tousseur continuel me pinse le gosier

11 [EB] le mal en l'estudiant & le couche sur moy.

14 [95] un jour à Thoulouse chez

19 [EB] pensée et cette gaye allegresse et vigueur qui regorgeoit de mon adolescence remplissant

22 [EB] son âme, et la tendit, à comprendre et imaginer l'essence

24 [EB] son jugement mesme hors de son siege, si qu'onques puis il ne l'y peut remettre : & se pouvoit

26 [EB] fol par discours. Il y en a, qui de frayeur anticipent la main du bourreau, & celui

30 [EB] imagination. Et renversé

32 [80] jusques à la mort. Et la ieunesse

35 [80] amoureus désiers. Ut quasi

42 [EB] est mémorable, Lequel pour

44 [80] les produit en son

47 [80] refusée. Et Antigonus prit

53 [80] desir de sa mère. Vota puer

59 [EB] Il est à cett'heure fort barbu, & vieil, & ne s'est point

65 [88] tant de merveilles si cette forte d'accedent se rencontre frequent : car si l'imagination

66 [88] vigoureusement exercée en ce subiect

68 [88] compte d'attacher & incorporer

77 [EB] avoit le tempester et harceler beau

83 [95] credit des visions, des

86 [88] vulgaire, ou il y a moins de resistence. On leur

91 [A] liaisons des mariages, dequoy le monde se voit si plein, qu'il ne se parle d'autre chose, ce sont des impressions

94 [80] que tel en qui il ne pouvoit eschoir nul soupçon – [88] que tel de qui ie puis respondre, comme de moy mesme, en qui il ne pouvoit eschoir soupçon de faiblesse

95 [80] faire un conte à un sien compaignon d'une

99 [80] luy vint si rudement

131 [95] Jacques Peletier, vivant chez moy, m'avoit

230 [95] mort. Et pleut à Dieu, que je ne le sceusse que par les histoires, combien de fois nostre ventre, par le refus d'un seul pet, nous menne jusques aux portes d'une mort tres angoisseuse : & que l'Empereur qui nous donna liberté de peter partout, nous en eust donné le pouvoir. Mais

241 [95] consort. Car l'effet d'iceluy est bien de convier inopportunement parfois, mais refuser, jamais : & de convier encore tacitement et quietement. Partant

248 [95] mortels. Ouvrage divin selon Socrates : & Amour desir d'immortalité, et Dæmon immortel luy mesmes. Tel à l'adventure

251 [80] pareille. & notamment cela est à craindre, où les commoditez se rencontrent improveues & pressantes. A qui a assez de loisir pour se ravoir & remettre de ce trouble, mon conseil est qu'il divertisse ailleurs son pensement, ou qu'on luy persuade, qu'on luy fournira des contrenchantemens d'un effet merveilleux & certain. Mais il faut aussi que celles, à qui legitimement on le peut demander, ostent ces façons cerimonieuses & affectées de rigueur & de refus, & qu'elles se contreignent un peu pour s'accommoder à la necessité de ce siecle mal'heureux. Car l'ame troublée de plusieurs diverses al'armes elle se perd aisement : & ce n'est pas tout, car celuy à qui l'imagination a faict une fois souffrir cete honte (& elle ne les faict guiere souffrir qu'aus premieres acointances, d'autant qu'elles sont plus ardantes & aspres, & aussi qu'en cete premiere connoissance, qu'on donne de soy on craint beaucoup plus de faillir) ayant mal commancé il entre en si grande fievre & despit de cet accident, que cete frayeur s'en augmente & redouble à toutes les occasions suivantes, & sans quelque contremine on n'en vient pas aisément à bout. Tel à l'adventure par cet effect de l'imagination en raporte les escruelles en Espaigne, que son compaignon laisse icy. Voilà pourquoy en telles choses a l'on accoustumé de demander une ame preparée. – [82] pareille. Cela n'est à craindre qu'aux entreprinses où nostre ame se treuve outre mesure tandue de desir & de respect, & notamment où les commoditez se rencontrent improveues & pressantes. A qui a assez de loisir pour se ravoir & remettre de ce trouble, mon conseil est qu'il divertisse ailleurs son pensement, s'il peut, car il est difficile, qu'il se désrobe de ceste ardeur & contention de son imagination. J'en sçay à qui il a servi, d'y aporter le corps mesme amolli & affoibli d'ailleurs. Et à celui qui sera en alarme, des liaisons, qu'on luy persuade hors de là, qu'on luy fournira des contrenchantemens d'un effet merveilleux & certain. [...] Tel à l'adventure par cet effect de l'imagination laisse icy les escruelles, que son compaignon raporte en Espaigne.

267 [80] l'operation, & tout ce caprice m'est tombé presentement en main sur le conte que me faisoit un apotiquaire de feu mon pere, homme simple & Souysse, nation peu vaine & mensongiere, d'avoir conneu long temps un marchand à Toulouse maladif & subiect à la pierre, qui avoit souvent besoing de clisteres & se les faisoit diversement ordonner aus medicins selon l'occurrence de son mal : apportez qu'ils estoient, il n'y avoit rien obmis des formes accoustumées, souvent il tastoit s'ils estoient trop chauds, et voila

280 [80] façon. Ces iours passés une femme

324 [80] fascinat agnos. Mais ce sont

333 [80] fantasies, tesmoing celle qui engendra le more. [...] de mesmes, tesmoing les brebis

335 [80] aux montaignes. Mon pere vit un jour un chat guestant

342 [80] milan, qui estoit amont, gageoit

349 [80] Car les Histoires que ie recite je les renvoye sur la conscience de ceux, de qui ie les tiens. [*fin du chapitre en 1580-82*] – [88] Car les Histoires que ie recite, ie les renvoye sur la conscience de ceux, de qui ie les tiens : les discours sont à moy & se tienent par la preuve da la raison, non de l'experience, chacun y peut ioindre ses exemples & qui n'en à point qu'il ne laisse pas de croire qu'il en est assez, veu le nombre & varieté des accidens humains. [*fin du chapitre en 1588*]

364 [95] Aux exemples que je tire ceans, de ce que j'ay leu, ouï, faict, ou dict, je me suis defendu

COMMENTAIRE

LA FORCE MATÉRIALISANTE DE L'IMAGINATION. ANTHROPOLOGIE ET ÉTHIQUE (L. 1-13)

FORTIS IMAGINATIO GENERAT CASUM (L. 1-5) : UNE IMAGINATION FORTE PRODUIT DE LA RÉALITÉ

La réflexion des Anciens sur l'imagination est transmise à Montaigne, sans doute par la médiation de Jean-François Pic de la Mirandole. Montaigne reconnaît parmi ses références les ouvrages d'Aristote, et en particulier les traités *De l'âme* (III, 3, 427b), *De la mémoire et de la réminiscence* (449 *sq.*) et *La Rhétorique* (1370b)[1]. Il considère l'imagination comme une faculté cognitive intermédiaire, située entre la sensibilité et l'intellect, à la fois objet et sujet de sa propre activité, portant à la fois sur le particulier et universel, l'unité et la multiplicité[2]. Reprenant indirectement une série de questions évoquées dans le *Traité sur les songes* de Synésios de Cyrène, il est conscient que la définition qu'il donne de l'imagination s'expose à de sérieuses difficultés, et il se souvient de la prudence de Jean-François Pic :

> Il est difficile d'en comprendre philosophiquement la nature [*difficile est naturam eius philosophia comprehendere*], comme l'imagination se situe entre la nature incorporelle et la nature corporelle, et qu'elle est le medium par lequel elles s'unissent[3].

1 Voir *De l'âme*, III, 3 427b, *De la mémoire et de la réminiscence*, 449 *sq.* et *Rhétorique*, 1370b.

2 Voir *Les Liens à renouer. Scepticisme, possibilité, imagination politique chez Montaigne*, Paris, Champion, p. 257-292.

3 J.-F. Pic de la Mirandole, *De l'imagination / De imaginatione, De l'imagination / De imaginatione*, édité par Ch. Bouriau, préface de P.-F. Moreau, Chambéry, Éditions Comp'Act, 2005, chap. IV, p. 33.

Il apparaît clairement que la dynamique anthropologique de l'imagination s'enracine dans cette « estroite cousture de l'esprit et du corps s'entre-communiquants leurs fortunes » (l. 302-303). Dans l'ensemble du chapitre I, 21, Montaigne retient explicitement l'hypothèse de la force agissante, productrice d'effets psychosomatiques, de l'imagination. L'« Apologie de Raymond Sebond » déplore que la philosophie et la science n'aient pas encore découvert les modalités de la conjonction du corps et de l'esprit et de leur communication mutuelle. Comment une impression de l'esprit peut-elle produire un effet sur un « corps massif et solide » ? Quelle est la nature des impulsions concernées (II, 12, 539) ?

Grâce à sa nature de faculté intermédiaire, l'imagination possède une capacité d'agir. Le chapitre « De la force de l'imagination » mobilise une tradition aristotélicienne qui lie l'imagination à la volonté, et par là aux potentialités de l'homme, tout en abandonnant l'idée d'une *phantasia* jointe à la sensibilité et à la mémoire, qui reproduirait passivement les images. Comme l'a souligné Eugenio Garin, l'histoire sémantique de ce concept montre comment l'*imaginatio* s'est progressivement distinguée de la *phantasia*. Ce dernier concept renvoie à la vision (*phaos* désigne en grec la lumière, la vision), avec cependant des variations d'un auteur à l'autre, puisque, selon certains, la *phantasia* est créatrice, alors que pour d'autres, elle est reproductrice. L'*imaginatio* connaît les mêmes ambivalences, les critères de la créativité et de la productivité pouvant changer chez un même auteur, parfois à l'intérieur d'une même page. Ces ambiguïtés témoignent du caractère interchangeable de ces deux termes et des hésitations lexicales : parfois synonymes, ces termes peuvent en certaines occasions aller jusqu'à s'opposer[4].

La distinction entre une imagination active qui serait liée à la réflexion, capable de combiner, de corriger et de construire, et une imagination passive qui n'irait pas au-delà de la mémoire, est bien présente dans les *Essais* et en particulier au chapitre I, 21, même si elle n'y est pas thématisée. Montaigne souligne le pouvoir créatif et productif de l'imagination, son lien avec le *posse* – la capacité opérative de l'homme –, ainsi que sa fonction de médiation et de communication, qui en fait une messagère et manifeste sa capacité d'anticipation.

4 E. Garin, *Phantasia e imaginatio tra Ficino e Pomponazzi*, in *Phantasia-Imaginatio*, Colloquio Internazionale (Roma, 9-11 gennaio 1986), Lessico intellettuale europeo, Atti a cura M. Fattori e M. Bianchi, Rome, Edizioni dell'Ateneo, 1988, p. 9.

Le chapitre « De la force de l'imagination » constitue en ce sens un joyau. En montrant à quel point cette force relève d'une phénoménologie matérialisante, à la fois vaste et par certains aspects inachevée, Montaigne saisit pleinement la signification complexe de l'imagination, son importance épistémologique et morale, son poids dans l'histoire des vies vécues, voire dans l'histoire tout court. Il en accentue d'emblée le caractère matérialisant (« *fortis imaginatio generat casum* » : l'imagination forte produit de la réalité, ou du fantasme), pour mettre en évidence son état d'agent à la fois immanent et transcendant, capable d'agir sur la réalité et sur sa propre réalité, ainsi que son importance gnoséologique.

L'*incipit* du chapitre sur la force de l'imagination reprend certaines sources du XIIIe siècle, sans pour autant négliger les sources contemporaines. Dans un premier temps, Montaigne essaie d'en tracer une sorte de synthèse. Dans le *Commentaire* d'Arnaud de Villanova (*Regimen sanitaris*, 9) apparaît la formule « *Imaginatio facit casum, imaginatione imprimuntur res naturales* [l'imagination produit de la réalité, et c'est par l'imagination que les choses naturelles viennent à l'existence] ». Cette formule est aussi l'équivalent du proverbe italien des XIVe-XVIe siècles « *L'immaginazione fa caso*[5] », en français l'imagination donne de la réalité à ce qui n'en a pas. L'imagination forte confère ainsi la question de l'origine de la réalité.

On trouve dans la *Théologie platonicienne* de Marsile Ficin un grand éventail sémantique, que Montaigne exploite pour travailler sur les glissements de sens de la notion. Le livre XIII, chapitre 4, « Combien assurément cette même force a de puissance par l'imagination, pour façonner le corps de ses mouvements assez violents[6] », penche vers une

5 Voir G.-M. Cecchi : « *E perché (come dicon questi dotti) / l'immaginazione fissa fa talora / caso, forse potré riuscir loro* : Et puisque (comme le disent ces savants) / l'imagination figée donne parfois réalité à ce qui n'est pas / cela pourrait peut-être leur réussir » (*Il Donzello*, 1585, III) ; F. Berni : « *con quello io mi certificai / che l'immaginazion non facea caso* : Avec cela, je fus certain / que l'imagination ne donnait pas réalité à ce qui n'est pas » (*Rime*, 1540, *Capitolo del prete da Povigliano… A Messer Ieronimo Fracastoro*, 7v [*Poesie e prose*, Genève-Florence, Olschki, 1934, p. 121]) ; « *Ma dubitava s'ella è cosa viva / o facea caso l'immaginazione* : Mais il doutait que ce soit chose vivante / ou si l'imagination ne l'abusait pas », L. Pulci, *Il Morgante*, 1478 (1481), XIX, 55 (éd. Franca Ageno, Milan – Naples, Ricciardi, 1955, p. 565) ; Michelangelo Buonarroti il Giovane : « *E tenomme il fetor, turansi'l naso, / sì l'imaginazione, nella paura, / par che'n lor faccia caso* : Concernant la puanteur, ils se bouchent le nez / tant l'imagination, dans leur crainte / semble donner réalité à ce qui n'est pas » (*La Fiera*, 1618 [1726, acte I, scène VII, p. 194 ; éd. Uberto Limentani, Firenze, Olschki, 1860, p. 544]).

6 « *Quantum vero vis eadem per phantasiam valeat in formando vehementioribus affectibus corpore* » (Marsile Ficin, *Theologia Platonica*, XIII, 4, trad. R. Marcel, Paris, Les Belles Lettres,

théorie de la *phantasia* qui formerait le corps au moyen d'affects extraordinairement puissants. Capable de donner sa forme au corps propre, l'imagination est aussi en mesure de donner forme à un corps étranger au moyen de fascinations et de maléfices : « Ainsi l'imagination forme elle-même le corps, à chaque fois qu'elle l'agite de violents affects. Elle peut même former un corps étranger sous l'effet de fascinations et de maléfices[7]. » L'imagination fait le corps et agit sur lui : Montaigne s'arrête longuement sur cet aspect, tout en adoptant un ton ironiquement détaché.

Que la chose imaginée ou désirée puisse être produite par vertu imaginative, c'est en réalité un lieu commun sur l'*inventio.* Dans son commentaire de Pietro d'Abano[8], Pietro Pomponazzi est très éloquent à ce sujet. Suivant la *Théologie platonicienne*, l'une des sources principales des réflexions du chapitre « sur les incantations », Pomponazzi discute la théorie des quatre affects soi-disant dérivés de l'imagination : *appetitus, voluptas, metus et dolor* – l'appétit, le plaisir, la peur et la douleur. Se référant au *Conciliator* de Pietro d'Abano (« bien qu'il y renferme beaucoup d'élements qui à mon avis ne sont pas d'Aristote, et peut-être même quelques-uns qui sont des contes[9] »), en particulier à la *Differentia* 156[10], le commentaire de Pomponazzi est lapidaire :

> Il arrive que les puissances de l'imagination et du désir se fixent fortement sur un objet, au point qu'elles ne sont plus des dispositions naturelles, mais des habitudes fixes et permanentes et qu'elles ont sous leur obéissance les esprits et le sang : alors, dans ce cas, l'objet imaginé et désiré peut réellement être produit [*secundum esse reale potest produci*] par les forces de l'imagination et du désir[11].

3 volumes, 1964-1970, t. II, p. 232, trad. modifiée par moi).

7 « *Ergo phantasia [...] format et ipsa proprium corpus [...] quotiens acrioribus affectibus agitatur. Format etiam fascinationibus et maleficiis alienum* » (*Ibid.*).

8 Il s'agit de la *Differentia 156* du *Conciliator Controversiarum, quae inter philosophos et medicos versantur* [1303] Petro Abano patavino, philosopho ac medico clarissimo auctore, Venetiis apud Iuntas, 1565 (*editio princeps*, Modena, Ludovico Carmelitano 1472), réimpression anastatique par E. Riondato et L. Olivieri, Padoue, Antenore, 1985.

9 Pietro Pomponazzi, *De naturalium effectuum causis, sive de incantationibus*, Basileae, per Henrichum Petri, mense Augusto 1556, trad. fr. partielle, *Les Causes des merveilles de la nature ou les echantements*, avec une *Introduction* et des notes par H. Busson, Paris, Éditions Rieder, 1930, p. 138). Voir l'édition critique au soin de V. Perrone Compagni (avec la collaboration codicologique de L. Regnicoli), *De incantationibus*, Florence, Olschki, 2011, 4.150-152, p. 31 (édition de réference).

10 « *Utrum praecantatio in cura conferat, necne* » (212r°-213v°).

11 Pomponazzi, *Les Causes des merveilles de la nature...*, *op. cit.* (1930), p. 138 ; pour le texte latin (2011), 4.152-158, p. 31.

Le propre de la vertu imaginative et désidérative est de se fixer sur un objet de façon permanente et d'en obtenir l'obéissance. La chose désirée peut être produite matériellement par l'imagination : « Cette solution s'appuie sur les hypothèses précédentes. En effet, que la guérison ou une maladie, la mort même puisse être la conséquence de sentiment intérieur, personne à peu près ne le nie[12] ». Le *Conciliator* de Pietro d'Abano s'arrêtait lui aussi sur les effets que produit l'imagination sur la santé[13], effets à la fois *ad intra* et *ad extra*. Les passages concernés (en particulier III, 6) renvoient naturellement aux *Parties des animaux* d'Aristote (« Les images, les sensations, les pensées causent une altération, [...] l'imagination et l'esprit possèdent les potentialités des choses[14] »), ainsi qu'à son *Histoire des animaux*[15].

SE METTRE À LA PLACE DE L'AUTRE (L. 6-8)

La formule « *Fortis imaginatio generat casum* » sert encore de contrepoint à un fameux passage du chapitre « Des boyteux » : « Et ce qu'il fantasoit, il l'estoit » (III, 11, 1032). Le passage fait référence à Augustin d'Hippone, comme nous l'avons souligné dans l'introduction. La première information que nous recueillons à la lecture du chapitre I, 21 porte sur l'identification de la « forme maistresse » de l'imagination avec sa force matérialisante. La thèse est démontrée par une variété d'exemples, qui se superposent souvent et sont pour une large part tirés non seulement de Ficin et de Pomponazzi, mais aussi d'Agrippa et de Paracelse[16]. Le désir du réel a le sens d'un transfert de la force désirante dans le champ de la représentation[17].

Le désir matérialise, ou fait apparaître un fantasme. La même chose vaut pour la peur. L'imagination se présente ici comme une force mimétique et spéculaire, et donc incontrôlable : « Je suis de ceux qui sentent tres-grand effort de l'imagination. [...] Son impression me perce. Et mon

12 *Ibid.* (1930), p. 138 ; texte latin (2011), p. 159-161, p. 31.

13 Outre *Diff.* 156, *cf.* 136, 191r°-192 voir *Utrum confidentia infirmi de medico conferat in ipsius salutem, necne* (Si la confiance du malade envers le médecin est susceptible de le guérir).

14 *Parties des animaux*, VII-VIII, 701b-702a.

15 *Histoire des animaux*, VII, 54.

16 Sur Montaigne et Paracelse, voir R. Bernoulli, « Montaigne und Paracelsus », *Gesnerus*, n° 49, 1992, p. 311-322.

17 Voir C.-G. Dubois, *Essais sur Montaigne. La régulation de l'imaginaire. Éthique et politique*, Caen, Paradigme, 1992, *passim.*

art est de luy eschapper, non pas de luy resister » (l. 2-5). Montaigne l'ennoblit après coup lorsqu'il introduit en 1588 un élément déjà ébauché par Ficin, et qui aura des conséquences du point de vue éthique : la vue de la douleur de l'autre l'angoisse « matériellement ». Par l'imagination, Montaigne dit parvenir à sentir la sensation de l'autre : « Je saisis le mal que j'estudie, et le couche en moy » (l. 11), un phénomène qui confère à l'imagination une épaisseur éthique manifeste. Cette observation aura une importance historique, puisque c'est sur le présupposé d'une telle identification qu'Adam Smith construira sa théorie des sentiments moraux. Dans cet ajout d'après 1588, la réflexion montaignienne se construit sur un double plan, rhétorique et moral. Cette pensée de second degré, sorte de méta-compréhension par Montaigne de son propre discours, est conforme à l'esprit général de l'essai : « L'allongeail » mentionne à la fois le caractère impérieux du désir matériel de la *vis imaginandi* et ses retombées altruistes. Avant même la parole, l'imagination devient ainsi la condition de la possibilité originelle de l'altérité et l'unique accès à celle-ci. Dans la mesure où elle permet de se mettre soi-même à la place de l'autre, elle est le medium qui permet d'établir un rapport à cet autre – et aussi par là un rapport à l'histoire, qui est comme le lieu naturel de l'altérité. Une autre annotation tardive du chapitre « Du jeune Caton » le souligne explicitement : concevoir et réaliser l'échange de points de vue avec l'autre permet d'entrer dans l'altérité et en quelque sorte d'en faire partie : « je m'insinue, par imagination, fort bien en leur place » (I, 37, 229), écrit Montaigne à propos de l'abstinence sexuelle des Feuillants et des Capucins. Le médium imaginatif crée du lien et universalise, de sorte qu'il est une condition de possibilité de l'intersubjectivité et de l'écriture de l'histoire. Dans ce cadre épistémologique, la valeur éthique de la faculté imaginative apparaît clairement aux yeux de Montaigne. En conclusion de sa réflexion, celui-ci définit un cadre conceptuel à l'intérieur duquel l'histoire trouve son origine dans l'acte par lequel l'humanité arrive à concevoir cet événement anthropologique que constitue l'échange des situations. Le sens de cette histoire sera considéré à la fin du chapitre à la lumière des réflexions de et sur Plutarque, la représentation imaginative de l'exemplarité étant une voie vers la vertu. Montaigne est attentif à la nature, par moments double, de ce mouvement projectif chez les individus, un mouvement riche de possibilités et d'effets parfois opposés. Le processus de l'identification imaginative n'est pas eudémoniste : il peut paradoxalement s'accompagner d'une douleur qui va jusqu'à l'expropriation de soi. La capacité de se mettre à la place de l'autre recouvre la capacité d'éprouver de la sympathie ou de la pitié, mais surtout la capacité de comprendre l'autre. Selon cette acception, l'imagination devient la faculté par excellence de philosopher et d'écrire l'histoire. Mais, en même temps, le travail de l'imagination produit aussi un excédent et travaille toujours à double sens : le chapitre « De la force de l'imagination » pose le problème du caractère éthique de l'imagination sans lui ôter son caractère double, une dualité que Montaigne ne dépasse *de jure* que dans le chapitre « Du jeune Caton ».

Le premier exemple adopté (l. 332-343) est assez problématique : dans l'allusion à la toux (chez l'autre – chez moi), l'imagination produit un double effet : si l'accent est mis sur sa capacité de réalisation, la nature même d'une telle aptitude produit des résultats ambigus.

Le second exemple (l. 13-22) est fourni par le souvenir de la thérapie destinée à guérir un vieillard malade, imaginée par le « grand medecin » Simon Thomas[18], ami de Bunel, Dolet et Scaliger, exerçant à Toulouse la profession de médecin en disciple de Galien (et dont il a préparé une édition en 1553). La compagnie permanente d'un jeune homme gai et bien portant, en l'occurrence Montaigne lui-même, aurait guéri le malade. Le vieillard se serait soigné en se mettant à la place du jeune homme, en s'identifiant à lui et à sa bonne santé. Le commentaire montaignien, tout en reconnaissant l'efficacité d'un parcours thérapeutique inconsciemment persuasif et mimétique, met en évidence sa logique bidirectionnelle : si l'état du malade s'est amélioré, Simon Thomas a oublié que la santé du jeune Montaigne « s'en pourroit empirer aussi » (l. 21). Ici, se mettre à la place de l'autre revient *ipso facto* à échanger les points de vue. L'un des deux est gagnant et l'autre perdant, selon la logique mercantiliste exposée dans le chapitre suivant, I, 22, « Le profit de l'un est dommage de l'autre ». L'échange de points de vue est vécu par l'une des parties comme une expropriation, une inversion des

18 Dans ses *Mémoires inédits*, en parlant de ses études à Toulouse, Henri de Mesmes rappelle d'avoir « ordinairement avec nous » Adrien Turnèbe, Denys Lambin, Honoré Châtelain – après medecin du roi et de la reine mère –, Pierre Bunel et Simon Thomas, « lors très-savant medécin » (*Mémoires inédits de Henri de Mesmes*, suivi de ses *Pensées inédites écrites* pour Henri III, précédés de *La vie publique et privée de Henri de Mesmes*, avec notes et variantes par Edouard Frémy, Genève, Slatkine Reprints, 1970 [réimpr. de l'édition de Paris de 1886], p. 141-142).

rôles et une transaction injustes. Comme dans la figure rhétorique du chiasme, l'ordre de l'ensemble reste inchangé, même si l'un gagne et l'autre perd. Se reflétant l'un l'autre, les individus perdent-gagnent. Faut-il voir là un trait de « l'humaine condition » (I, 20, 91) ? Si l'ensemble qui se maintient est le genre humain, et si « chaque homme porte la forme entiere de l'humaine condition », comment une telle inégalité se répercute-t-elle au niveau de l'universel ? Du point de vue des individus, l'histoire serait-elle au fond un mouvement dont la somme est égale à zéro, un échange mercantile des parties – ce que l'un gagne, l'autre le perd ? Montaigne procèderait à la mise en scène d'une dimension économique inscrite dans l'anthropologie même : le sens est un non-sens, une répétition de l'identique, un échange des rôles dans la substitution des acteurs. Qu'est-ce qui adviendrait si se mettre à la place de l'autre ne témoignait pas de la bonté de l'échange ? S'il en découlait douleur, maladie physique et morale, corruption et diminution par rapport à une plus haute norme ? Il ne suffirait pas alors d'invoquer la vicissitude de la roue du temps et de la fortune : dans le chapitre « Du repentir », Montaigne voit bien Alexandre se mettre à la place de Socrate, mais pas Socrate à celle d'Alexandre. Une telle hypothèse de lecture serait partiale, comme le montrent d'autres chapitres : l'échange de points de vue, qui va au-delà du fait de se mettre à la place de l'autre, donne sens au monde humain, à la douleur et au plaisir, à la misère et à la *dignitas*, à la compréhension d'autrui et à la possibilité de se transformer soi-même. En outre, seule la mise en œuvre de l'échange prépare à l'exercice de la tolérance, en rendant possible la coexistence du différent.

Que cette dernière lecture soit la bonne, c'est encore une fois le chapitre « Du jeune Caton » qui le montre. Un pas en avant décisif est fait lors de l'*incipit*, lorsque Montaigne fait dériver de sa propre capacité d'imagination à la fois l'accès à l'altérité et la justification de la variété infinie des formes de la vie :

> Je n'ay point cette erreur commune de juger d'un autre selon que je suis. J'en croy aysément des choses diverses à moy. Pour me sentir engagé à une forme, je n'y oblige pas le monde, comme chascun fait ; et croy, et conçois mille contraires façons de vie ; et, au rebours du commun, reçoy plus facilement la difference que la ressemblance en nous. Je descharge tant qu'on veut un autre estre de mes conditions et principes, et le considere simplement en luy-mesme, sans relations, l'estoffant sur son propre modelle. Pour n'estre continent, je ne

> laisse d'advouer sincerement la continence des Feuillans et des Capuchins, et de bien trouver l'air de leur train : je m'insinue, par imagination, fort bien en leur place (I, 37, 229).

Ne pas juger les autres selon soi-même est le résultat d'un exercice de l'imagination, qui met l'individu à la place de l'autre et lui fait concevoir d'autres manières de vivre. Son pouvoir anticipateur permet d'aller par la pensée en avant, et en arrière, comme il est précisé dans le chapitre « De mesnager sa volonté » : « mon imagination [...] se jette tous jours dix jours plus avant, ou plus arriere, et grommelle à mes oreilles. Cette regle touche ceux qui ont à estre » (III, 10, 1011). Comme le précise le chapitre « De la solitude », on peut pressentir le malheur dans le bonheur, le mal dans le bien (I, 39, 243), comme par une stratégie de prudence constitutive de l'art de vivre. Du point de vue de la méthode, la réflexion montaignienne se présente comme un commandement laïque, en exigeant une valeur qui soit universalisable : « ne juge pas les autres selon toi-même ». Le précepte fonctionne comme premier article de toute tolérance praticable : il permet de comprendre le fait de se mettre à la place de l'autre comme le centre des possibles dans la vie individuelle, mais aussi dans la physique ou la microphysique sociale.

Alors qu'il rappelle le caractère incisif d'un passage des *Tusculanes* sur la modération (II, 1, 3), Montaigne redécouvre la valeur morale de l'excès. « Il y a ceux qui ne louent que ce qu'ils peuvent imiter » :

> Ma foiblesse n'altere aucunement les opinions que je dois avoir de la force et vigueur de ceux qui le meritent. *Sunt, qui nihil suadent, quam quod se imitari posse confidunt* [Il n'y a des gens qui ne conseillent que ce qu'ils pensent pouvoir imiter (Cicéron)]. Rampant au limon de la terre, je ne laisse pas de remarquer, jusques dans les nues, la hauteur inimitable d'aucunes ames heroïques. C'est beaucoup pour moy d'avoir le jugement reglé, si les effects ne le peuvent estre, et maintenir au moins cette maistresse partie exempte de corruption. C'est quelque chose d'avoir la volonté bonne, quand les jambes me faillent (I, 27, 229-230).

Conserver l'imagination à l'abri de la corruption constitue le présupposé et l'objectif d'une raison adulte, autrement dit d'une intelligence qui se sait « instruisable ». L'idée était en quelque façon déjà exprimée dans le chapitre « De la solitude », dans une perspective sociologisante : « Je voy jusques à quels limites va la necessité naturelle ; et, considerant le pauvre mendiant à ma porte souvent plus enjoué et plus sain que moy, je me plante en sa place, j'essaye de chausser mon ame à son biaiz » (I, 39, 243). Marsile Ficin préfigure cette idée dans la *Théologie platonicienne* (XIII, 1), mais il ne la pousse pas jusqu'à ses conséquences extrêmes comme le fera Montaigne : sa théorie de la compassion (*misericordia* en latin) explique comment naît l'affliction dans le corps de la personne qui l'éprouve, et comment elle se rencontre parfois dans le corps d'un autre, en particulier de l'agent qui l'a provoquée. Même si Ficin limite ce genre de compassion à un type particulier de douleur[19], il pose les bases anthropologiques de la *phantasia* comme fondement de la compassion et de la condoléance, littéralement de la capacité de *souffrir avec*. Ce thème est abordé par Ficin au cours d'une discussion sur la non-passivité de l'âme au moment où elle éprouve une sensation et où la *phantasia* se fait juge de la perception sensorielle. L'âme participe alors de l'affection et de la souffrance : « La chair subit l'affection ; l'esprit sent la souffrance ; le tact perçoit la sensation ; l'imagination, pour ainsi dire, participe de l'affection et de la souffrance[20] ». Si le tact éprouve, l'imagination souffre de ce qui s'est produit[21]. Dans sa structure originelle, l'imagination implique ainsi les facultés de *compassio* et de *condolentia*, dont la racine étymologique *cum* marque un pouvoir de participation étroite, de telle sorte que deux êtres éprouvent ensemble la douleur. Ici, la *phantasia* représente le sens interne commun, une forme de conscience critique du jugement, ce qui en fait une fonction supérieure aux autres facultés de l'âme. Le thème développé pour déboucher sur le rôle de la *phantasia* dans la compassion de la « sixième raison » : « l'âme n'est pas nécessairement passive dans la sensation » (*anima non necessario patitur sentiendo*). Marsile Ficin, dont l'influence se fera sentir dans les *Passions de l'âme* de Descartes, soutient que « l'âme est présente dans son entier en toute partie du corps[22] ». Montaigne reprend cette conclusion fondée sur un

19 « *dolor quidam est* » (*Theologia Platonica* …, Basileae, ex officina Hericpetrina, 1556, in *Opera omnia*, réimpression anastatique, Bottega d'Erasmo, Turin 1959, VII, 6, p. 274).

20 « *In carne quidem passio, cruciatus in spiritu, sensus in tactu, compassio et condolentia, ut ita loquar in phantasia* » (*ibid.*)

21 « *iudicat haec et condolet phantasia* » (*Ibid.*)

22 « […] elle est présente dans son entier en toute partie du corps, si dans la partie du corps qui est coupée elle aussi subit la même affection présente dans son intégrité dans l'ensemble de toute partie du corps, si dans la partie du corps qui est coupée, elle aussi subit la même affection, si elle souffre dans son entier. Mais la même âme entière qui

argument du type de celui du troisième homme[23]. L'imagination éthique ne permet pas toujours des échanges homogènes. La vertu d'Alexandre présente « en son theatre » moins de vigueur que celle de Socrate, « en cette exercitation basse et obscure » (III, 2, 809). La réponse apparaît clairement dans la question : que sais-tu faire ? Le premier répondra qu'il sait soumettre le monde, le second qu'il sait vivre conformément « à sa naturelle condition » (*ibid.*).

Le rappel anthropologique du début du chapitre I, 21 présage sa conclusion. Montaigne y unit encore une fois morale et histoire (l. 4-8) : si chaque homme expérimente et représente l'humaine condition, la force de l'imagination permet de se mettre effectivement à la place de l'autre, tout en se prononçant sur ce qui peut arriver. L'imagination philosophique apparaît ainsi comme l'observatoire universel et naturel de la « pratique du monde ». La philosophie pratique – celle des philosophes grands « par science », mais surtout grands « en tout'action [...] ayant leur imagination logée au-dessus de la fortune et du monde » (I, 25, 135) – parvient à reconnaître comme injustes « les sieges de la justice et les thrones mesmes des Roys, bas et viles », bref à porter des jugements critiques sur l'organisation de la « practique des hommes ».

---

est dans cette partie, est aussi dans tout le reste du corps. Donc elle souffre dans toute elle-même. Donc elle souffre dans tout le corps. Si elle souffre dans tout le corps, elle ne peut percevoir et communiquer que cette affection concerne une parte de l'être animé plutôt qu'une autre » (*Ibid.*, trad. modifiée par moi).

23 « Et même, l'affection étant une chose, une autre le jugement sur l'affection, et étant l'affection toujours objet de jugement de la part d'un autre, s'il y avait l'affection dans le jugement même, il faudrait un autre jugement qui, à son tour, jugerait celui qui est affecté par la passion. Au cas où ce dernier aussi serait affecté, il faudrait encore un autre qui juge. Ce pour quoi à la fin il faudrait ajouter un juge entièrement libre de toute affection. Si celui-ci, alors qu'il juge les affections corporelles, reçoit du corps une quelconque qualité corporelle, il est sans aucun doute exposé à l'affection. S'il n'en reçoit pas, alors cette partie n'est pas formée à partir du corps. Il est donc nécessaire que ce juge soit tel qu'il ne reçoive des corps ni affection ni formes. Mais l'âme ne pourrait être telle si elle-même n'était un corps fort ténu immergé dans ce corps plus dense, ou bien une quelconque affection de ce corps ou un point déterminé de cette affection » (*ibid.*, trad. modifiée par moi).

GÉOGRAPHIES DE L'ÂME ET DU CORPS : LE POUVOIR DE LA *PSYCHÉ* SUR LE *SOMA* (L. 5-13)

LA FONCTION DES *EXEMPLA* : FOLIE, PEUR, MUTISME ET CHANGEMENT DE SEXE (L. 21-69)

Montaigne établit une sorte de cartographie des *exempla*, qui sont comme autant de taxonomies de l'imagination au sein de géographies de l'âme et du corps. La mise en scène des signes du pouvoir de l'imagination ne manque pas de saveur : ainsi, Gallus Vibius devient fou « par sagesse » (l. 25) ; la crainte d'une mort imminente peut en accélérer l'arrivée (l. 26-28) ; le fantasme érotique excite le corps dans le sommeil « quelques fois jusques à en expirer » (l. 31-32), et la jeunesse « bouillante » trouve parfois satisfaction dans le rêve (l. 32-34) – les rêves étant pour Euripide des créatures de la Terre[24] et pour Hésiode des créatures de la Nuit[25].

Dans les exemples suivant, Montaigne puise aux sources antiques. On trouve ainsi le cas « memorable » de Cippus, roi d'Italie (l. 41), qui par la « force de l'imagination » voit pousser des cornes sur son front pendant la nuit, après avoir assisté le jour précédent à un combat de taureaux. La même force de l'imagination fait retrouver sa voix au fils de Crésus (l. 45-46), ou trembler de fièvre amoureuse Antiochus découvrant la beauté de Stratonice (l. 46-48) ; elle transforme en femme Lucius Consitius, selon le témoignage de Pline, le jour même de ses noces, et fait naître, lors d'un saut en l'air, le membre viril de Marie-Germain (l. 63-69), selon un témoignage rapporté par Giovanni Pontano : le désir

24 *Iphigénie en Tauride*, 1262 ; *Hécube*, 69-70 : « Ô Terre souveraine / mère des songes aux ailes noires ».

25 *Theogonia*, 212 ; Hérodote, *Historiae*, I, 85 ; Tite Live, *Ab urbe condita*, XXII, 7 ; Pline, *Naturalis historia*, VII, 53, 180 ; Valerio Massimo, *Facta et dicta*, 9, 12, 2 ; Aulu Gelle, *Noctes atticae*, II, 15 ; Plutarque, *Vitae*, Demetrius, 38, 3, 906F-907C) en alternance avec les vies modernes d'où Montaigne tire la plus grande partie de ses exemples : Pero de Mexía, *Silva de varia lección...*, [1540], II, VII (traduit en français par Claude Bruget : *Les diverses leçons de P. Messie, gentilhomme de Sevile, contenans la lecture de veritables histoires...*, Paris, Vincent Sertenas, 1556) ; Cornelius Agrippa, *De occulta Philosophia*, *op. cit.* (1533), I, 63-65, Ficin, *Theologia platonica*, *op. cit.* (1556), XIII, 1, 4 et Pomponazzi, *De incantationibus*, 3.157-158 ; 191-194.

ardent se matérialise, commente Montaigne, en donnant corps « une fois pour toutes » au membre viril aux personnes du sexe féminin. Cicatrices du désir, et en particulier du désir érotique, ces signes matérialisés de l'imagination donnent corps aux passions de l'âme. Le théâtre fou du monde humain est semblable à un système sémiotique vécu.

Montaigne n'est pas le premier à attribuer un tel pouvoir à l'imagination. Pomponazzi cite un passage d'Avicenne sur le monde animal, qui semble préfigurer le destin de Marie-Germain : quand dans un combat, c'est le coq qui l'emporte, la poule se tient droite, lève la crête et parfois il lui pousse un éperon dans la chair, en quoi l'on peut voir la puissance de l'imagination sur la nature[26]. L'exemple suit une allusion d'Aristote à l'homosexualité naturelle chez certains animaux : « Il y a aussi quelques animaux qui sont efféminés de naissance, au point qu'ils ne chantent pas et ne désirent pas l'activité du coït, et se laissent couvrir par ceux qui s'y essaient[27]. » Cette observation psychosomatique a des racines théorique : selon Aristote, « les images, les sensations, les pensées causent une altération [...] ; l'imagination et l'intellect possèdent les potentialités des choses[28] ». Pomponazzi renvoie à ce texte dans le *De incantationibus*[29] : l'imagination « altère réellement le corps[30] ». Dans le texte de Pomponazzi, on trouve également une allusion à la pitié, même si elle n'est pas formulée sur un plan théorique, comme ce sera le cas chez Montaigne : « Quelle puissance a la pitié, qui est une espèce de douleur ? Ne rend-elle pas malade parfois à la vue du mal d'autrui[31] ? » Dans tout ce texte de Pomponazzi[32] apparaissent les thèses de Ficin dans la *Théologie platonicienne* (XIII, 1), avec de nombreux exemples analogues comme Antiochus et Stratonice, la parole retrouvée du fils de Crésus, etc.

Dans une telle foison d'exemples, Olivier Guerrier repère plusieurs éléments qui non seulement consolident l'échafaudage construit par Montaigne pour valoriser l'hétérogénéité des matériaux, mais constituent

26 « *et in hoc percipi potest obedientia naturae* cogitationibus » (*De incantationibus*, *op. cit.* (2011), 3.148, p. 22, trad. fr. cit. (1930), p. 12.

27 Aristote, *Historia animalium*, IX, 49.

28 *De motu animalium*, 7-8, 701b-702a ; *Historia animalium*, VII, 54.

29 *De Incantationibus*, 3.104-110, p. 20-21.

30 « corpus alterat realiter », 3.95-218, p. 20-23 ; 5.19-23, p. 37-38 ; 6.21-33, p. 43-44.

31 « *Quid misericordia, quae dolor quidam est ? Nonne miserantis corpus ita nonnumquam male afficit, ut corpus alterius videt affectum ?* » (*De incantationibus*, éd. lat. cit. 2011, 3.180-181, p. 23 ; trad. fr. cit. 1930, p. 127).

32 *Ibid.*, 3.95-218, p. 20-23.

aussi un nouveau témoignage du *perpetuum mobile*[33]. Le texte montaignien crée donc un régime d'hétérotopie, que renforce le vers d'Horace relatant l'histoire d'Iphis, dont le vœu de devenir homme est exaucé par la déesse Isis[34]. Il introduit ainsi l'idée selon laquelle la métamorphose semble due au désir des acteurs humains plutôt qu'à une intervention divine. Le contexte profane détache la métamorphose de la dimension surnaturelle et la rend indépendante du sacré : « Privée de son substrat fabuleux et religieux, la citation se trouve condamnée à illustrer une donnée anthropologique, à savoir l'efficacité de l'autosuggestion et le pouvoir de l'imagination[35] ». Tous les exemples choisis fonctionnent comme des témoignages – qui doivent être attribués à ceux qui les ont rapportés, comme le précise le texte du chapitre I, 21. La liste des faits rapportés, y compris l'histoire de Marie-Germain, se déroule sur un terrain profane et parvient à maintenir sa signification polysémique en se nourissant de son incertitude même. D'autres exemples sont rapportés sans le moindre effort de la part de Montaigne pour les rendre crédibles. Les stigmates de François d'Assise (l. 71), suivis de la référence aux rois thaumaturges (l. 71), font toutefois exception en paraissant hésiter entre psychologie et miracle, phénomène terrestre et don transcendant.

La plupart de ces *exempla* sont tirés non seulement de Ficin, mais aussi du *De occulta philosophia* de Cornelius Agrippa[36], comme c'est le cas

33 « [...] l'intrusion d'une fiction a pour conséquence spécifique de mêler des catégories et des univers habituellement distincts. Le régime de l'hétéroclite devient celui de l'hétérotopie [...]. Bouleversement des corps, juxtaposition des espaces, des temps et des mondes, puisque cohabitent des extraits de l'*Histoire naturelle* de Pline, du *De occulta philosophia* de Corneille Agrippa et des *Métamorphoses* d'Ovide. Certes, la croyance dans le mobilisme universel et les mutations de la Nature est illustrée par ce recours aux exemples, tirés des quatre coins de la bibliothèque universelle. Rien de tel que la réunion de la Fable et de l'histoire ancienne ou contemporaine pour donner l'impression d'un branle général. Il est en outre plaisant que cette question de changement de sexe [...] s'exprime sous forme d'une juxtaposition incongrue, comme si répondait au goût pour les monstres de la nature la prise en compte de tous les fruits de la culture » (O. Guerrier, *« Quand les poètes feignent : « fantasie » et fiction dans les* Essais *de Montaigne*, Paris, Champion, 2002, p. 46). Voir aussi, M.-L. Demonet, « La fiction comme "chimère" chez Montaigne et Sanchez », *Bulletin de la Société Internationale des Amis de Montaigne*, 2e semestre 2007, p. 7-24.

34 « *Vota puer solvit, quae faemina voverat Iphis* [Iphis devenu garçon accomplit les vœux qu'il avait formulés étant fille] » (Ovide, *Métamorphoses*, IX, 794).

35 O. Guerrier, *« Quand les poètes feignent ... »*, *op. cit.*, p. 141.

36 *De occulta philosophia libri tres*, ici livre I, chapitre LXIV, Johannes Soter, Coloniae, 1533, I, 64 ; aussi in *Opera*, Hildesheim, Olms, 1970, 2 Bd, mit einer Einleitung, versehen for R. Popkin ; éd. critique V. Perrone Compagni, Leyde, Brill, 1992.

pour l'exemple de la mort provoquée par la peur, de Ludovic Ricchieri de Rovigo, surnommé Ludovic Celius Rodiginus[37], de Pero Mexía[38], ou encore de Pomponazzi[39]. La présence de Valère Maxime semble moins importante que dans d'autres chapitres, et en particulier dans le chapitre « De l'amitié ». En ce qui concerne le cas particulier de l'exemple de Genucius Cipus (V, VI, 3), le récit présente des variantes qui en changent le sens (l. 41-45). Pline mentionne l'anecdote en la rapprochant de l'histoire d'Actéon, et la considère comme une histoire *fabulosa*[40]. L'émouvante narration sur fond moral d'Ovide fait ressortir la figure d'un héros de la liberté : Cipus, à qui l'on prédit qu'il sera roi s'il pénètre dans la ville, préfère l'exil[41]. Apercevant dans l'eau des cornes sur sa tête et ne croyant pas à la réalité du fait, il porte les mains à son front, lève ses yeux (et ses cornes) vers le ciel, pour demander une explication : « Salut, ô roi, répond le devin étrusque, que les dieux chassent loin de moi de tels présages ». Il pense qu'il aura en exil une vie plus honnête que s'il était acclamé au Capitole, car en entrant dans Rome, il imposerait des lois qui rendraient le peuple esclave. Le tyran en herbe aurait pu entrer dans la ville par des portes grandes ouvertes, mais Cipus l'a arrêté. Il s'est arrêté lui-même, « bien que personne ne fût plus lié à lui que moi ». Le peuple et le Sénat, ébahis, puis admiratifs, lui offrent la couronne du triomphe et autant de terre que deux bœufs attelés à une charrue pourraient labourer en une journée : les cornes de Cipus acquièrent ainsi une beauté morale admirable. Sur ce point, on ne peut négliger non plus, pour leur contenu, le *Fragmentum libri de virtute imaginativa* de Paracelse[42] et le *Traité du ris* de Laurent Joubert[43].

---

37 *Antiquarum Lectionum*, 1517, Liber XI, cap. XV-XVI, p. 508-509.

38 *Silva de varia lección*, publié incomplète en 1542, après selon la version de Mambrino Roseo da Fabriano, à Lyon, 1556, II, VII.

39 *De incantationibus*, 3, 157-158 ; 191-194. Voir aussi : *De occulta philosophia*, I, 63-65 ; *Theologia Platonica*, en particulier XIII, 1, *op. cit.*, t. II : « *Quantum anima corpori dominatur a multis osteditur signis, ac primum ab affectibus phantasiae*, 4. *Quartum signum ab effectu miraculorum* » (Nombreux sont les signes qui montrer la domination du corps sur l'âme, en particulier les affections de l'imagination. 4. Quatrième signe tiré de l'effet des miracles).

40 Pline, *Naturalis historia*, XI, 45.

41 *Métamorphoses*, XV, 565-621.

42 Paracelse, *Fragmentum libri de virtute imaginativa*, 1658, p. 469-473.

43 *Preface* au *Second livre du ris, contenant sa definition, ses especes, differences, et divers epithetes*, à Paris, chez Nicolas Chesneau, 1579 (réimpr. anastatique Genève, Slatkine Reprints, 1973), p. 144-158.

Dans les sources classiques, outre Valère Maxime (V, 4, *ex.*6), on trouve l'anecdote de Crésus (l. 45-46) chez Hérodote :

> Quant à Crésus, voici ce qu'il lui arriva. Il avait un fils, dont j'ai déjà parlé plus haut, normal en tout sauf qu'il était muet. Au temps qu'il était prospère, Crésus avait fait le maximum pour lui : entre autres choses auxquelles il avait pensé, il avait envoyé consulter pour lui l'oracle de Delphes. Voici quelle fut la réponse de la Pythie : « Homme de race lydienne, roi de nombreux sujets, stupide Crésus / n'aie pas ce désir d'ouïr dans ta maison le son si désiré / de la voix de ton fils. Il vaudrait bien mieux pour toi que ceci / demeurât loin : la première fois qu'il parlera sera un jour de malheur ». Or, pendant l'assaut des remparts, un Perse se dirigea vers Crésus qu'il avait pris pour un autre dans l'intention de l'occire ; Crésus, tout en le voyant avancer, opprimé par le poids du malheur, ne s'en soucia point car peu lui importait de mourir sous ses coups. Mais quand son fils vit le Perse se précipiter sur lui, voici que la terreur et l'angoisse lui délièrent la langue et il cria « Homme, ne tue pas Crésus ! ». C'est ainsi qu'il parla pour la première fois et conserva ensuite l'usage de la parole toute sa vie[44].

L'histoire est rapportée par Marsile Ficin. Sa conclusion est que la santé de l'âme se soigne grâce à « certains enchantements apolliniens déterminés », c'est-à-dire grâce à des « raisonnements philosophiques[45] ». On a retrouve dans le *Traité du ris* de Laurent Joubert, qui commente ainsi :

> Herodote ecrit, & plusieurs apres luy, que le fis de Croesus, etant muët d'un ampechemant naturel, voyant son paire an dãgier de mort, soudain vint à parler, & cria, *Homme, ne tuë pas le Roy* : & que la reste de la vie il parla bien distinctemant[46].

44 *Historiae*, I, 85, 1-4. Pour la traduction française de Saliat, *Les neuf livres des histoires de Herodote…*, 1556. Voir Pierre Villey, *Les Livres d'histoire moderne utilisés par Montaigne. Contribution à l'étude des sources des Essais, suivi d'un appendice sur les traductions françaises d'histoires anciennes utilisées par Montaigne* (Paris, 1901) réimpr. Anastatique, Genève, Slatkine Reprints, 1972 ; J. de Zangroniz, *Montaigne, Amyot et Saliat. Études sur les sources des* Essais (Paris, Champion, 1906), Genève, Slatkine Reprints, 1975 ; P. Villey, *Les Sources et évolution des* Essais, vol. I : *Les Sources et la chronologie des* Essais, Paris, Hachette, 1908. Cette anecdote a été reprise par Agrippa (*De occulta philosophia*, I, 63) et Ficin (*Theologia Platonica*, XIII), où le pouvoir de la psychosomatique est réaffirmé.

45 Voir Platon, *Charmide*, 156d-157b : « Or, disait-il, c'est par des incantations, bienheureux ami, que l'on soigne l'âme ; ces incantations, ce sont les discours qui contiennent de belles pensées […] » (trad. fr. L. Robin, Paris, Gallimard, 1950).

46 *Traité du ris*, Paris, chez Nicolas Chesneau, 1579 (réimpr. anastatique Genève, Slatkine Reprints, 1973), II, p. 151.

L'anecdote de Crésus clôt la longue casuistique que Joubert avait proposée en deux sections séparées de son texte[47], et que Montaigne reprend en lui donnant une place centrale. L'assertion « *Plures curat in quo plures confidunt* [celui qui guérit le plus grand nombre de gens est celui en qui le plus grand nombre de gens ont confiance] », fait aussi allusion au pouvoir palliatif des médicaments, thème abordé dans la suite du chapitre : certaines personnes voient quelqu'un d'autre prendre un médicament, ou l'apothicaire qui l'apporte, « ce que fait la forte imagination[48] ». La conclusion de Joubert sur le plan de la psychologie de la connaissance est que de telles manifestations appartiennent à la force de l'âme, non à celle du corps : la philosophie estime à juste titre que c'est l'âme qui exerce « toutes les funccions de la vie ». « L'ame void et oyt, dit Epicharme : le rest est sourd et müet[49] ». Contrairement de la reprise montaignienne de ce passage dans « De l'institution des enfans » (I, 26, 152), l'argument de Joubert est d'ordre intellectuel. L'exemple sera repris par Descartes dans les *Passions de l'âme*, avec des conclusions contraires. Selon Joubert, un corps tout juste mort est entier (« tous les instruments y sont entiers ») ; on n'y voit aucune privation, ni aucun changement, mais il reste immobile, sans action, sans mouvement, inerte parce que l'âme l'a abandonné (cette thèse qui fait de l'âme le principe du mouvement du corps sera contestée par Descartes) : « Donques ce sont tant d'impressions, changements et alterations au cors, par les affeccions ou mouvemens de l'ame[50] ». La joie, dont Joubert s'est occupé dans la première partie du traité, n'est pas la seule passion à avoir des effets sur le corps : l'admiration et la compassion pour les blessures d'autrui font tomber « an pamaison[51] », de même que la peur ; l'espérance, pour sa part, apporte une amélioration aux malades de sorte que dès qu'arrive le médecin, le mal se calme. La force de l'âme, qui d'abord succombait à la cruauté du mal, s'attaque à présent à la maladie avec tant d'espoir qu'elle arrive à la surmonter. Joubert va jusqu'à partager l'idée selon laquelle « l'imagination ou convoitise fermement imprimee[52] » peut faire mouvoir le corps non seulement des vivants, mais aussi des morts.

47 *Ibid.*, p. 144-151.
48 *Ibid.*, p. 148.
49 *Ibid.*, p. 149.
50 *Ibid.*
51 *Ibid.*, p. 150.
52 *Ibid.*, p. 151-152.

Stratonice (l. 47-48) était l'épouse de Seleucos Nikator, roi de Syrie (IIIe siècle av. J.C). Elle inspira une passion violente à son beau-fils Antiochos I Soter : le jeune prince n'osait pas avouer l'amour qui le dévorait, mais le médecin révéla par petites touches la vérité à Seleucos, qui, pour sauver son fils, décida de divorcer, permettant ensuite à Stratonice d'épouser Antiochos. Ce récit se trouve aussi chez Plutarque[53]. On trouve le même exemple chez Agrippa[54] et chez Marsile Ficin[55]. Dans ces pages, Ficin discute de la *vehemens imaginatio*, et de la manière elle agit dans des directions différentes. Il évoque la *cupiditas nocendi*, le désir de nuire des âmes faibles, ainsi que les envies des femmes enceintes, qui impriment sur la peau délicate du fœtus la marque de l'objet imaginé et la volonté maléfique envers les hommes, les plantes et les animaux. Une forte joie, *laetitia vehemens*, peut tuer un corps instantanément, ou à l'inverse lui redonner la santé. Ce même exemple se trouve chez Joubert dans le *Traité du ris*[56].

L'autre aspect de la force matérialisante de l'imagination concerne les changements de sexe (l. 55-69). Ils sont attestés par Pline : « Moi-même, en Afrique, j'ai vu Lucius Consitius, citoyen de Tisdro, transformé en mâle le jour de ses noces ; il vit encore au moment où j'écris[57] ». Augustin d'Hippone fait lui aussi allusion à des cas de changements de sexe, d'animaux et d'hommes[58]. Les mêmes anecdotes se trouvent dans le *De subtilitate* de Cardan[59]. Avant d'aborder l'autre « cas mémorable » de Marie-Germain, Montaigne se réfère à Pontano comme source probable, par l'intermédiaire d'Agrippa. Selon toute probabilité, il s'agit de Giovanni Pontano, humaniste, poète, homme d'État, fondateur de l'Academia Pontaniana. Le fragment est rapporté par Agrippa[60] : « Pline rapporte le cas de femmes changées en hommes et cite plusieurs exemples et Pontano ajoute que ceci est arrivé à

53 *Demetrius et Antonius*, 38, 2-1, trad. J. Amyot, *Les Vies des hommes illustres, grecs et romains, comparées l'une avec l'autre, par Plutarque de Chaeronée, translatées premièrement de grec en françois, par maistre Jacques Amyot* … et depuis en ceste seconde édition reveües et corrigées … par le mesme translateur…, à Paris, de l'Imprimerie de M. de Vascosan, 1565 (1557). Pour Valère Maxime, voir V, 7, 3, *ex.* 1.

54 *De occulta philosophia*, I, 63.

55 *Theologia Platonica* …, XIII, 1.

56 *Traité du ris*, *op. cit.*, II, p. 145.

57 *Naturalis historia*, VII, 3, 36.

58 *De civitate Dei*, III, 31.

59 In *Hieronymi Cardani Mediolanensis philosophis ac medici celeberrimi Operum tomus tertius quo continetur Physica*…, Lugduni, sumptibus Ioannis Antonii Huguetan, et Marci Antonii Ravaud, 1633, I, VIII (*De homine*), XLIII, p. 161 (facsimilé 1966).

60 Agrippa, *De occulta philosophia*, I, 64.

deux femmes de son temps, une certaine Gaétane et une certaine Émilie, lesquelles plusieurs années après leur mariage furent transformées en hommes ». Le même témoignage se trouve dans une « leçon » de Benedetto Varchi sur l'origine des monstres, dans *Della generazione de' mostri*[61]. Après avoir discuté du concept de monstre chez les anciens (Aristote, Pline, Augustin) et chez les modernes (Boccace, Pietro d'Abano, Théodore de Gaza, Rodigino, Calcagnini, Riccio, Bronzino), et après avoir récusé l'existence des géants, des satyres, des centaures, du Phoenix, de Triton, des Néréides et des Pygmées, Varchi invoque l'autorité de Pontano pour déterminer si une femme peut devenir homme, et il cite comme source le deuxième livre du *De rebus coelestibus*[62].

L'anecdote de Marie-Germain (l. 55-69) est rapportée par Montaigne avec quelques variantes, notamment dans le *Journal de voyage* :

> L'autre histoire c'est d'un homme encore vivant nommé Germain, de basse condition, sans nul mestier ni office, qui a esté fille jusques en l'aage de vingt deux ans, veue et connue par tous les habitans de la ville et remarquée d'autant qu'elle avoit un peu plus de poil autour du menton que les autres filles ; et l'appeloit l'on *Marie la barbue*. Un jour faisant un effort à un sault, ses outils virils se produisirent et le Cardinal de Lenoncourt, Evesque pour lors de Chalons, luy donna nom Germain. Il ne s'est pas marié pourtant ; il a une grand barbe forte et espoisse. Nous ne le sceumes voir, par ce qu'il estoit au village. Il y a encore en cette ville une chanson ordinaire en la bouche des filles, où elles s'entr'avertissent de ne faire plus des grandes enjambées, de peur de devenir masles, comme Marie Germain. Il dient qu'Ambroise Paré a mis ce conte dans son livre de chirurgie, qui est très certain, et ainsi tesmoingner à M. de Montaigne par les plus apparens officiers de la ville[63].

Le passage du chapitre « De la force de l'imagination » indique par erreur un « évêque de Soissons », alors qu'il s'agit plutôt du Cardinal de Lenoncourt, évêque de Châlon[64].

61 *Lezione sopra la generazione de' mostri, se sono intesi dalla natura, o no : fatta pubblicamente nella Accademia fiorentina la prima e la seconda domenica di luglio, l'anno 1548*, in *Opere* di Benedetto Varchi. Ora per la prima volta raccolte con un discorso di A. Racheli intorno alla filologia del secolo XVI e alla vita e agli scritti dell'autore ; aggiuntevi le lettere di Gio. Battista Busini sopra l'assedio di Firenze. Dalla sezione letterario-artistica del Lloyd austriaco, volume secondo, Trieste, 1859, p. 660-681.

62 Pontano, *De rebus coelestibus*, Neapoli, ex officina Sigismundi S. Mayr Germani, 1512.

63 *Journal de voyage*, éd. F. Rigolot, Paris, PUF, 1992, p. 6-7.

64 En 1573 Ambroise Paré avait donné la même anecdote dans le chapitre VII du *Des monstres et prodiges* : « Aussi estant à la suitte du Roy, à Vitry le françois en Champaigne,

DU PROFANE AU SACRÉ : CICATRICES, STIGMATES, ÉCROUELLES ET « TOUCHER DU ROI » (L. 70-80)

Dans la suite du chapitre, on assiste au premier glissement vers le plan religieux. Nombre d'auteurs ont fait porter la question sur le même terrain, de Ficin, que Montaigne semble suivre, à Pomponazzi, qui a pour sa part porté le discours à ses conséquences extrêmes. Le chapitre cinq du *De incantationibus* réunit dans le même destin Catherine de Sienne et François d'Assise :

> La huitième objection est que selon ces trois thèses, une force naturelle a bien pu graver la passion de notre Sauveur dans des cœurs humains, et ainsi ce que l'on raconte de sainte Catherine de Sienne et de quelques autres saintes femmes ne procéderait pas d'un miracle de Dieu. Et conséquence, selon cette thèse, on pourrait dire du bienheureux François d'Assise que ce n'est pas par miracle qu'il a eu (s'il les a eus) les stigmates de notre Sauveur. Car si une femme au moment de la conception peut, en appliquant son imagination, engendrer un fœtus marqué réellement de l'image conçue ; si une femme enceinte peut, en imaginant par exemple une grenade, donner à son enfant les marques d'une grenade ; si l'imagination de la lèpre donne la lèpre : pourquoi

---

j'y vey un certain personnage nommé Germain Garnier, – aucuns nommoyent Germaine Marie, par-ce qu'estant fille estoit appellé Marie –, jeune homme de taille moyenne, trappe et bien amassé, portant barbe rousse assez espesse, lequel jusqu'au quinziesme an de son aage avoit esté tenu pour fille entendu qu'en luy ne se monstroit aucun marque de virilité et mesme qu'il se tenoit avec les filles en abit de femme. Or, ayant atteint l'aage susdit, comme il estoit aux champs et poursouyvoit assez vivement ce pourceau qui alloyent dedans un blé, trouvant un fossé le voulut affranchir ; et l'ayant saulté, à l'istant se viennent à luy desvelopper les genitoires et la verge virile, c'estans rompus les ligamens par lesquels au-paravant estoyent tenus clos et enserrez (ce qui ne luy advint sans douleur), et sans retournant larmoyant en la maison de sa mere, disant que ces trippes luy estoyent sorties hors du ventre, laquelle fust fort estonnee de ce spectacle. Et ayant assemblé des medecins et chirurgiens, pour là dessus avoir advis, on trouva qu'elle estoit homme et non plus fille ; et tantost apres avoir rapporté à l'Evesque, qui estoit le defunct Cardinal de Lenoncourt, par son authorité et assemblee du peuple, il receut le nom d'homme et, au lieu de Marie (car il estoit ainsi nommé au paravant), il fut appellé Germain, et luy fust baillé habit d'homme, et croy que luy et sa mere sont encore vivans. Pline, libre VII, chap. 4, dict semblablement qu'une fille devint garçon, et fut confiné pour ceste cause en une Isle deserte et inabitee par arrets des Aruspices. Il me semble que ces devineurs n'avoyent occasion de ce faire pour les raisons cy dessus alleguees ; toutesfois ils estimoyent que telle choses monstrueuse leurs estoit mauvois augure et presage, qui estoit la cause de les chasser et exiler » (*Des monstres et prodiges*, Paris, André Wechel, 1573 ; édition critique et commentée par J. Céard, Genève, Droz, 1971, chap. VII, *Histoire memorable de certaines femmes qui sont degenerees à homme*, p. 29-30). Pour Pline voir *Historia naturalis*, *op. cit.*, VII, 3, 36.

> donc le cœur aussi et les autres membres ne pourraient-ils pas recevoir de pareilles marques ? Certes, cela ne paraît pas moins raisonnable[65].

On retrouve ce propos au chapitre 6 :

> Quant à la troisième méthode, elle ne peut s'employer sans superstition, semble-il, puisqu'elle exhibe des sujets crédules ayant grande foi dans les formules et les caractères[66].

Pomponazzi évoque la *Differentia* 156 de Pietro d'Abano, qui lui-même cite Galien[67] pour avoir privilégié le *De materia medica* de Dioscoride, afin de transmettre la médecine « sans incantation ni discours superstitieux ». Le pouvoir des reliques fait partie de la liste des doutes (« *An ex imaginatione credentis reliquiae sanent* » – si les reliques guérissent grâce à l'imagination des croyants) et des réponses : « … les reliques des saints, si elles produisent quelque guérison, n'agissent en rien par une vertu qui soit en eux, mais par une force divine[68] ».

La discussion est alimentée par deux écrits très courts de Thomas d'Aquin[69]. Dans le *Liber de sortibus*, dédié à Giacomo di Tonengo, Thomas élabore une théorie de l'inefficacité du hasard dans l'ordre de l'univers, en l'appuyant sur une théorie du libre-arbitre. La doctrine de la Providence se permet à l'occasion de dévoiler la volonté divine par le truchement du sort. Thomas d'Aquin soutient que ce ne sont pas les prophètes ou les hommes qui œuvrent, mais des démons que l'on prend pour des humains, de la même façon que les reliques des saints guérissent de nombreux malades, bien que ce ne soient pas les reliques elles-mêmes qui permettent de retrouver la santé. De même aussi, ce n'est pas la scie qui scie, mais le charpentier[70] : la coupe est due principalement à l'action de l'artisan, la scie n'entrant dans l'opération que parce qu'elle

---

65 *De incantationibus* …, éd. lat. 2011, 5.105-115, p. 40 ; réponse 6.221-230, p. 49 ; trad. fr. 1930, p. 149.

66 *Ibid.*, 6.160-162, p. 47-48 ; 1930, p. 154.

67 *De simplicium medicamentorum temperamentis et facultatibus libri XI*, Theodorico Gerardo Gaudano interprete, Lugduni, Apud Gulielmum Rovillium, 1561, p. 357-358.

68 *De incantationibus* …, 11.59-61, p. 116, réponse : 12.187-193 ; 1930, p. 219 (trad. modifiée par moi).

69 *De operationibus occultis naturae* et *De sortibus*, in *Opera omnia* iussu Leonis XIII P. M. edita, tomus XLIII, cura et studio Fratrum Praedicatorum, Editori di San Tommaso, Santa Sabina 1976, respectivement p. 183-186, p. 230-241, avec la *Brevis recensio*.

70 *De operationibus occultis naturae, op. cit.*, p. 183, 33-37.

est maniée par l'artisan ; une fois que le charpentier l'a utilisée, aucune vertu ni aucune forme ne demeure dans l'instrument. Ce n'est certes pas à cause de « l'ombre de l'apôtre Pierre » (*ad umbram Petri apostoli*) que les malades guérissent, ou parce qu'ils « touchent les reliques » (*ad tactum reliquarum*) qu'ils sont guéris de certaines maladies ; ce n'est donc pas à cause de la forme de ces corps[71] qu'il se produit quelque chose, mais grâce à l'opération divine qui se sert du corps en vue d'une fin déterminée. Il n'y a rien en effet dans ces reliques qui puisse apporter la santé ; s'il en était ainsi, toutes les reliques guériraient : ce sont les ministres divins qui accomplissent les miracles du fait des prières des suppliants et en vertu du pouvoir de Dieu. Si l'on croit que ce sont les reliques qui guérissent alors qu'elles n'ont aucun pouvoir, on peut également croire que ce ne sont pas les hommes qui ont œuvré ou parlé à travers les oracles, mais les démons, à cause de l'idolâtrie de ceux qui désirent les consulter. Pomponazzi nie la validité de cette explication fondée sur une double hypothèse, même s'il semble incliner pour la première de ces hyposthèses, où entre en jeu l'imagination du croyant : médecins et philosophes savent à quel point la foi et l'imagination sont efficaces dans la guérison ou la non-guérison ; même si les reliques étaient « des os de chien », la santé pourrait s'ensuivre par la force de l'imagination – cette même force de l'imagination qui a conduit à vénérer des corps d'âmes damnées, Pomponazzi se référant ici à Saint Augustin. L'autre solution concerne la difformité et la contrariété des dispositions humaines : de même que certains animaux et certaines plantes meurent lorsqu'on les change de région, un homme peut être malodorant alors qu'un autre sent bon. Il n'est pas impossible que les reliques aient des dispositions propres, comme le montre l'exemple de l'orteil de Pyrrhus, resté intact après la mort et la crémation du corps. Pomponazzi trouve la raison adoptée par Thomas de quelque poids, mais ce qu'il en déduit est à son sens incorrect : si quelques reliques guérissaient par une caractéristique propre, alors toutes les reliques guériraient.

Du profane au sacré, plaies et cicatrices renvoient chez Montaigne aux corps des saints et aux miracles. En se retranchant une fois de plus derrière ses sources, il évoque l'hypothèse qui attribue à la force de l'imagination les plaies du roi Dagobert et les stigmates de Saint François, la lévitation des corps et l'extase mystique (l. 70-72).

71 *Ibid.*, 64-70, p. 183.

Pomponazzi, avait tenté d'édulcorer cette thèse, en admettant que ces signes pouvaient être représentés dans les cœurs par la force de l'imagination, et les stigmates générés en des endroits spécifiques du corps, comme dans le cas de Saint François, tout en précisant : « cependant, si l'Église de Dieu juge que ces faits sont miraculeux, il faut le croire fermement pour la raison ci-dessus donnée[72] ». Il ajoutait ensuite : « Qu'ils puissent arriver naturellement, cela relève des possibles très éloignés [...], mais dans les cas en question, elle [l'imagination] est très indocile et rebelle. C'est pourquoi la première réponse est meilleure et plus précise[73] ». Le témoignage d'Augustin qui clôt cette liste d'exemples est repris à Celse dans le *De arte medica libri octo* :

> Il y a ensuite ce fait bien plus incroyable, dont se souviennent assez bien de nombreux frères : il y eut un prêtre nommé Restitute dans le diocèse de l'Église de Calama, lequel, quand il le voulait (et tous ceux qui désiraient assister à un événement aussi surprenant le demandaient), seulement en entendant les plaintes simulées d'un homme, s'évanouissait et gisait tout semblable à un mort. À ce moment–là, non seulement il ne sentait pas le moins du monde si quelqu'un le piquait ou le pinçait, mais quelquefois même, si on approchait de lui du feu, il brûlait sans éprouver la moindre douleur et ne sentait la brûlure que plus tard. Ce qui prouvait donc que son immobilité n'était pas le fruit d'un effort mais de son insensibilité, car on ne notait chez lui aucune respiration, comme pour un mort. Et puis, il rapportait qu'il avait entendu des voix humaines, lorsqu'elles étaient très distinctes, comme de loin[74].

Le discours montaignien glisse sur un terrain de plus en plus délicat aux yeux de l'orthodoxie religieuse, celui de la « creance » :

> Il est vray semblable que le principal credit des miracles, des visions, des enchantemens et de tels effects extraordinaires, vienne de la puissance de l'imagination agissant principalement contre les ames du vulgaire, plus molles. On leur a si fort saisi la creance, qu'ils pensent voir ce qu'ils ne voyent pas (l. 82-87).

72 *De incantationibus*, *op. cit.* (2011), 6.224-225, p. 49 ; trad. fr. (1930), p. 156.

73 *Ibid.*, *op. cit.* (2011), 225-230, p. 49-50 ; trad. fr. (1930), p. 156-157.

74 Saint Augustin, *De civitate Dei*, I, éd. B. Dombart et A. Kalb, Turnhout, Brepols, 1955, XXIV, 24 (la traduction est à moi). Pour Celse, voir *De arte medica libri octo*, Lugduni, S. Gryphius, 1542. L'anecdote se trouve aussi chez Laurent Joubert (*Traité du ris*, II, p. 155), qui la met en doute.

La thèse est répétée dans le chapitre « De la coustume » : « Les miracles sont selon l'ignorance en quoy nous sommes de la nature, non selon l'estre de la nature » (I, 23, 112). La force de l'imagination conduit à la « creance » et engendre la crédulité dans les miracles, les visions et les enchantements. Le fantasme suit une dynamique « desreglée » et fait le « cheval eschappé », mettant en échec la compréhension du réel. De ce même ordre d'idées relèvent les maléfices et sorcelleries, issus l'un et l'autre de la peur. Face à l'impossibilité d'accéder au réel, la croyance confère à un objet le statut de réalité ou compense la réalité par la volonté insensée de voir ce que l'on ne voit pas. La force de l'imagination devient ici puissance et volonté de croire, aberration d'un savoir dépourvu de fondement et d'esprit critique. Elle est à l'opposé d'une volonté de tout passer à l'étamine comme elle est à l'opposé d'un jugement qui en appelle à la généreuse ignorance, à l'ignorance qui se sait telle et se juge, « pour laquelle concevoir, il n'y a pas moins de science que pour concevoir la science » (III, 11, 1030).

MIRACLES, MAGIE ET ENSORCELLEMENTS (L. 82-87)

Le pouvoir de l'imagination montre son efficacité dans les miracles, les visions, les enchantements, et autres effets extraordinaires. Le thème, ici effleuré, est repris plus loin dans le texte par une remarque : « Ce sont pour moy mauvais respondans, que magiciens » (l. 324). Il sera pleinement développé dans le troisième livre des *Essais*. Le problème évoqué dans le chapitre « De la force de l'imagination » devient un point central dans la discussion sur la sorcellerie développée dans le chapitre « Des boyteux », où Montaigne prent brièvement position dans la querelle entre Bodin et Wier : dans le sommeil de la raison, l'imagination engendre les rêves des sorcières – rêves de sorcellerie domestique ou de sorcières du voisinage, maux du corps et de l'âme, rêves de meurtres, etc.[75] Les sorcières sont des personnes qui auraient besoin d'être soignées, et non envoyées au bûcher. Montaigne reprend les thèses des ouvrages de Jean Wier, le *De praestigiis* et le *De lamiis* : « En fin et en conscience, je leur eusse plustost ordonné de l'ellebore, que de la cicue » (III, 11, 1032).

---

75 G. Nakam, *Les Essais de Montaigne. Miroir et procès de leur temps*, Paris, Champion, 2001, rééd. 1984, p. 377.

La *Démonomanie des sorciers*, publiée en 1580 – date de la première édition des *Essais* – par Bodin, auquel Montaigne se réfère comme ce « nouvel auteur », était un « monument à la crédulité », qui a depuis suscité une grande perplexité au sujet de la cohérence théorique dont son auteur était capable. On a ainsi émis l'hypothèse que Bodin avait eu l'intention de combattre la « sorcière » italienne, à savoir Catherine de Médicis, et de jeter le discrédit sur sa cour. D'autres hypothèses ont été avancées. L'attitude de Bodin a été expliquée par la recrudescence des persécutions contre la sorcellerie en Italie, en Allemagne et en France. Le Parlement de Bordeaux s'est en revanche montré fort tolérant dans ce domaine, évitant les procès et ordonnant souvent un non-lieu. Par son comportement que Bodin juge trop permissif, le Parlement aurait fourni l'occasion à la « race maudite » des magiciens et des sorcières de proliférer en tous lieux ; le moment est venu de crier, en s'appuyant du verset biblique : « Tu ne laisseras pas vivre la magicienne[76] ! ». La *Démonomanie* n'est pas le seul ouvrage dans lequel Bodin aborde ce sujet qui l'a passionné : il le fait aussi dans le *Colloquium heptaplomeres*[77], le Colloque des Sept Sages, sur le modèle de Plutarque. C'est encore Bodin qui affirme que la superstition est plus supportable que l'athéisme, citant et partageant l'opinion du Vénitien Paul Coroni : « L'argument de Coroni est probable, quand il dict que quelque superstition que ce soit est plus supportable que l'Athéisme[78] ». La *Refutation de Iean Wier*, en appendice à la *Démonomanie*, contient la très célèbre querelle démonologique. Celle-ci voit le jour à l'automne de la Renaissance, et se présente comme une controverse avec le « disciple d'Agrippa », philosophe-magicien, et par conséquent (selon une apparence de logique déductive) magicien lui-même : les théories du maître et de l'élève sont dangereuses et alimentent la prolifération du phénomène, surtout en Italie.

C'est à ce point qu'entre en scène Jean-François Pic de la Mirandole. Son appel au *pogrom* contre les sorcières révèle un visage d'inquisiteur et

---

76 Voir A.-M. Boase, *Montaigne et la sorcellerie, Bibliothèque d'Humanisme et Renaissance*, n° 4, 1935, p. 407.

77 *Colloquium heptaplomeres de abditis rerum sublimium arcanis / Colloque entre sept sçavans qui sont de differens sentimens, des secrets cachez, des choses relevez*, Traduction anonyme du *Colloquium heptaplomeres* de Jean Bodin (Manuscrits français 1923 de la Bibliothèque Nationale de Paris) texte présenté et établi par François Berriot, avec la collaboration de Katharine Davies, Jean Larmat et Jacques Roger, Genève, Droz, 1984, en part. II.

78 *Ibid.*, p. 355 ; p. 289, 270.

de persécuteur de ce que l'on appelait le « mauvais, scélérat et maudit Jeu » (le « Jeu de la Dame »), tel qu'il est décrit dans le *Libro della Strega o delle Illusioni del Demonio* (*Livre de la sorcière ou des illusions du démon*[79]) – un texte destiné à devenir la référence internationale des traités sur les démons et la sorcellerie[80]. Bodin reconnaît en Jean-François Pic une autorité *in rebus*, même s'il s'en éloigne à propos de l'astrologie : « Iean Francois Pic Prince de la Mirandole [...] l'a blasmee outre mesure, & Philippe Melanchtone [...] s'est par trop arresté à l'Astrologie divinatrice[81]. » S'il faut la condamner quand on en fait mauvais usage, elle peut en revanche se révéler utile si l'on prend les précautions nécessaires, en restant conscient, précisément, de son caractère non nécessaire. Bodin cite aussi le passage du *De rerum praenotione* : Pic y raconte l'anecdote d'un « preste sorcier », Benoist Berne (Benedetto Berna), brûlé vif pour ses copulations répétées – pendant plus de quarante ans – avec le démon sous la forme d'une femme, Hermione, coupable elle aussi d'avoir sucé le sang d'un enfant[82]. Un autre prêtre de soixante-dix ans confesse s'être uni charnellement pendant cinquante ans avec le diable, également *sub specie fœminae* : lui aussi est brûlé vif. Bodin cite encore les *Conclusiones sive Theses DCCCC* (1486) de l'autre Pic de la Mirandole (Jean)[83], conclusions qu'il juge décevantes.

Dans l'intention de Bodin, la *Démonomanie* devait servir d'avertissement aux incrédules, et de réponse à ceux qui « s'efforcent de sauver les Sorciers par tous moyens, en sorte qu'il semble que Sathan les ayt inspirés » : Pietro d'Abano, grand incrédule et magicien lui-même, André Alciati, défenseur de sorciers, car il s'était élevé contre l'envoi au bûcher de « cent sorciers » au Piémont, Wier, etc. Ces partisans de l'indulgence judiciaire sont à l'origine, selon Bodin, de la prolifération du phénomène de la sorcellerie : « ceux

79 Le texte latin en caractères d'imprimerie est de 1523, publié à Bologne par Jérôme Benedictis; le texte en langue vulgaire, *Libro della Strega o delle Illusioni del Demonio*, de 1523-1524, est publié chez le même éditeur (1989, p. 51).

80 Pour un approfondissement de la question, voir Nicola Panichi, *Les Liens à renouer. Scepticisme, possibilité imagination politique chez Montaigne*, Paris, Champion, 2008 (éd. italienne Florence, Olschki, 2004).

81 J. Bodin, *De la Démonomanie des sorcieres*, A Paris, Chez Jacques du Puys, 1580 (en appendice : *Refutation des opinions Iean Wier*), IV, 5, 209v (reimpr. Anastatique, Hildesheim – Zürich – New York, Olms, 1988)

82 *Ibid.*, II, 7, 107r°.

83 *Conclusions XXXI sur la manière dont je comprends les hymnes d'Orphée selon la magie, c'est-à-dire selon la sagesse secrète que j'ai été le premier à découvrir en ceux-ci, concernant les choses naturelles et divines.*

là s'abusent bien fort, qui denient qu'il y ayt quelque chose possible, qui soit impossible par nature». Le livre IV insiste : les sorcières, même en l'absence de preuves certaines, doivent être brûlées ; le doute de quelques juges conduit à les multiplier ; l'argument du caractère non volontaire de l'acte n'est pas valide[84]. Bodin recourt à l'autorité de Platon[85] :

84 « Veu la maxime des Iurisconsultes disertement articulee par la loy de Dieu, qui absoult celuy qui a esté forcé, & contraint de faire quelque chose : Car la necessité n'est point sujette à la discretion des loix [...]. Or nous sommes en plus forts termes car tous les Sorciers demeurent d'accord, que Sathan ne force personne de renoncer à Dieu, ny de se voüer au Diable : Ains au contraire sur toutes choses il demande une pure, franche, & liberale volonté de se sugets, & contracté avec eux par conventions. Tellement que la necessité fatale des Stoïciens ne peut avoir lieu, & aussi peut l'edict, *De eo quod metus causa, ff.* qui veut que la craincte de laquelle on est relevé, doit estre crainte de mort ou des tourments : et tout autre crainte de douleur, ou perte d'honneur & de biens, n'est pas excusee par la loy, ains la loy dict que tous tels actes sont volontaires. À plus forte raison les contracts, conventions, sacrifices, adorations, & detestables copulations des Sorciers avec le Demon, non seulement sont volontaires, ains aussi d'une franche, que les Philosophes appellent *Spontaneam voluntatem, & factum sponte* [...]. Il ne faut pas dire comme faict Wier, tirant cette raison d'un certain Docteur, que si Sathan use des Sorciers comme des instruments, les Sorciers ne soyent point punissables, par ce que les actions ne sont pas extimees par les instruments, & la fin des actions ne depend pas des instruments, & qu'il n'y a que la fin considerable en droit pour la peine : qui sont raisons tirees du droit, qui sont directement contre ces bons Docteurs. Car la Sorciere use de malings esprits pour intrumens de malfaire, & pour executer ces mechantes entreprises, puisqu'il est ainsi, que la poudre, ny les paroles, ny les charmes n'ont point de puissance » (*Refutation des opinions de Iean Wier*, en appendice [218-252] à *Démonomanie*, à Paris, chez Jacques du Puys, 1580, f° 237v°-238r°).

85 Voir Platon, *Lois*, XI, 933a ; X, 905c-909e et *République*, II, 364b-365a. De fait, Platon invitait à réfléchir sur la difficulté à saisir de tels phénomènes et hésitait entre l'ignorance, le doute et l'erreur. Bodin préfère ne pas lire ce passage comme une invitation à suspendre le jugement sur la magie – un danger pour sa thèse culpabiliste –, comme le fera la critique future. Dans les *Lois*, Platon condamne durement l'athéisme, qu'il juge souvent fourbe, et qui est source d'une « grande foule de devins versés en tout genre de magie » ; il met ensemble les athées et les tyrans, les intrigants ou les gourous, qui ont recours à la magie ou à des sophismes pour tromper systématiquement, et qui méritent deux fois la mort. Tout en faisant régresser les hommes à l'état d'animaux, l'athéisme les rend esclaves d'âmes crédules, les incite à croire que certains peuvent évoquer l'esprit des morts et sont capables d'influencer par des prières et des sacrifices la volonté divine, ce qui a pour effet pard'amener la ruine des particuliers, des familles et des États. La peine pour celui qui aura commis un tel méfait sera un non-lieu et un non-temps, au sens où son espace sera une geôle isolée et éloignée de l'espace-temps des citoyens ; il recevra sa nourriture des mains des esclaves et, à sa mort, son corps, sans sépulture, sera jeté *extra moenia* ; quiconque lui donnera une sépulture sera inculpé pour impiété. Mais la loi sur les empoisonnements (*Lois*, XI, 932d) établit que lorsque la pratique magique va jusqu'à l'homicide, le coupable doit être mis à mort. Bodin préfère survoler la thèse de Platon : sous sa plume, être sceptique signifie alimenter l'incrédulité envers le phénomène de sorcellerie et les maladies de l'imagination.

> Or combien que Platon ne sçeust aucunement la cause de telles choses, si est ce qu'il a tenu cela pour certain & indubitable, & aux loix de sa republique il a estably peine de mort contre les Sorciers, qui feront mourir hommes ou bestes par Magie, lequel homicide il a tres-bien distingué des autres homicides sans Magie.

Ce *distinguo* est rejeté par Montaigne.

L'*excursus* de Bodin sur l'attitude de la philosophie face à la magie, développé dans une longue digression polémique contre le scepticisme, semble rejoindre le thème philosophique du chapitre « Des boyteux », tout en en inversant l'approche : pour Montaigne, la raison sceptique constitue un barrage contre l'intolérance et le fanatisme, alors que, pour Bodin à l'inverse, les « Doubteurs » alimentent l'incrédulité et les maléfices, et s'opposent ainsi ouvertement à la condamnation de la sorcellerie exprimée par toutes les écoles philosophiques. Les douteurs de Bodin mettent en avant la maxime qui dit que l'on ne peut rien connaître parce que nos sens nous trompent, les sens étant la première source de connaissance, selon la très célèbre formule du *Traité de l'âme* d'Aristote selon laquelle il n'y a rien dans l'intelligence qui n'ait été auparavant dans les sens. Or, depuis des temps immémoriaux (« trois mille ans »), les sorciers agissent, sacrifient, dansent, volent la nuit par « transposition », tuent, envoûtent et ensorcellent. Tout le monde y croit, à commencer par les Anciens : « Or il n'y a pas guieres moins d'impieté de revoquer en doubte, s'il est possible qu'il y ayt de Sorciers, que revoquer en doubte, s'il y a un Dieu, celuy qui par sa loy a certifié l'un, a aussi certifié l'autre ». Montaigne invoque Socrate pour sa « science de l'inscience » (III, 12, 1057), en tant que représentant de « l'étamine de la raison » : Bodin le présente comme le père de ces sceptiques dont font partie Pyrrhon, Nicolas De Cues et sa « docte ignorance », de cette race de philosophes qui ignorent si le soleil est lumineux, la glace froide, le feu chaud, qui ignorent jusqu'à leur propre nom si on leur demande comment ils s'appellent.

L'attitude commune est favorable à la persécution : cela se vérifie en Italie, en Allemagne et en France. Il y a ici convergence de la loi divine et de la loi humaine de tous les peuples : le consensus universel, l'ancienneté et la multitude des croyants vaut ainsi pour preuve de l'existence de la sorcellerie. Montaigne réfute, après Wier, ce glissement du plan logique au plan ontologique, *a posse ad esse* – de la possibilité à l'être[86]. Chez Wier, Montaigne trouve une position sans équivoque : ce qui est punissable, c'est l'escroquerie et non l'illusion, l'erreur, la folie ou la mélancolie que certains veulent appeler sorcellerie ; les sorcières sont des malades, « attristees & en desespoir extreme[87] ». Wier développe sa théorie de la sorcellerie dans une double direction, médicale et juridique. Il y a sorcellerie parce que l'on trouve des pathologies : sorcellerie et possession sont les variétés d'un même délire, qui peut devenir collectif. Wier fait preuve d'une attitude empruntée à la fois de raison et de pitié : face à ces pauvres vieilles folles, les tribunaux apparaissent comme de véritables tortionnaires qui poussent les accusés à la fuite dans l'espoir d'éviter « les sanglantes & cruelles mains des iuges & des bourreaux ». Leur innocence ne les empêchera pas d'être « despecez à la torture ». En tout ceci, Wier voit là un désir de vengeance plus ou moins conscient des juges. Montaigne y fait allusion, avec ces « pauvres diables » jetés en prison (III, 11, 1030). Ainsi, pour Wier, « l'apetit de vengeance d'aucuns iuges monstre combien on fait souvent confesser de crimes par force, specialement en ce fait envelopé & diabolique, & par iuges trop desireux de se venger, & de s'emparer du bien d'autruy, tant ils sont insatiables[88] ». Quoi qu'il en soit, il s'agit de « songes vains » et sans fondement. Wier commence à lister les prétendues « preuves » de la « folle fantasie des sorcieres », qui les conduisent souvent à s'auto-accuser et à préférer la mort à d'atroces tortures. Mettant en garde contre les « iniustes & temeraires Iuges », il ne cesse d'insister sur « ces cruautez & traitemens barbares[89] », sur la prise de conscience de « tragedies horribles », mais aussi la « tragicomedie » des magiciens. Il insiste sur le fait que la confession volontaire n'est pas recevable dès lors qu'elle est « tiree de la bouche d'une vieille radotee ». La cruauté de l'imagination est ici encore la cause d'une tragédie, qui met en scène la confession d'une vieille qui s'accuse elle-même d'avoir provoqué le gel

86 J. Wier, *De praestigiis daemonum et incantationibus ac veneficiis…*, Basileae, ex Officina Oporiniana 1568, trad. fr. : *Histoires, disputes et discours des illusions et impostures des diables, des magiciens infâmes, sorcières et empoisonneurs, des ensorcelez et démoniaques et de la guérison d'iceux : item de la punition que méritent les magiciens, les empoisonneurs et les sorcières. Deux dialogues touchant le pouvoir des sorcières et de la punition qu'elles méritent*, de Thomas Erastus, Jacques Chouet, 1579 (1885, réimpr. anastatique 1976) : II, VI, XIV, p. 327 (toutes les citations sont tirées de cette édition).

87 *Ibid.*, *Préface*, XXXIII.

88 *Ibid.*, I, III, XIV, p. 349.

89 *Ibid.*, II, VI, IV, p. 226-239.

de l'hiver 1565 : l'opinion de vérité est plus forte que la vérité même. Dieu permet « ceste fallacieuse experience à cause de l'incredulité du Magistrat. Il faut plustost croire à la raison naturelle qu'à une folle & fausse experience, inventee par le diable[90] ». Au problème « Qui est-ce à quoy il faut s'arrester en matieres criminelles ? », Wier répond : « il faut que les preuves soyent plus claires que le iour, principalement es proces que lon nomme criminels, qui est une opinion treslouable des Iurisconsultes[91] ». Il ajoute : « Une confession legitime doit contenir verité & possibilité[92]. » On déduit de l'aveu que la chose a été faite. Le glissement logique de la possibilité vers la réalité, de la simple pensée à l'existence concrète (*a posse ad esse*) constitue un argument peu solide. Pour tout le reste, à savoir la « marque » insensible des sorcières, l'idolâtrie présumée, l'apostasie, l'assassinat, la copulation avec le diable, la métamorphose, l'initiation, la magie infâme, l'homicide par des paroles et des cérémonies magiques, la possession démoniaque ou le pouvoir sur le diable, il répète encore avec force : « il faut avoir des preuves plus claires que le iour[93] » – la bonne conscience devra en répondre devant Dieu. Et Wier conclue par une défense de Pomponazzi[94].

Montaigne, quant à lui, s'en tient au certain et au vraisemblable, même s'il se réfère lui aussi à la position de Bodin, qui réclame des punitions exemplaires pour les incrédules. Montaigne pense probablement à la censure romaine, qui avait les *Essais* dans le collimateur. Il voit bien « qu'on se courrouce : et me deffend-on d'en doubter, sur peine d'injures execrables. Nouvelle façon de persuader » (III, 11, 1031). Si la démonstration est faible, on donne de la force au discours par la menace, l'intimidation ou l'injonction. « À tuer les gens, il faut une clarté lumineuse et nette. Et est notre vie trop réelle et essentielle pour garantir ces accidents supernaturels et fantastiques » (*ibid.*)[95]. Montaigne reprend

90 *Ibid.*, VI, IX, p. 244.
91 *Ibid.*
92 *Ibid.*, VI, XXIV, p. 325.
93 *Ibid.*, p. 335.
94 *Ibid.*, « Conclusion de toute l'œuvre », p. 386.
95 Aux yeux de Wier, parlant des drogues et des poisons – principaux chefs d'accusation de la sorcellerie –, « ce sont homicides, et de la pire espece ». Il faut distinguer les empoisonneurs des sorciers, cette distinction prenant son origine chez de Platon. Montaigne reprend Wier presque à la lettre : « Toutefois en cela mesme, on dit qu'il ne faut pas toujours s'arrester à la propre confession de ces gens ici. Car on leur a vu parfois s'accuser d'avoir tué des personnes qu'on trouvait saines et vivantes » (III, 11, 1031). Montrant

ici un des *topoi* de la sorcellerie, celui de la transposition, que Wier et Pomponazzi ont discutée. Ainsi, le *De incantationibus*, mis à l'Index en 1596, conclue qu'il ne faut pas croire que tout ce qui est raconté soit mystification ou tromperie – « ce que nous ne pensons pas du tout », ajoute Pomponazzi, « car si ces histoires ne sont pas toutes vraies, elles ne sont pas toutes fausses non plus[96] ». Pomponazzi conclut :

> Et bien qu'il ne soit pas possible qu'un homme fasse ce que les anges et les démons font dans un cas donné, il est plus vraisemblable que cela est dû aux anges et aux démons. D'abord parce que l'Église en a décidé ainsi ; secondement parce qu'ils sont plus savants et plus astutieux ; troisièmement parce qu'ils sont plus forts. C'est pourquoi en un temps imperceptible, ils se déplacent d'Orient en Occident. Car si les souffles et les vents sont si rapides, eux qui sont corporels, combien plus les esprits qui n'éprouvent pas ou presque pas de résistance ? Il paraît donc vraisemblable que cela n'est pas l'œuvre des hommes. Il ne sert de rien d'objecter que n'étant pas des corps, ils ne peuvent se mouvoir. Ce mouvement est d'un genre différent de celui qui connaissent les philosophes : les théologiens ont émis sur ce sujet de nombreuses décisions[97].

L'ignorance attribue aux démons ou aux anges des phénomènes dont on ne connaît pas les causes. Au plus profond du miraculeux, on trouve toujours et malgré tout l'effet de la force de l'imagination.

Montaigne lui aussi trouve plus naturel que l'esprit soit emporté hors de soi par l'exubérance d'une imagination « déreglée », plutôt qu'« un de nous », corps fait de chair et d'os, soit transporté par un esprit sur un balai en passant par la cheminée (III, 11, 1032). Le motif métaphysique réapparaît : il ne faut pas prendre au sérieux ces phénomènes illusoires, qui sont contraires à la condition humaine. Agité de raisons domestiques et intimes, méfiant à l'égard d'une aspiration illusoire à la juridiction

---

qu'il ne prend au sérieux que l'empoisonnement, Montaigne considère les autres chefs d'accusation comme des « accusations extravagantes ». Le ton est véhément : « c'est bien assez qu'un homme, quelque recommendation qu'il aye, soit creu de ce qui est humain ; de ce qui est hors de sa conception et d'un effect supernaturel, il en doit estre creu lors seulement qu'une approbation supernaturelle l'a authorisé » (*ibid.*). Il ajoute : « Ce privilege qu'il a pleu à Dieu donner à aucuns de nos tesmoignages ne doibt pas estre avily et communiqué legerement ». Ses oreilles sont remplies de récits de ce genre : « Trois le virent un tel jour en levant ; trois le virent lendemain en occident, à telle heure, tel lieu, ainsi vestu » (*ibid.*, 1031-1032). Il ne croit pas à ces visions : « Combien trouvé-je plus naturel et plus vraysemblable que deux hommes mentent, que je ne fay qu'un homme en douze heures passe, quand et les vents, d'orient en occident ? ».

96 Pomponazzi, *De incantationibus …*, *op. cit.* (2011), 13.8-9, p. 157, trad. fr. (1930), p. 264.

97 *Ibid.*, *op. cit.* (2011), 369-379, p. 168-169, trad. fr. (1930), p. 279-280.

universelle et universaliste, Montaigne préfèrera toujours celles de son « petit caveau » (II, 12, 523). Cet exemple, fourni en apparence au détour d'une digression, permet à Montaigne de revenir à son propos : « Dequoy ne pouvons nous raisonner à ce pris là ? » (III, 11, 1034). Il ajoute, dans une réflexion pour ainsi dire préfreudienne (la sexualité infantile, la bicyclette et le pédalage, les pratiques auto-érotiques) : « de celles icy je pourrois aussi dire que ce tremoussement que leur ouvrage leur donne ainsin assises les esveille et sollicite, comme faict les dames le crolement et tremblement de leurs coches » (*ibid.*). Montaigne revient ainsi au grand thème de l'impuissance de la raison humaine, capable de construire « autant sur du plein que sur du vide », à son manque de mesure, à sa présomption qui lui fait créer des mondes imaginaires, en mettant l'homme au centre de la création :

> Nos raisons anticipent souvent l'effect, et ont l'estendue de leur jurisdiction si infinie, qu'elles jugent et s'exercent en l'inanité mesme et au non estre ? Outre la flexibilité de nostre invention à forger des raisons à toute sorte de songes, nostre imagination se trouve pareillement facile à recevoir des impressions de la faucceté par bien frivoles apparences. Car, par la seule authorité de l'usage ancien et publique de ce mot, je me suis autresfois faict à croire avoir reçeu plus de plaisir d'une femme de ce qu'elle n'estoit pas droicte, et mis cela en recepte de ses graces (III, 11, 1034)[98].

La philosophie aussi s'est trompée en validant l'adage « le boiteux le fait mieux ». Ce scenario de la « genereuse ignorance », fondé sur le pouvoir constructeur de l'imagination, rappelle que la « science de l'inscience » ne condamne pas à la légère une chose comme « fausse et impossible » et ne présume pas « d'avoir dans la teste les bornes et limites de la volonté de Dieu, et de la puissance de nostre mère nature » (I, 27, 179). Le texte du premier livre propose une définition philosophique du miracle comme ce qu'on ne connaît pas, ce que la raison humaine ne peut saisir parce qu'elle est limitée, car incapable de clarté, obscure dans son jugement incertain et tâtonnant inévitablement dans le brouillard (comme le

---

98 L'exemple des jambes sert aussi à Montaigne à conforter sa position sceptique et pyrrhonienne : Le Tasse affirme que les Français ont des jambes plus fines que celle des gentilshommes italiens et en attribue la cause au fait qu'ils sont toujours à cheval. De cette même action de chevaucher, Suétone tire une conséquence opposée : Germanicus avait vu les siennes grossir parce qu'il était toujours à cheval : « Il n'est rien si soupple et erratique que nostre entendement. C'est le soulier de Theramenez : bon à tous pieds. Et il est double et divers, et les matieres doubles et diverses » (III, 11, 1034).

dira Kant à propos de la raison dans la « Dialectique transcendantale » de la *Critique de la raison pure*). Seule la « genereuse ignorance » est en mesure de considérer « avec plus de reverence de cette infinie puissance de nature, et plus de reconnaissance de nostre ignorance et faiblesse » (I, 27, 180), et de saisir la différence entre « impossible » et « inusité » : « les [ces choses] condamner impossibles, c'est se faire fort, par une téméraire presomption, de savoir jusques où va la possibilité » (*ibid.*). Montaigne condamne le nihilisme, le dogmatisme et l'incrédulité devenus crédulité, ou encore le fait de croire sans autre fondement que le désir de croire.

Mais à bien y regarder, la « genereuse ignorance » participe à sa façon de la « hardiesse » : elle représente en effet la négation d'une pensée qui, une fois trouvée sa limite, se limiterait en se persuadant elle-même qu'elle est immobile. C'est là le contraire de la position de Montaigne, qui est partisan d'un héraclitisme de l'esprit. Dans ses lettres, Sénèque enseigne que nous sommes nés pour agir. S'il convient à l'homme de reconnaître nos limites, cela ne doit pas le vouer à l'immobilité. Montaigne souligne aussi que nous sommes destinés à la responsabilité et à l'engagement :

> Ce n'est rien que foiblesse particuliere qui nous faict contenter de ce que d'autres ou que nous-mesmes avons trouvé en cette chasse de cognoissance ; un plus habile ne s'en contentera pas. Il y a tousjours place pour un suyvant, ouy et pour nous mesmes, et route par ailleurs. Il n'y a point de fin en nos inquisitions ; nostre fin est en l'autre monde. C'est signe de racourciment d'esprit quand il se contente, ou de lasseté. Nul esprit genereux ne s'arreste en soy : il pretend tousjours et va outre ses forces ; il a des eslans au delà de ses effects ; s'il ne s'avance et ne se presse et ne s'accule et ne se choque, il n'est vif qu'à demy ; ses poursuites sont sans terme, et sans forme ; son aliment c'est admiration, chasse, ambiguité (III, 13, 1068).

La générosité de l'intelligence et de l'imagination n'a rien à voir avec la présomption, parce qu'elle construit sur le fondement d'une critique des pouvoirs de la raison. Le texte est sans doute une critique de la sorcellerie et de la démonologie, mais il est avant tout une critique de leurs procédés, des prétendus miracles, des faux *mirabilia*, de certaines formes de l'imaginaire collectif et de ses phobies. Le sorcier n'est pas le seul boiteux, pas plus que son dieu Saturne : la véritable boiteuse, c'est la raison, faillible dans ses implications politiques, sociales et juridiques. En un temps boiteux, « tout ne branle-il pas vostre branle ? » (I, 20, 95). La « branloire » du monde est une claudication imparfaite, mais « pérenne » (III, 2, 804).

« NOUEMENTS D'AIGUILLETTES », IMAGINATION ET SORCELLERIE : LA VOIE DE LA MAGIE ET DE L'(IN)JUSTICE (L. 88-328)

Le *Malleus maleficarum*, ou *Marteau des sorcières*, des moines Heinrich Kramer et Jacob Sprenger avait déjà traité du problème du « nouement d'aiguillettes[99] ». Il s'agit là d'un des thèmes classiques de la démonologie, que l'on trouve également dans la *Démonomanie des Sorciers* de Jean Bodin, ainsi qu'au chapitre XXXIII de *Monstres et prodiges* d'Ambroise Paré (« Des noüeurs d'esguillette ») :

> Noüer l'esguillette, et les parolles ne font rien, mais c'est l'astuce du diable. Et ceux qui la noüent ne le peuvent faire sans avoir en convention avec le diable, qui est une meschanceté damnable. Car celuy qui en use ne peut nier qu'il ne soit violateur de la loy de Dieu et de Nature, d'empescher la loy de mariage ordonné de Dieu. De cela il advient qu'ils font rompre les mariages, ou pour le moins les tenir en sterilité, qui est un sacrilege. D'avantage, ils ostent l'amitié mutuelle du mariage et la societé humaine, et mettent une haine capitale entre les deux conjoincts. Pareillement sont causes des adulteres et paillardises qui s'en suivent. Car ceux qui sont liez brulent de cupidité l'un apres de l'autre. D'abondant il en advient souvent plusieurs meurtres commis auc personnes de ceux qu'on supçonne avoir noüé l'esguillette, qui bien souvent n'y avoient pas pensé. Aussi comme nous avons dict cy dessus, les sorciers et empoisonneurs, par moyen subtils diaboliques et incogneus, corrompemt les corps, la vie, la santé et le bon entendement des hommes. Par quoi il n'y a peine si cruelle qui peut suffire à punir les sorciers, d'autant que toute leurs meschanceté et tous leurs desseins se dressent contre la majesté de Dieu, pour le depister, et offenser le genre humain par mille moyens[100].

Dans le chapitre I, 21, Montaigne construit un scénario peuplé de stratagèmes et d'acteurs passifs ou actifs, plus ou moins conscients de leur comportement. Le premier personnage (l. 120-121) est un comte, que Florimond de Raemond identifie dans une annotation sur son exemplaire personnel des *Essais* comme étant Louis de Foix, comte de Gurson, fils aîné du marquis de Trans et mari de Diane de Foix-Candale, sa cousine, à qui Montaigne dédie le chapitre « De l'institution des enfans » après avoir joué un rôle important dans la « conduite de leur mariage ». L'auteur des *Essais* ironise sur la vertu du talisman qu'il a offert au « comte de

99 Heinrich (Krämer) Institor-Jakob Sprenger, *Malleus maleficarum*, Argentorati, ca. 1488, Venetiis, apud Antonium Bertanum, 1574, II, vi.

100 *Des monstres et prodiges*, Paris, André Wechel, 1573 (éd. J. Céard, Genève, Droz, 1971), p. 100.

tres bon lieu » pour calmer son anxiété et le protéger du nouement d'aiguillettes, et note l'effet du talisman sur la psyché de l'amant. Le second personnage (l. 130-131) est Jacques Peletier, humaniste, mathématicien et savant, connu aussi comme Peletier du Mans, auteur d'un *Art poétique*. On trouve des traces de sa présence à Bordeaux au cours des années 1572-1579, lorsqu'il était Principal du Collège de Guyenne ; Montaigne le cite encore dans les *Essais* en rappelant leurs conversations érudites (II, 12, 571).

Le thème de l'impuissance sexuelle permet de mesurer l'écart entre le désir et sa réalisation. Le thème de la sorcellerie et de l'ensorcellement revient une nouvelle fois (l. 160-166). L'anecdote de Ladicé, rapportée par Hérodote, évoque ainsi une prétendue sorcière :

> Ce prince [Amasis] contracta amitié avec les Cyrénéens, et fit avec eux une alliance offensive et défensive ; il résolut aussi de prendre une femme de leur ville, soit qu'il eût du goût pour les Grecs, soit qu'il voulût donner aux Cyrénéens ce témoignage de son affection. Il épousa Ladicé, que les uns disent fille de Battus, fils d'Arcésilas ; les autres, de Critobule, homme distingué parmi ses concitoyens. Amasis n'était point homme pour elle, quoiqu'il le fût pour les autres femmes. Cet état ayant duré un temps assez considérable : Ladicé, lui dit-il, vous avez employé des charmes contre moi ; mais sachez que rien ne peut vous soustraire à la mort la plus cruelle qu'on puisse faire souffrir à une femme. Quelque chose que pût dire cette princesse, Amasis ne s'apaisa point. Elle eut recours à Vénus, et fit vœu, dans son temple, de lui envoyer une statue à Cyrène, si la nuit suivante Amasis pouvait être content. C'était en effet le remède au malheur dont elle était menacée. Aussitôt qu'elle eut fait ce vœu, Amasis fut heureux avec elle, et son bonheur ne fut jamais interrompu ; aussi l'aima-t-il tendrement[101].

Le lien entre sorcellerie et féminité, plus étroit dans l'exemple d'origine, est repris à propos des « sorcieres de mon voisinage » dans le chapitre « Des boyteux » (III, 11, 1031), où il est fait référence à la « sentence memorable » de Jean de Coras, juge au procès Martin Guerre (et auteur, entre autres, de la *Question politique : S'il est licite aux subjects de capituler avec leur prince*[102]). En plus du soupçon de magie qui rejaillit sur Du

101 *Historiae*, II, 181, 1-5.

102 Jean de Coras, *Question politique : S'il est licite aux subjects de capituler avec leur prince* (*Histoire de nostre temps, contenant un recueil des choses memorables passées et publiées pour le faict de la religion et estat de France, despuis l'Edict de pacification du 23 jour de Mars, 1568, jusques au jour present…*, s.l., 1570, p. 355-414 ; éd. critique Robert M. Kingdon, Genève, Droz, 1989).

Tilh, la sentence fait ressortir la sorcellerie hypothétique (et amoureuse) de Bertrande de Rols, épouse de Martin Guerre. Ces exemples posent un problème plus vaste : celui du rapport entre sorcellerie et justice. André Tournon souligne à ce propos que la *Sentence memorable* « requiert donc deux modes de lectures : l'un discursif, pour suivre l'argument général et repérer les accords explicites ou virtuels entre les notes ; l'autre analytique, pour saisir la cohérence de chacune de ces dernières et sa pertinence par rapport au passage de l'Arrest qui lui donne lieu[103] ». Le cas judiciaire du faux Martin Guerre – un fait juridique de substitution de personnes, par laquelle un homme prétend être un autre – constitue l'un des procès les plus fameux du XVIe siècle, et sert d'*exemplum* à la tragicomédie ourdie par la cruelle (in)certitude de l'imagination, une tragicomédie tissée de préjugés, de confusions, de désordres, de preuves et de témoins fallacieux. L'*exemplum* permet surtout à Montaigne d'approfondir le lien entre imagination et (in)justice, à travers le triple registre de l'imagination des juges ou des accusés et l'(in)conscience collective des témoins. Martin rentre au moment où Du Tilh va être libéré. Ce retour apparaît énigmatique et miraculeux. Montaigne s'attarde sur ce caractère miraculeux et fait de cette temporalité le cœur même de son argumentation. La référence au « miraculeux » laisse entendre à quel point la sentence n'est pas parvenue à lever les doutes et renvoie au tribunal de la conscience, y compris à celle de Coras : si Du Tilh, le faussaire, avait été reconnu par son épouse Bertrande, par ses sœurs, par tout un village qui a voulu voir en lui Martin, s'il connaît et se rappelle des histoires que Martin a « oubliées » (les détails les plus intimes de l'amour conjugal, ses culottes blanches abandonnées avant de fuir, etc.), c'est maintenant le nouveau venu qui est reconnu comme le vrai Martin par l'épouse, les sœurs, tout le village, *universis hominibus*, et ce malgré le fait qu'il ne soit pas capable de répondre aux questions du juge (« je ne sais pas ») ou qu'il y réponde par des souvenirs vagues et imprécis, et bien qu'il ne se souvienne pas de ce dont aurait normalement dû se

103 A. Tournon, *La Glose et l'essai*, rééd. Paris, H. Champion, 2000, p. 155. Pour la riconstruction des phases du procès, je renvoie à N. Panichi, *Introduzione* à M. de Montaigne, *L'immaginazione*, Florence, Olschki, 2010, en part. p. XLI-LXXXIV. Sur le procès du faux Martin Guerre la littérature est abondante : outre l'essai de L. Sciascia, *La sentenza memorabile*, Palermo, Sellerio, 3e éd. 1992, voir E.V. Telle, « Montaigne et le procès Martin Guerre », *Bibliothèque d'Humanisme et Renaissance*, n° 37, 1975, p. 387-419, ainsi que N. Zemon Davis, J.-Cl. Carrière & D. Vigne, *Le Retour de Martin Guerre*, Paris, Robert Laffond, 1982.

rappeler mieux que Du Tilh. Tous reconnaissent comme le vrai Martin cet homme dont la mémoire hypertrophique fait supposer à la Cour et à Coras (qui le laisse apparaître dans la sentence) une sorte de pouvoir d'ensorcellement. « Je ne sais pas » : ce sont là les mots rageurs de Martin.

Ce qui déconcerte Montaigne, ce n'est pas la condamnation de l'imposture mais le fait qu'elle soit devenue « si merveilleuse », pleine de « prodiges » et de ce fait non vérifiée. Dans sa dédicace à Monseigneur de Monluc, Coras a saisi l'occasion pour définir « l'argument » de la sentence, aussi « monstrueusement estrange, que le prodige de telle nouveauté », et a invoqué « la inouye merveille du subiect[104]. » Les chefs d'accusation énumérés dans la sentence vont de la « faussetė », « supposition de nom & de personne » à l'« adultère », au « rapt », au « sacrilege », au « plaige » et au « larrecin ». Les abondantes annotations de Coras donnent une idée de l'« etrangeté de l'imposture monstrueuse », de la ressemblance physique considérable entre Arnauld et Martin qui va jusqu'à désorienter la Cour, de l'obstination dans le mensonge (Du Tilh « se montre plus obstiné que iamais[105] ») et de sa mémoire hypertrophique qui faisait du faux Martin un autre Martin Guerre, un double, un clone parfait, parfois plus vrai que le vrai. L'allusion dans la sentence à l'effet de magie est dans le droit fil de l'adage « *Fortis imaginatio generat casum* » – qui pouvait le savoir mieux que Montaigne[106] ?

---

104 « *A Monseigneur Iean de Monluc, Evesque de Valence, & de Dye, & conseiller du Roy en son conseil privé* », dans *Arrest memorable du Parlement de Tolose : contenant une histoire prodigieuse, de nostre temps, avec cent & onze belles, & doctes annotations*..., par Monsieur M. Jean de Coras, Conseiller en ladite Cour, & rapporteur du procez, prononcé és arrests Generaux le XII. Septembre 1560 (éd. consultée : Lyon chez Antoine Vincent, 1565).

105 Jean de Coras, *Arrest memorable*..., *op. cit.*, p. 97.

106 La Cour était sur le point d'être convaincue que c'était le vrai Martin Guerre, avant que « le vray Martin » revînt « comme par un miracle » (*Arrest memorable*..., *op. cit.*, p. 95), « la cour estoit en perplexité grande » (« Il y avait peu de iuges assistans qui ne se persuadassent le prisonnier estre le vray mari & l'imposture proceder du costé de la femme & de l'oncle [...]. Mais quoi ? ces enquestes par authorité de la cour faites, les iuges furent *plus incertains que iamais [...] les iuges estoyent en grande perplexité, voyant l'estat & le peril de la cause, pour le conflit des coniectures, & contradictions des preuves* » : *ibid.*, p. 52-53). Après la confrontation entre Du Tilh et Martin, les juges établissent que « à la verité le nouveau venu ne satisfaisoit pas si bien que le prisonnier avait fait & faisoit encores » (*ibid.*, p. 98). Mais cette obstination des juges prend définitivement fin quand Martin Guerre redivivus « arrive », « confronté aud. du Tilh demeure presque vaincu : tant mieux sçavoit l'imposteur farder ses mensonges, que l'autre s'aider de la verité ». La verité des juges est du côté du Martin du second retour. Dans son rappel de l'*Annotation* LXXI où il parle du soupçon de magie (accompagnée d'une digression plutôt longue sur

La magie apparaît dans au moins trois autres occasions : le « nouement d'aiguillettes », l'impuissance de Martin et l'ensorcellement de Bertrande, sans parler de la mémoire hypertrophique qui « fait esbahir la compagnie & tomber en opinion, que le prisonnier eust quelque chose de la magie ». Une forme de magie ou d'« art diabolique » devait être à l'origine du lien entre Du Tilh et Bertrande : comment une femme peut-elle reconnaître en quelqu'un d'autre son époux ? Scrupuleux et soupçonneux, Coras signale la seule exception à l'attitude ferme et constante d'Arnaud, qui ne marque aucun trouble au cours de son interrogatoire : il baisse la tête et ne répond pas, quand le président de la Cour l'accuse de pratiques magiques : « quand le dit seigneur President luy demanda (comme par asseurance) d'où il avoit l'esprit familier, duquel il s'estoit aidé en ce faict, & où est-ce qu'il avoit apprises les invocations diaboliques. Car alors tout effrayé baissa son visage, & ne sceut que respondre[107] » à la question de « la magie de laquelle il estoit fort soupçonné[108] ». Le juge en conclut qu'il admet sa culpabilité. Le visage baissé est considéré comme plus éloquent que la négation obstinée qui suit, et à laquelle la Cour ne prête pas foi. En effet, tout en avouant sa faute, Du Tilh niera toujours avoir été « necromantien, & avoir usé d'aucuns charmes, enchantemens, ou d'aucune espece de magie[109] ». Mais comme le soulignait avec insistance le *Malleus maleficarum*, les sorcières ne pleurent jamais. Bodin le répète assez dans la *Démonomanie*[110]. Coras commente : « O qu'il est mal-aisé, que le crime ne se manifeste, & descouvre au visage ! Et de ce qu'ores il le nie, outre que cela ne peut immuer, ni modifier la verité de la chose ». Le juge le reconnaît lui-même *a fortiori* : « Nul est qui ne sache, qu'à ce que dit un prevenu (& fust il à l'article de la mort) pour charger autruy, ou se descharger soy-mesme, on ne donne pas grande foi[111] ». Alors que la

---

le concept de magie naturelle et de magie diabolique, ainsi que sur la classification des diverses sortes d'art magique selon la « vulgate ») qui de ne se transforme cependant pas en chef d'accusation, Coras conclut : « Chacun se persuadoit, & à grande raison, comme j'ai dessus monstré : que ceste prodigieuse imposture estoit aidée de Necromantie, ou de quelque autre art reprouvé : d'autant qu'il est impossible par nature dire tant des choses, & cognoistre les personnes, non iamais veuës [...] ».

107 *Ibid.*, p. 166.

108 *Ibid.*, p. 91.

109 *Ibid.*, p. 165.

110 *Démonomanie des sorciers*, *op. cit.*, IV, II, 170r°.

111 *Arrest memorable...*, *op. cit.*, p. 166.

sentence enregistre le fait que le « Martin qui revient » a une jambe en bois, et donc est boiteux, Du Tilh est condamné au bûcher, « pendu, puis brûlé » avec une prétendue « clairté lumineuse ». Au lieu de dire : « Je n'y comprends rien », Coras et la Cour suivent le dogmatisme de la certitude, attitude intellectuelle et masque de la « boiterie ». Ils comprennent tout, c'est-à-dire « rien du tout ».

Le véritable sujet du chapitre III, 11 est la critique de la peine de mort : « en la justice mesme tout ce qui est au-delà de la mort simple me semble pure cruauté » (II, 11, 431). Le lien entre (in)justice, sorcellerie et imagination démontre la cruauté envers les magiciens présumés, qui, selon Montaigne, devraient plutôt être soignés que condamnés. La thèse est reprise à Wier : on les envoie à la mort par présomption de culpabilité, selon la conviction d'une intelligence qui se prétend très capable alors qu'elle est en réalité très limitée et « méconnue à elle-même ». Le procès est aussi et avant tout (« et ne me souviens aussi d'autre chose », III, 11, 1030) celui de l'imagination cruelle. Tous les chapitres contiennent une critique de la raison, y compris le chapitre « De la force de l'imagination », au sens d'une critique de la capacité de jugement et des imaginations et cogitations sur lesquelles il se fonde. Ces chapitres défient le dogmatisme et le nihilisme, en les ramenant à leurs racines métaphysiques et historiques, « enrolez » dans le « registre » des affaires humaines, renvoyant à des imaginations qui se rejoignent dans l'excès comme les expressions d'une présomption démesurée. Montaigne passe ainsi de l'exemple de la mesure du temps, pris comme symptôme de la faiblesse d'un intellect qui recherche des causes qu'il ne pourra jamais connaître, à l'idée du temps « boyteux » de la justice saturnienne et à la critique de la sorcellerie. La dimension érotique de la boiterie forme la figure conclusive, qui reprend au thème de départ le motif de la boiterie du boiteux des jambes, pour prouver une nouvelle fois, au moyen d'un dernier *exemplum*, la faiblesse de l'intellect et le pouvoir de l'imagination : on peut discuter en dogmatique, ou en sceptique nihiliste, de l'effet de chevaucher sur ses jambes (selon certains, cela les fait grossir, selon d'autres mincir) en faisant valoir des raisons opposées. Dans sa faiblesse, la raison conclut que seul celui qui « a la conduite des choses » peut connaître les causes, mais ce sera « sans en penetrer l'origine et l'essence [...] et le corps et l'ame interrompent et alterent le droit qu'ils ont de l'usage du monde, y meslant l'opinion de science ».

Montaigne inaugure dans ces pages la forme extrême d'un discours sur la méthode, en analysant les procédures de raison et de la science de son temps. « Nostre discours est capable d'estoffer cent autres mondes et d'en trouver les principes et la contexture. Il ne luy faut ny matiere ny baze ; laissez le courre : il bastit aussi bien sur le vuide que sur le plain, et de l'inanité que de matiere ». C'est là le point central :

> Suyvant cet usage, nous sçavons les fondemens et les causes de mille choses qui ne furent onques ; et s'escarmouche le monde en mille questions, desquelles et le pour et le contre est faux [...]. La verité et le mensonge ont leur visages conformes, le port, le goust et les alleures pareilles : nous les regardons de mesme œil (III, 11, 1027).

La même propédeutique philosophique permet à Montaigne d'aborder le sujet dans le chapitre « De la force de l'imagination » et d'en énoncer les implications à la fois orthodoxes et hétérodoxes. Montaigne réaborde ainsi l'un de ses thèmes centraux : « J'ay veu la naissance de plusieurs miracles de mon temps ». Si miracles, prodiges et monstres peuplent les chroniques de la vaste production tératologique de l'époque (Paré, Boaistuau, Lycosthenes, etc.), Montaigne comprend leurs principes de leur manifestation à travers les schèmes de la parthénogénèse et de l'hypertrophie : l'idée vient de l'idée, le fait du fait, et ce *ad infinitum*. Une fois trouvée l'extrémité du fil, on défait l'écheveau de toutes les autres histoires. Des mécanismes psychologiques précis en alimentent la naissance et la transmission. Par une sorte de complaisance anthropologique, le vertige imaginatif fait croître le principe d'étrangeté avec l'histoire elle-même, en raccommodant les endroits les moins crédibles avec de fausses pièces. Un cercle vicieux de renvois réciproques entre erreur particulière et erreur commune, fait ainsi grandir *gradatim* la construction mentale, « de maniere que le plus esloigné tesmoin en est mieux instruict que le plus voisin, et le dernier informé mieux persuadé que le premier » (III, 11, 1028). La persuasion se fait œuvre de charité : l'opinion doit convaincre ; en l'absence de moyens de persuasion habituels, on invoque « le commandement, la force, le fer, et le feu », et la « meilleure touche de verité » devient « la multitude des croyants, en une presse où les fols surpassent de tant les sages en nombre » (*ibid.*). Le mécanisme est contagieux : la crédulité s'empare des esprits simples et s'insinue chez les plus avisés grâce à l'autorité du nombre et l'ancienneté des témoignages. Montaigne ne laisse pas convaincre par ces arguments : « Pour moi, de ce que je n'en croirais pas un, je n'en croirais pas cent uns. Et ne juge pas les opinions par les ans » (*ibid.*). Montaigne reprend ici encore le thème central du chapitre I, 21, et présente la force invasive de l'imagination sous la forme de l'autosuggestion individuelle et collective. Le temps est ici compris comme porteur d'une sourde autorité, au visage aussi tyrannique que celui de l'habitude, « violente et traistresse maistresse d'escole », tel le préjugé de l'éternelle caverne de Platon contre « les reigles de nature ». L'allusion à un prince (peut-être le seigneur de Nemours) et à son présumé guérisseur, un prêtre thaumaturge qui, par gestes et paroles, persuade la jambe malade de la goutte de se réveiller temporairement, donne lieu à un commentaire qui souligne la possibilité statistique du résultat par le simple effet du hasard, pouvant passer pour un miracle : « Si la fortune eust laissé emmonceler cinq ou six telles advantures, elles estoient capables de mettre ce miracle en nature » (III, 11, 1029). Les pseudo-principes et pseudo-causes sont à l'origine d'états émotifs forts, et se combinent en un mécanisme qui empêche l'enquête :

> Pendant qu'on cherche des causes et des fins fortes et poisantes et dignes d'un si grand nom, on pert les vrayes : elles eschapent de nostre veue par leur petitesse. Et à la verité, il est requis un bien prudent, attentif et subtil inquisiteur en telles recherches, indifferent, et non preoccupé. Jusques à cette heure, tous ces miracles et evenemens estranges se cachent devant moy (*ibid.*).

C'est ainsi le sujet lui-même qui se dérobe en tant que véritable prodige et miracle. Avouer son ignorance pour guérir : on trouve encore ce précepte dans une annotation manuscrite, « Iris est fille de Thaumantis[112] » (*ibid.*, 1030). Montaigne conclue l'argument de cette première partie en citant le célèbre mot de Socrate :

> Voire dea, il y a quelque ignorance forte et genereuse qui ne doit rien en honneur et en courage à la science, ignorance pour laquelle concevoir il n'y a pas moins de science que pour concevoir la science (*ibid.*)

112 Voir Platon, *Théétète* ; Aristote, *Metaphysique* ; etc.

« PLAYDER SA CAUSE » ET PROPOSER UN ÉLOGE PARADOXAL. LA THÉORIE DES MOUVEMENTS INVOLONTAIRES : IMAGINATION ET VOLONTÉ (L. 171-247)

Montaigne intégre la timidité féminine à son discours sur l'approche amoureuse et l'impuissance sexuelle en citant la femme de Pythagore. L'anecdote est reprise, avec quelques variantes, à Diogène Laërce :

> On ne connait aucun ouvrage de Telaugès [fille de Pythagore], quelques-uns de sa mère Théano [épouse de Pythagore]. On dit aussi qu'on demanda à Théano : « En combien de jours une femme devient-elle pure après un contact avec un homme ? » et que sa réponse fut : « Du contact avec son homme, aussitôt, avec un autre homme, jamais ». Elle conseillait à la femme qui allait coucher avec son mari d'abandonner, avec ses vêtements, sa pudeur et, quand elle se levait, de la reprendre en se rhabillant. Interrogée : « Quoi donc ? », elle répondait : « Ce qui fait qu'on m'appelle femme[113] ».

L'anecdote se trouve aussi chez Hérodote[114] ainsi que chez Plutarque dans les *Préceptes conjugaux*[115]. Montaigne en modifie entièrement le sens. C'était déjà le cas dans la traduction d'Amyot :

> Hérodote eut tort de dire que la femme avec la chemise despouille la honte ; ains tout au rebours, au lieu de la chemise elle prend la honte ; et entre eux le mari et la femme se portent plus d'amitié l'un à l'autre d'autant qu'ils ont plus de honte et reverence l'un de l'autre ; et peuvent prendre cela pour un signe apparent et certain[116].

Hérodote citait une parole de Candaule, qui voulait que son garde du corps Gigès admirât sa femme nue : « Seigneur, quel discours insane me tiens-tu ? Tu m'ordonnes de regarder ton épouse nue ? Une femme, quand elle ôte sa tunique, ôte aussi sa pudeur ».

113 *Vies des philosophes*, « Pythagore », VIII, 1-43.

114 *Histoires*, I, 8, 3.

115 Notamment éditée par Montaigne dans la traduction de La Boétie : *Les reigles de mariage*, à Paris, chez Federic Morel, 1571 (reproduite par Bonnefon en 1892 ; réimpr. anastatique 1967, p. 159-184 et par Louis Desgraves, Bordeaux, William Blake, 1991, II, p. 9-27), un an avant l'édition des *Œuvres morales* d'Amyot.

116 *Les preceptes de mariages*, in *Les Œuvres morales & meslees de Plutarque, Translatees du Grec en François par Messire Jacques Amyot, à present Evesque d'Auxerre, Conseiller du Roy en son privé Conseil & grand Aumosnier de France*, à Paris, de l'Imprimerie de Michel de Vascosan 1572, avec Privilège du Roy, XII, ff. 356-357A-E, f°. 146A (reimp. anastatique, intro. M.-A. Screech, Mouton Johnson Reprints Corporation, 1971) ; mais l'anecdote se trouve aussi en *De recta ratione audiendi*, I, 37C ; trad. J. Amyot, *Comment il faut ouir*, f. 24F.

Il s'agit toutefois ici d'une sorte de pré-texte à un discours nouveau. La situation décrite par Montaigne débouche sur l'éloge du membre viril, « s'il m'avoit payé pour pladoyer sa cause » (l. 195-196). Frank Lestringant a analysé cette parodie de défense[117]. Cette longue digression est un ajout tardif. Le contexte est celui de la discorde entre les organes du corps, aux impulsions à la fois souveraines et contradictoires. Le thème ici développé est plus précisément celui du rapport entre imagination et volonté. Le statut ontologique de la volonté est double, souligne Montaigne à la suite d'Augustin, car la volonté se contredit sans cesse, et n'a d'autre possibilité que de se fuir elle-même. L'âme est unique, mais elle subit le flux et le reflux de volontés divergentes[118]. Pour Montaigne, il ne s'agit pas d'une maladie, mais d'une preuve de vitalité. Augustin s'est montré très soucieux de montrer qu'il n'y a pas deux âmes dans l'homme, selon une théorie imputable au manichéisme, mais un moi dissocié sous l'effet des désirs et des pulsions. Même lorsque la volonté est bonne, elle est multiple et se tient prête à la dissidence et à l'erreur, ne parvenant à l'unité qu'au prix d'une lutte entre les tendances contradictoires. Montaigne dit aussi que la volonté est rebelle à elle-même et qu'elle manque à sa prétention de régir la communauté des membres du corps. L'empire de la volonté est donc une imposture.

Dans « l'allongeail » sur le membre et la harangue de Montaigne, la crise spirituelle cache une crise charnelle[119]. La maladie de l'esprit, c'est de ne pas agir tout entier. Le début du texte évoque la théorie des mouvements involontaires[120], et donne lieu à une série d'illustrations de membres qui s'animent par eux-mêmes, comme le cœur, les poumons, les mains, etc. Les membres ont ici l'autonomie de personnes désirantes et agissantes. Leur rébellion apparaît avec force dans le chapitre « De l'exercitation » (II, 6), lors du récit de la chute de cheval. La source est encore Augustin[121], dont la thèse peut se résumer ainsi : si

117 Voir F. Lestringant, « L'action génitale. À propos du plaidoyer pour le membre (*Essais* I, 21) », *Bulletin de la société des amis de Montaigne*, Juillet-décembre 2000, p. 65-79 (version révisée : « Montaigne et le corps en procès : *De la force de l'imagination* », in *La Poétique des passions à la Renaissance*, sous la dir. de F. Lecercle et S. Perrier, Paris, Champion, 2001, p. 91-107).

118 Augustin, *Confessions*, VIII, 10.23.

119 F. Lestringant, « L'action génitale … », *op. cit.*, p. 70.

120 Voir aussi E. Ferrari, *Montaigne. Une anthropologie des passions*, Paris, Classiques Garnier, 2014.

121 *De civitate Dei*, XIV et XXIV.

tous les hommes étaient demeurés innocents dans le Paradis, tous les actes du corps sans exception seraient soumis à leur volonté. Augustin cherche dans la docilité de certains membres le souvenir de l'innocence. Adam et Ève ont appris à désirer, alors que l'acte de procréation était jusqu'alors soumis à la volonté. Depuis l'expulsion des hommes hors du Paradis, le problème est de savoir s'il peut exister une sexualité sans concupiscence. Il n'y a aucun exemple qui montre que cela puisse arriver, souligne Augustin, mais il ne devrait pas sembler incroyable que « ce seul membre du corps aurait pu se soumettre à la volonté sans passion », puisque tant d'autres membres s'y soumettent. L'homme « donc aurait offert sa semence, la femme l'aurait accueillie dans ses organes génitaux autant que nécessaire, selon les impulsions de la volonté, et non selon l'excitation de la passion[122] ».

Montaigne trouve dans les *Confessions*, plus précisément au livre VIII et dans les passages qui traitent des érections de la puberté[123], le paradoxe d'une volonté étrangère et rebelle à elle-même. Si rien ne s'oppose à lui, pourquoi donc le vouloir n'implique-t-il pas toujours le pouvoir ? D'où vient un tel fait « prodigieux » ? Si l'esprit commande au corps et que le corps lui obéit, pourquoi l'esprit commande-t-il à un soi qui lui résiste[124] ? Lestringant résume par une comparaison efficace : « de l'esprit à l'esprit, il y a plus de distance que de l'esprit au corps[125] ». Les organes sont toutefois réfractaires à la volonté, et pour certains d'entre eux, inaccessibles à son pouvoir. La fracture qui se crée à l'intérieur de la volonté est comme infinie, puisque la volonté se désobéit à elle-même : « veust-elle tousiours ce que vous voudrions qu'elle voulsist ? » (l. 233), et se refuse souvent à suivre « les conclusions de nostre raison ». La volonté est un sujet qui tourne (en latin *volvere*), la volition n'ayant ni véritable autonomie, ni fin déterminée[126]. De cette instabilité fondamentale témoignent les temps verbaux du texte, le passage du singulier au pluriel, ou de la première à la troisième personne. L'oscillation du sens de la volonté conduit à une autre figure inversée : « Ne veut-elle pas souvent ce que nous luy prohibons de vouloir : et à nostre evident dommage ? » (l. 234-235). Montaigne déploie alors son éloquence pour

122 *Ibid.*, XIV, 24 (nous traduisons).
123 *Confessions*, II, 3.6.
124 *Ibid.*, XIII, 9.21.
125 « L'action génitale … », *op. cit.*, p. 69.
126 *Ibid.*

la défense d'un tiers, à savoir le membre viril, anatomisé et objectivé, personnifié et agrandi à la mesure d'un individu qui réclame un public. La désorganisation du moi est totale.

Cet éloge paradoxal entraîne aussi un bouleversement du vocabulaire politique[127]. Chez Platon, le corps est organisé comme une monarchie tempérée par l'aristocratie, selon un type de verticalité que l'on ne retrouve pas chez Montaigne : ici, la rébellion menace tout, le membre viril surtout, mais aussi l'estomac. L'image du corps comme prison de l'âme, image platonicienne d'origine pythagoricienne, ne trouve pas droit de cité dans les *Essais*. L'homme étant « mélange », Montaigne ne peut accepter l'idée d'un individu partagé en deux parties. L'apologue de Menenius Agrippa est utilisé d'une façon ambiguë dans le chapitre I, 21, où le membre viril prend la place de l'estomac[128] : si l'estomac garde pour lui les substances à distribuer, le reste des organes du corps maintient son droit à la révolte. Montaigne a recours à une métaphore politique. La référence de base n'est pas le corps politique de la société mais le corps humain, Montaigne suivant en cela le *Timée* de Platon. Tandis que l'apologue tendait vers l'unité, le texte montaignien va au rebours vers la désagrégation objective, sous l'effet d'une défaillance que ni le corps, ni l'esprit ne parvient à gérer. Montaigne brise la cohérence et l'harmonie, mais sauve l'aspect moral : l'organe de la génération confère en un sens l'immortalité. Dans le chapitre « De la force de l'imagination », le centre de gravité de la fable antique change. La seule hiérarchie maintenue est d'ordre moral. Là où les Anciens situaient la digestion, il y a à présent la sexualité. C'est une crise anatomique sans résolution possible.

Dans le chapitre « Sur des vers de Virgile[129] », le thème de l'action génitale est repris par Montaigne avec des accents lucréciens (III, 5, 847) et à partir d'une approche psycho-physiologique (*ibid.*, 877). Ici aussi, le témoignage fabuleux fonctionne comme objet hypothétique de la déclamation[130]. La conclusion, provisoire, est présentée dans un style lucrécien :

127 Voir *Timée*, 70a, 71a, 90a.

128 L'apologue se trouve chez Tite-Live, *Histoire de Rome*, II, 32.

129 Voir N. Panichi, « *Chi può dir com'egli arde è in picciol fuoco*. Montaigne et la *passion insupportable* », Actes du Colloque de Rome (26-27 novembre 2015), « *Ils cognoissent bien Galien, mais nullement le malade ». Montaigne e l'esperienza del corpo tra medicina e filosofia*, éd. E. Ferrari et C. Montaleone, Rome, Ed. dell'Accademia Nazionale dei Lincei, 2017, p. 141-164.

130 On trouve une furtive allusion aux dernières pages du livre IV du *De rerum natura*, en particulier les vers 1052-1057.

> Or donc, laissant les livres à part, parlant plus materiellement et simplement, je trouve apres tout que l'amour n'est autre chose que la soif de cette jouyssance en un subject desiré, ny Venus autre chose que le plaisir à descharger ses vases, qui devient vicieux ou par immoderation ou indiscretion (*ibid.*).

Montaigne trouve cependant les préceptes de Lucrèce et de Xénophon (*Memorabilia*, I, 3, 6) excessivement rigoureux.

> La philosophie n'estrive point contre les voluptez naturelles, pourveu que la mesure y soit joincte, et en presche la moderation, non la fuite [...] comme, au service de l'amour, elle nous ordonne de prendre un object qui satisface simplement au besoing du corps ; qui n'esmeuve point l'ame, laquelle n'en doit pas faire son faict, ains suyvre nuement et assister le corps (*ibid.*, 892).

Montaigne pense surtout aux pages où Lucrèce analyse la physiologie et la psychologie de l'amour, et condamne, en bon épicurien, l'excès de la passion amoureuse, lui préférant la Vénus volage et vagabonde. La volupté de l'amour est souffrance et illusion : ce que l'on aime n'est que simulacre et mieux vaut, pour Lucrèce, détourner son désir.

Commence alors un passage destiné à répondre à la *Cité de Dieu* (XIV, 24) d'Augustin. La trame du chapitre I, 21 présente une sorte de contre-théorie de la théorie augustinienne des mouvements volontaires[131]. Augustin évoquait ainsi un anus qui semblait parler sous l'effet d'une folie volontaire : mais le même exemple se retrouve dans le *De subtilitate* de Cardan[132] et dans le *Traité du ris* de Laurent Joubert[133]. De fait, sur la question de la soumission du corps à l'âme, Montaigne prend nettement ses distances avec le chapitre d'Augustin. La thèse a entretemps trouvé du renfort chez Joubert, qui reprend le texte d'Augustin dans le désordre et apporte d'autres exemples dans des *Histoires merveilleuses et la plus-part prodigieuses*, « mervelheus de la raison naturelle », à travers lesquelles est amplement expliquée « l'indicible force de l'ame sur le cors[134] » – et ce « non sans ebayssement ». Avicenne containt l'histoire d'un homme capable de se rendre lui-même paralytique chaque fois qu'il le voulait, et d'un autre qui, piqué par des bêtes venimeuses, les poussait à la mort par leur piqûre même. Joubert cite l'exemple augustinien de Restitute,

131 *De civitate Dei*, XIV, 24, 2.
132 *De subtilitate*, p. 161.
133 *Traité du ris*, *op. cit.*, II, p. 156.
134 *Ibid.*, p. 155.

qui arrive à pleurer sur commande. Il cite aussi l'exemple qui « surpasse toute mervhele[135] », de certains qui font sortir de leur estomac, comme d'un sac, quantité de choses qu'ils avaient auparavant englouties ; d'autres émettent des sons de leur bas ventre en les harmonisant comme en un concert. Montaigne se rapporte ici au commentaire d'Augustin[136] par Vivès (mis à l'Index après la mort de l'auteur)[137], qui narre aussi les faits d'un Allemand de la suite de l'empereur Maximilien et de son fils Philippe, capable de produire toutes sortes de sons avec son derrière[138]. L'éloge paradoxal du membre devient ainsi un acte d'accusation contre ceux qui demandent la condamnation d'une seule partie du corps, en négligeant complètement l'autre complice, dont la cause est inséparablement et solidement unie à celle du « consort ». L'éloge se mue alors en un éloge philosophique de l'acte sexuel, dans lequel les deux consorts sont conjoints. Platon est ici la source classique : dans le *Banquet* (206c ; 207a-208b ; 202b-203a), celui-ci définit l'acte génital comme la seule œuvre immortelle des mortels et, dans le sillage de Socrate, la génération comme une action divine, l'amour comme un démon immortel et un désir d'immortalité. L'éloge paradoxal se transforme chez Montaigne en un reproche larvé adressé à la nature, qui n'a pas accordé de privilège particulier à cette partie du corps. Dans le même esprit absolutoire que dans le chapitre « Sur des vers de Virgile », Montaigne se réfère à la divination dans les cultures antiques et ne condamne pas la figure de Priape, force sexuelle masculine et fertilité de la nature – *Deus*, non *lupus*.

135 *Ibid.*, p. 156.

136 *Divi Aurelii Augustini opus absolutissimum de Civitate Dei, emendatum per J. L. Vivem et dignis commentariis illustratum*, Basel, Froben, 1522, trad. fr. Gentian Hervet, Paris, Nicolas Chesneau, 1570.

137 Juan Luis Vives (Valencia 1492-Bruges 1540), philosophe, sociologue, pédagogue, grammairien espagnol, est surtout connu pour son *De subventione pauperum*, texte au centre des débats de toute la culture européenne des XVIe et XVIIe siècles (voir par ex. A. de Montchrestien, *Traité de l'économie politique*, Rouen, Jean Osmont, 1615), dans lequel il propose la sécularisation de l'assistance publique.

138 *Divi Aurelii Augustini opus absolutissimum de Civitate Dei* …, Parisiis : apud Carolam Guillard viduam Claudij Cheuallonij, sub sole aureo, in via diui Iacobi, 1555 (Parisiis : excudebat Carola Guillard, 1544), XIV, XXIV, p. 47. Villey croit qu'il s'agit chez Montaigne d'une référence personnelle. L'édition de la Pléiade mentionne (suivant Florimond de Raemond) le duc de Ventadour, Gilbert de Lévis, gouverneur du Limousin. Dans l'édition de 1595, on lit : « Et pleust à Dieu que je ne le sceusse que par les histoires, combien de fois nostre ventre par le refus d'un seul pet, nous menne jusques aux portes d'une mort très-angoisseuse : et que l'Empereur qui nous donna liberté de peter par tout, nous en eust donné le pouvoir. » L'empereur en question est Claude, selon la *Vie de Claude* (XXXII) de Suétone.

Suit une allusion manifeste à la soi-disant « thaumaturgie royalle » (l. 70-71). Un des mythes fondateurs de cette thaumaturgie est le gros orteil de Pyrrhus[139] :

> Le pouce du pied droit de Pyrrhus, roi d'Épire, avait des effets miraculeux. Pyrrhus lui-même, ayant reçu de son vainqueur Antigonus l'ordre d'être brûlé vif, est consumé de façon telle que son pouce resta intact. Ce doigt fut conservé dans une urne d'or dans le temple de Jupiter à Dodone.

La référence aux rois thaumaturges[140] et le rappel de la croyance au pouvoir miraculeux du toucher royal reprennent divers thèmes déjà évoqués dans les pages précédentes. Dans l'édition de 1580, cette reprise se fait selon une continuité linéaire, unie comme par un fil d'or à la série d'exemples antiques qui comprend les plaies de Saint François et diverses extases. Les miracles, les enchantements et les visions doivent être attribués à la force de l'imagination, qui agit sur des esprits faibles et crédules qui pensent voir ce qu'ils ne voient pas. Suit la référence aux « plaisantes liaisons de mariage », produites non par un art magique mais par « l'aprehension et [...] la crainte ». Mêlant sacré et profane, Montaigne met en évidence à quel point la même racine, dans l'imagination, engendre la croyance aux rois thaumaturges d'une part, l'effet placebo des médicaments d'autre part. Poursuivant la liste d'*exempla* d'où il tire son propre discours, Montaigne développe ce thème de l'effet placebo (l. 88-257). La référence classique est probablement Galien[141]. Pour les sources modernes, on trouve Pierre Messie[142] et surtout Laurent Joubert[143]. Concernant ce point spécifique du texte joubertien, la suite du texte mentionne la considération sur Épicharme, illustrant la thèse d'une âme (ou d'un intellect) qui voit et entend, le reste étant sourd-muet sans elle : sujet vital, l'âme est ainsi l'actrice de toutes les fonctions de la vie.

Montaigne cite aussi le cas de ce marchand de Toulouse (l. 258-279), rapporté à Pierre Eyquem par un domestique apothicaire suisse,

139 Voir Pline, *Naturalis historia*, II, VII, 2, 20. Pour la même anecdote, voir *De miraculis*, in *Januarii Nepotiani Epitoma librorum Valerii Maximi*, VIII, I, 24, *exemplum* qui toutefois manque chez Valère Maxime.

140 Voir l'ouvrage classique de Marc Bloch, *Les Rois thaumaturges*, Paris, Max Leclerc, 1961.

141 Voir surtout Pietro d'Abano, *Conciliator*, Differentiae 135-136.

142 *Diverses leçons*, II, 7.

143 *Traité du ris*, II, *op. cit.*, p. 148. « Il y an ha qui vont à la selle, d'avoir seulemant vù prandre medecine à un autre, ou l'apoticaire qui l'apporte. Ce que fait la forte imagination. ».

pour illustrer l'administration simulée et manquée d'un médicament. C'est à partir de cette anecdote que Pierre Villey établit la date *a quo* de l'écriture du chapitre. Malgré la translation du texte opérée par Montaigne, il semble que, dans ce cas aussi, ce détail étrange provienne d'Agrippa[144], le « medecin » de référence étant Guillaume d'Auvergne (ou Guillaume de Paris). L'exemple qui suit de la femme qui s'imagine avoir avalé une épingle (l. 280-296) se trouve avec quelques variantes chez Pierre Boaistuau[145].

Pour montrer à quel point la force de l'imagination est partout présente dans le monde vivant, Montaigne fait état, à la suite d'Agrippa[146], de sa présence chez les animaux (l. 296-301), soulignant ainsi le caractère contraignant de l'imagination, à laquelle sont soumis les hommes comme les bêtes. L'idée est reprise dans l'« Apologie de Raimond Sebond », avec une amplification concernant la fonction imaginative et la raison chez les animaux : si ceux-ci en ont moins que l'homme, la différence n'est pas quantitative mais qualitative – l'intention de Montaigne étant de montrer que les animaux ne sont pas inférieurs aux hommes. Pour renforcer cette thèse, il reprend l'argument lucrétien du rêve des animaux : « vois-tu ces chevaux fougueux, dont les membres sont engourdis par le sommeil, et qui transpirent pourtant dans leur sommeil, comme s'ils dépensaient toutes leurs forces pour remporter la course[147] ? ». La réécriture montaignienne des vers de Lucrèce va dans ce sens :

> Ce lievre qu'un levrier imagine en songe, apres lequel nous le voyons haleter en dormant, alonger la queue, secouer les jarrets et representer parfaictement les mouvemens de sa course, cest un lievre sans poil et sans os,
>
> Venantumque canes in molli saepe quiete
> Jactant crura tamen subito, vocesque repente
> Mittunt, et crebras reducunt naribus auras,
> Ut vestigia si teneant inventa ferarum.
> Experge factique sequuntur inania saepe
> Cervorum simulachra, fugae quasi dedita cernant :
> Donec discussis redeant erroribus ad se

144 *De occulta philosophia*, I, 64.

145 *Histoires prodigieuses les plus memorables...*, éd., 1560 à Paris, pour Iehan Longis et Robert le Mangnyer Libraires, texte intégral, *Préface* de G. Mathieu-Castellani, rééd. 1996, chap. 27, p. 30.

146 *De occulta philosophia*, I, 63.

147 Lucrèce, *De rerum natura*, IV, 984-986.

> [« Souvent les chiens de chasse, plongés dans un doux sommeil, agitent leurs membres et se mettent à pousser des cris ; leurs narines se retroussent, comme s'ils suivaient la piste d'une bête ; et souvent, arrachés de leur sommeil, ils s'élancent vers des mirages de cerfs, qu'ils croient voir s'enfuir devant eux, jusqu'à ce qu'ils s'aperçoivent de leur erreur »][148].
>
> Les chiens de garde que nous voyons souvent gronder en songeant, et puis japper tout à faict et sesveiller en sursaut, comme s'ils appercevoient quelque estranger arriver : cet estranger que leur ame void, cest un homme spirituel et imperceptible, sans dimension, sans couleur et sans estre [...] » (II, 12, 482)[149].

Ici encore, Montaigne conclue sur le faible pouvoir cognitif de l'homme, la faiblesse de la raison, l'ignorance par l'homme de son propre moi et les difficultés inhérentes à la connaissance de soi (de « leur estre propre »). Il mentionne le caractère involontaire de certains mouvements (des doigts, des pieds et d'autres parties du corps), ou volontaire d'autres mouvements (car d'autres parties se meuvent sur notre ordre), ainsi que les effets contraires produits par nos façons d'appréhender et de nos imaginations. L'homme ignore la modalité d'action de l'âme sur le corps, et du corps sur l'âme :

> Mais comme une impression spirituelle face une telle faucée dans un subject massif et solide, et la nature de la liaison et cousture de ces admirables ressorts, jamais homme ne l'a sçeu. « Omnia incerta ratione et in naturae majestate abdita » [Toutes ces choses sont impénétrables à la raison humaine et restent cachées dans la majesté de la nature][150], dict Pline ; et Saint Augustin : « Modus quo corporibus adhaerent spiritus, omnino mirus est, nec comprehendi ab homine potest : et hoc ipse homo est » [La manière dont le corps s'articule à l'esprit est un grand sujet d'interrogation, sur lequel l'homme n'a pas de réponse définitive ; et pourtant c'est l'homme lui-même][151]. Et si ne le met on pas pourtant en doute, car les opinions des hommes sont receues à la suitte des creances anciennes, par authorité et à credit, comme si c'estoit religion et loy. On reçoit comme un jargon ce qui en est communement tenu ; on reçoit cette verité avec tout son bastiment et attelage d'argumens et de preuves,

148 *Ibid.*, 988 *sq.*

149 *« consueta domi catulorum blanda propago : / Degere, saepe levem ex oculis volucrémque soporem / Discutere, et corpus de terra corripere instant, / Proinde quasi ignotas facies atque ora tueantur »* [Souvent, le gardien fidèle et caressant, qui vit sous nos toits, dissipe tout à coup le léger sommeil qui couvrait ses paupières, se dresse avec précipitation sur ses pieds, croyant voir un visage étranger et des traits inconnus] (*ibid.*, 999).

150 Pline, *Naturalis historia*, II, 37.

151 Saint Augustin, *De civitate Dei*, XXI, 10. Ce sont des ajouts manuscrits sur l'Exemplaire de Bordeaux.

> comme un corps ferme et solide qu'on n'esbranle plus, qu'on ne juge plus. Au contraire, chacun, à qui mieux mieux, va plastrant et confortant cette creance receue, de tout ce que peut sa raison, qui est un util soupple, contournable et accommodable à toute figure (II, 12, 539).

La référence à Pline et à Augustin doit être replacée dans le contexte d'une discussion sur le tourment infligé par le feu matériel aux esprits malins, qui sont, comme l'âme, incorporels : « le feu sera un seul » pour les hommes et pour les démons. La combinaison des deux sources est importante du point de vue conceptuel. De Pline, dans un contexte naturaliste, Montaigne retient que le problème est sans solution, impénétrable à la raison et caché dans la « majesté » de la nature ; Augustin se concentre pour sa part non seulement sur la merveille que constitue l'union de l'âme et du corps, incompréhensible à l'homme, mais aussi et surtout sur le fait que l'homme est lui-même cette union. L'homme serait donc miracle à lui-même – une thèse reprise avec emphase par Montaigne, qui polémique en même temps contre Jean Pic de la Mirandole et sa source, l'*Asclepius.* Le véritable miracle, c'est ici le moi :

> Je n'ay veu monstre et miracle au monde plus expres que moy-mesme. On s'apprivoise à toute estrangeté par l'usage et le temps ; mais plus je me hante et me connois, plus ma difformité m'estonne, moins je m'entens en moy (III, 13, 1029).

L'incertitude sur laquelle conclut Pline, « *omnia incerta ratione* » (toutes choses sont incertaines pour la raison), ne concerne pourtant pas l'âme et le corps, ni même leur union. Le second livre de l'*Histoire naturelle* est en effet consacré à la cosmologie : dans le chapitre en question, un renvoi autobiographique fait allusion au feu de Saint-Elme (suggestions visuelles, brillances en forme d'étoiles, phénomènes sonores semblable au chant des oiseaux), aux feux jumeaux identifiés à Castor et Pollux, qui sont des présages favorables pour les navigateurs, tandis que l'apparition solitaire (« *cum solitaria venere* »), défavorable, d'un feu unique est attribué à la sœur des Dioscures, et prend le nom d'Hélène. Ces feux, le soir, brillent même sur la tête des hommes. De tout ceci, Pline dit n'avoir aucune explication rationnelle et estime qu'il s'agit d'un secret de la nature. Comme ailleurs, Montaigne réoriente la pensée de Pline et de ses sources dans une direction qui lui est propre.

Montaigne examine des cas très divers, reliés entre eux par le thème du pouvoir du regard. Il prend des exemples dans le sillage d'Ambroise Paré : la force de l'imagination atteint ainsi notre propre corps (pâleur, tremblements, rêves) dans son énergie visuelle et projective, l'érotisme, les mouvements involontaires du membre, mais aussi l'auto-érotisme, le « nouement d'aiguillettes » et l'impuissance sexuelle. À propos du mauvais œil (l. 316-318), thème central dans ces pages, Pline encore[152], et surtout Agrippa[153], se retrouvent en compagnie de Marsile Ficin[154], qui reprend lui-même le récit de Pline relatif aux bêtes d'Éthiopie appelées « catoblépas », capables de tuer les hommes par leur seul regard, une action que l'on attribue également aux basilics dans la région de Cyrène[155]. C'est aussi chez Pline que l'on trouve l'exemple des tortues (l. 318-320), qui deviennent des autruches dans la version de Ficin[156]. Pline, qui considère l'imagination et la raison comme des facultés bien séparées, observe aussi que la « maléfique phantasie » est puissante et que la raison doit être aussi bénéfique que la première est maléfique. Revisitant ce répertoire, Montaigne fait de l'énergie imaginative une sorte d'œil absolu, qui lance des « dards » capables de frapper des corps : ainsi, le regard des femmes de Scythie tue, et celui des tortues (ou des autruches chez Ficin) couve les œufs à distance. La citation du vers de Virgile, « Je ne sais quel mauvais œil ensorcelle mes tendres agneaux[157] » (l. 323), est empruntée au *Traité du ris* : « Ie ne say pas quel regard mal veulhant, / Va mes agneaus tandres ansorcelant[158] ».

Pour sortir d'un terrain devenu glissant, Montaigne précise sa pensée : « ce sont pour moy mauvois responsans, que magiciens » (l. 324). Toujours fidèle à la tradition de l'étude de cas, mais usant ici d'ironie envers la crédulité, il continue à citer des exemples concernant le regard, puisés dans le répertoire classique : les femmes transmettent à leurs enfants les « envies », « marques de leurs fantasies » (l. 325-328), et l'image de Jean-Baptiste accrochée au-dessus du lit fait naître une petite fille poilue et hirsute (l. 328-332) ; un fauconnier, fixant intensément un milan en

152 *Naturalis historia*, VII, 2, 16.
153 *De occulta philosophia*, I, 65.
154 *Theologia Platonica*, XIII, 4.
155 *Naturalis historia*, VIII, 32, 77 ; 33, 78.
156 *Ibid.*, III, 149 ; IX, 10 ; Ficin : *Theologia Platonica*, XIII, 4.
157 Virgile, *Bucolica*, III, 103.
158 Joubert, *Traité du ris*, II, p. 146.

vol, pariait qu'il le ferait tomber par la seule force de son regard « et le faisoit, à ce qu'on dit » (l. 340-343). Comme nous l'avons déjà dit dans l'introduction, ce thème acquiert une signification complexe si on le lie au chapitre II, 30, en touchant à la question de la monstruosité. Le *monstrum* prend ici la valeur étymologique de présage, signe ou auspice : il indique pour le corps politique la possibilité de se mettre sur pied et de se projeter une unité sociale renouvelée. L'adjectif « monstrueux » reprend le sens étymologique des verbes *monere* et *ostendere*, en latin indiquer : on peut traduire par signe, présage ou annonce[159]. Montaigne veut surtout éliminer la signification la plus forte du concept de monstruosité, défini comme ce qui va « contre l'ordre de la nature ». La négation du *monstrum* est opérée au profit de l'infinie richesse de la nature, créatrice de formes infiniment variées :

> Ce que nous appellons monstres, ne le sont pas à Dieu, qui voit en l'immensité de son ouvrage l'infinité des formes qu'il y a comprinses ; et est à croire que cette figure qui nous estonne, se rapporte et tient à quelque autre figure de mesme genre inconnu à l'homme. De sa toute sagesse il ne part rien que bon et commun et reglé ; mais nous n'en voyons pas l'assortiment et la relation « Quod crebro videt, non miratur, etiam si cur fiat nescit. Quod ante non vidit, / id, si evenerit, ostentum esse censet »[Ce qu'il voit fréquemment ne l'étonne pas, même s'il en ignore le pourquoi ; ce qu'il n'a pas vu auparavant, il décrète que c'est un prodige][160]. Nous apelons contre nature ce qui advient contre la coustume : rien n'est que selon elle, quel qu'il soit. Que cette raison universelle et naturelle chasse de nous l'erreur et l'estonnement que la nouvelleté nous apporte.

La source est le *De divinatione* de Cicéron : le second livre affirme que tout ce qui naît, de quelque genre que ce soit, a nécessairement son origine dans la nature ; même si le phénomène est inhabituel, rien ne naît en dehors d'elle[161]. Chrysippe lui-même, souligne Cicéron, était un praticien de la

159 Ainsi, dans le corps de l'État, il est possible que les religions catholique et protestante vivent ensemble pacifiquement : « Ce double corps et ces membres divers, se rapportans à une seule teste, pourroient bien fournir de favorable prognostique au Roy de maintenir sous l'union de ses loix ces pars et pieces diverses de nostre estat ; mais, de peur que l'evenement ne le demente, il vaut mieux le laisser passer devant, car il n'est que de deviner en choses faictes : *Ut quum facta sunt, tum ad conjecturam aliqua interpretatione revocantur* [Cic., *De divinatione*, II, 27 : Quand les faits se sont produits, on les rapporte ensuite à une conjecture par quelque interprétation]. Comme on dict d'Epimenides qu'il devinoit à reculons » (II, 30, 713).

160 Cicéron, *De divinatione*, II, 27.

161 *Ibid.*, 28, 60-61.

divination, et aurait reconnu la main de la nature dans de très nombreux phénomènes. L'argumentation se resserre : si l'on devait considérer comme prodige ce qui advient rarement, un homme sage serait un prodige de par sa rareté. Montaigne ne penche pas du tout en faveur de cette idée, quand il reconnaît en lui-même le plus grand des miracles, sans toutefois se considérer comme un sage (III, 11, 1029). L'argumentation cicéronienne ne laisse aucune échappatoire : ce qui ne peut avoir existé n'a jamais existé et ce qui ne peut avoir existé est un prodige; par conséquent il n'existe aucun prodige. Mais les réflexions de Montaigne empruntent aussi à des considérations tirées de *La Cité de Dieu*[162], dans lesquelles Augustin nie que les prodiges soient contre nature. Ils ne sont pas contraires à la nature, parce qu'on ne peut appeler contre nature ce qui est selon la volonté de Dieu, artisan universel : le phénomène prodigieux ne se produit donc pas contre l'ordre de la nature, mais selon cette partie de la nature qui nous est inconnue. Afin de concilier miracle et immutabilité de la Providence, Augustin a recours à un concept qui vient des stoïciens et de Plotin, celui de raison séminale ou *logos spermatikos*[163] : la raison séminale contient en soi tout ce que le monde deviendra. La nature, dont tous les phénomènes singuliers sont issus, est opérante avant même que la forme de l'individualité ait été créée et distribuée à chacun selon le *telos* ou fin universelle.

On trouve ici en arrière fond un écho de débats de l'Antiquité, du Moyen-Âge et de la Renaissance autour du monstrueux. Le traité *De la génération des animaux* d'Aristote est ici une référence centrale :

> Celui qui ne ressemble pas à ses parents constitue en effet d'une certaine manière un prodige, parce que la nature dans ces cas a en quelque façon dévié du genre [...]. L'anomalie est un cas contre nature, pas contre la nature dans l'absolu, mais contre la nature comme elle est le plus souvent. Si en effet nous parlons de la nature éternelle et de celle fondée sur la nécessité, alors rien n'est contre nature; on l'a par contre dans les faits qui adviennent la plupart du temps d'une certaine façon, mais qui pourraient advenir aussi d'une autre. Même dans tous les cas où les événements sont si contraires à un certain ordre, et ne sont cependant pas le fruit du hasard, il semble que l'anomalie soit moindre, parce que ce qui est contre nature l'est d'une certaine façon selon nature, toutes les fois que la nature selon la forme n'arrive pas à s'imposer sur la nature selon la matière[164].

162 Augustin, *De civitate Dei*, XXI, 8, 2.

163 *Ibid.*, XI, 9; XIII, 14 : XXI, 5. Pour Plotin, voir *Enneades*, II, 6, 1; IV, 4, 16; V, 8, 2.

164 Aristote, *Génération des animaux*, IV, 3-4, 789b et 770b.

Dans le traité sur la génération des monstres (*De la generatione de' mostri*) Benedetto Varchi exprime la même idée. Pour Aristote, la question se pose de savoir si la femme, étant privée du membre viril, est ou non un mâle handicapé, et donc à sa manière un monstre : quoiqu'il en soit, elle n'est de toute évidence pas un être « contre la nature dans l'absolu ». Il est vraisemblable que la polémique montaignienne soit dirigée contre le traité *Des monstres et prodiges* d'Ambroise Paré, et en particulier contre la définition lapidaire du *monstrum* contenue dans la préface : « MONSTRES sont choses qui apparoissent outre le cours de la Nature (et sont souvent signes de quelque malheur à advenir[165]) ». Les *Histoires prodigieuses* de Pierre Boaistuau sont aussi à prendre en considération : « Considerons un peu Chrestiens combien cest oracle & Prodige divin est different du précedent ? L'un édifie, l'autre ruyne, l'un veult prendre, dissiper & gaster, l'autre conserver, réparer & vivifier [...][166] ». L'usage de l'imagination prophétique doit aussi être pris en compte, selon l'acception de la conclusion du chapitre « De la force de l'imagination », renvoyant à l'acte qui consiste à indiquer du doigt à l'intellect le parcours à suivre, selon l'image de Plutarque dans le traité sur la mauvaise pudeur, repris par Montaigne dans « De l'institution des enfans ». Encore plus important est ici le traité sur les oracles de la Pythie[167] sur la nature du langage prophétique : « Je crois que tu connais le mot d'Héraclite : le seigneur auquel appartient l'oracle de Delphes ne dit ni ne cache, mais fait allusion[168] ».

En conclusion de la liste d'exemples, l'anecdote de l'enfant noir (l. 325-328) est rapportée par Saint Jérôme :

> On trouve écrit dans les livres d'Hippocrate qu'une femme, soupçonnée d'adultère, allait être punie, parce qu'elle avait mis au monde un enfant très beau, et n'ayant aucune ressemblance avec l'un ou l'autre de ses parents ; le médecin décida la question, en conseillant de rechercher s'il n'y avait pas dans la chambre un tableau. Le tableau y était en effet, et la femme fut libérée de tout soupçon[169].

---

165 *Des monstres et prodiges*, *op. cit.*, p. 3.

166 *Histoires prodigieuses et memorables qui ayent esté observees, depuis la nativité de Jesus Christ, jusques à nostre siecle. Extraictes de plusieurs fameux autheurs, Grecs, et Latins, natif de Bretaigne, avec les portraicts et figures*, Paris, pour Iehan Longis et Robert le Mangnyer Libraires, 1560 (Préface de Gisèle Mathieu-Castellani, Paris & Genève, Slatkine, 1996, chap. 2, p. 44).

167 Plutarque, *Oracles de la Pythie*, dans *Les oeuvres morales...*, *op. cit.*, 21, 404D.

168 Héraclite, fragment 22B 93 D-K.

169 *Quaestiones in Genesim*, dans *Opus Epistolarum Divi Jeronimi...*, éd. Érasme, Paris, Guillard, 1546, troisième partie, f°. 70v°. Cité par J. Céard, dans A. Paré, *Des monstres et prodiges*,

La princesse est accusée d'adultère, car elle a accouché un enfant noir ; elle est sauvée par l'intervention d'Hippocrate, qui explique cet effet insolite par la présence dans la chambre du portait d'un homme noir. Saint Jérôme rapporte l'anecdote dans son commentaire sur l'histoire de Laban, que Montaigne évoque tout de suite après. Les verges jetées dans l'eau par Jacob provoquèrent le changement de couleur des brebis de Laban[170]. La reprise de la comparaison avec les animaux (l. 332-343) vient ici renforcer, plutôt que conclure, cette liste d'exemples.

IMAGINATION ET HISTOIRE (L. 334-389)

VÉRIDICITÉ DES HISTOIRES ET VALEUR DU « COMMER », OU DES CAS ANALOGUES (L. 334-345)

Montaigne renvoie les histoires à la conscience de ceux à qui il les emprunte. On pourrait trouver une observation semblable chez Pline, presque au début du septième livre, entièrement consacré à l'anthropologie : « Et cependant, pour la plupart des faits que je vais exposer, je n'engagerai pas ma garantie, renvoyant plutôt à celle des sources[171] ». Tout se passe comme si Montaigne voulait creuser la distance entre lui et les « magiciens » : « Ce sont pour moy mauvais respondans, que magiciens » (l. 324). Il s'attribue uniquement les raisonnements qui dépendent de la « preuve de la raison, non de l'expérience » : « chacun y peut joindre ses exemples, et qui n'en a point, qu'il ne laisse pas de croire qu'il en est, veu le nombre et varieté des accidens ». En le répétant,

---

op. cit., p. 165.

170 *Genèse*, XXX, 31-42. L'anecdote se retrouve chez Augustin (*De civitate Dei*, XII, 26), Agrippa (*De occulta philosophia*, I, 65), Paré (*Des monstres et prodiges*, IX, 35-36), Joubert (*Traité du ris*, II, 147) et celle de l'enfant noir est reprise par Agrippa (I, 65), Boaistuau (*Histoires prodigieuses les plus memorables*, V, p. 68 sv), Paré (IX, 35-36) et Joubert (II, 147). On la retrouve aussi chez Rodigino (*Antiquarum lectionum libri*, XX, XV). Pour les exemples de la jeune Pisane et des brebis de Jacob, voir Agrippa (I, 65), Messie (II, VII) et encore Paré (toujours au chap. IX).

171 *Naturalis historia*, VII, 1, 8 : « *Nec tamen ego in plerisque eorum obstringam fidem meam potiusque ad auctores relegabo* [...] ».

Montaigne met en évidence le statut incertain du récit rapporté, les auteurs pouvant avoir été eux-mêmes victimes de la force de l'imagination.

L'ajout postérieur à 1588 commence ainsi par une sorte de réflexion au second degré de Montaigne sur sa propre écriture. La force de l'imagination intervient dans son écriture de l'histoire. S'il ne choisit pas bien les exemples, qu'un autre les choisisse à sa place : « si je ne comme bien, qu'un autre comme pour moy » (l. 350). Parmi les significations proposées du verbe « commer » – un *hapax* –, Gisèle Mathieu-Castellani propose « conter[172] ». Il est sûr que Montaigne a inventé ce mot. Tous les interprètes actuels sont d'accord pour refuser le sens de « commenter » ou « donner des exemples », proposé par Pierre Villey[173]. Pour André Tournon « co(m)mer, c'est citer des cas analogues (employer la conjonction "comme", pour les introduire) ». Le sens serait établi par une variante manuscrite : [« il est justement permis aux escoles de] supposer des *comes* [quand ils n'en ont point »], remplacé par « supposer des similitudes[174] ». « Le verbe "co(m)mer" paraît signifier "noter des analogies" (Dezeimeris) ou "citer des exemples", mais certainement pas "commenter" [...] : ce dernier sens serait en contradiction avec tout le contexte ». L'imagination utilise des analogies, en suivant selon toute probabilité l'usage des écoles de droit. Il s'agit de choisir des situations applicables à des discours analogues. Advenu ou non advenu, le cas peut être objet d'analyse et clef herméneutique du « tour de l'humaine capacité ».

---

172 G. Mathieu-Castellani, « "Dire les événements" ou "dire sur ce qui peut advenir" ? (selon le chapitre "De la force de l'imagination") », *Cahiers Textuel*, 12, *Le livre I des* Essais *de Montaigne*, Actes de la Journée d'Études Montaigne, 6 nov. 1992, p. 68.

173 Voir la note 7, p. 105, et *Lexique de la langue des Essais et index de noms propres*, III, V avec la collaboration de G. Norton, in *Les Essais*, 1933 [*édition municipale*, 5 vol., publiés par F. Strowski, F. Gebelin et P. Villey.], (réimpr. 1981) et 1962.

174 A. Tournon, « "Advenu" ou "non advenu" ... », in *Montaigne et l'histoire*, texte réunis par C.-G. Dubois, Paris, Klincksieck, 1991, p. 35. Le concept avait été déjà éclairci dans, *Montaigne. La glose et l'essai*, Lyon, Presses Universitaires de Lyon, 1983, p. 355, n° 15 (éd. revue et corrigée, précédée d'un *Réexamen*, Paris, Champion, 2000). Voir aussi Y. Delègue, « Du commentir », *Le Temps de la réflexion*, n° 5, 1984, p. 177-178 : à la suite de Littré, Furetière ou Richelet, le critique propose « faire des comparaisons », « non pas faire des citations, mais savoir les lier entre elles ». « Cette pratique se situe aux antipodes du commentaire médiéval : "commer", ce n'est plus tenter la remontée vers l'origine du texte premier [...], c'est prendre un à un ces "lopins", puis avec des "commes", composer un nouveau discours, un autre réseau de "similitudes" [...]. Montaigne a dit de ses "discours" qu'ils sont une façon de "commer" ».

On saisit la différence par rapport à Aristote[175], chez qui l'exemple vient illustrer le discours et vaut comme un auxiliaire de l'argument. Pour le Stagirite, l'exemple entre dans le cadre d'une induction qui distingue entre les exemples d'événements antérieurs d'une part, les exemples de fables, d'Ésope et de Lybie, ou paraboles d'autre part. Parmi les paraboles, Aristote insère les « discours socratiques ». Ainsi, par exemple, sur la question du tirage au sort :

> [...] par exemple si l'on disait que les personnes tirées au sort ne doivent pas commander. Car ce serait une [situation] comme celle où on tire au sort les athlètes. Ce ne sont pas ceux qui sont en mesure de se mesurer [qui seraient choisis], mais ceux que le sort désigne ; ou si l'on tirait au sort lequel des marins doit tenir le gouvernail : comme si ce devait être celui qui est choisi par le sort et pas celui qui s'y connaît.

La fable rapportée ici par Aristote est significative :

> Les habitants d'Himère avaient choisi comme stratège avec pleins pouvoirs Phalaris, et allaient lui donner un garde du corps, Stésichore, qui après avoir dit plusieurs choses, leur raconta cette fable : un cheval occupait à lui seul un pré quand arriva un cerf qui lui gâta sa pâture. Voulant se venger du cerf, il demanda à un homme s'il pouvait l'aider à se venger du cerf ; l'homme accepta à condition que le cheval acceptât un frein et le laissa monter sur lui avec des javelots ; ayant consenti et l'homme étant monté sur lui, au lieu de le venger, il en fit son esclave. « Il se peut qu'il en soit de même pour vous – dit Stésichore – prenez garde que, voulant vous venger de vos ennemis, vous ne subissiez le même sort que le cheval ; vous avez déjà des freins, ayant choisi un stratège avec pleins pouvoirs ; si vous lui accordez le garde du corps et si vous lui permettez de monter sur vous, vous serez vite esclaves de Phalaris ».

La conclusion d'Aristote est qu'il est « opportun de se servir d'exemples quand manquent les enthymèmes pour la démonstration[176] ». Le « commer » des écoles ne se réduit pas à ce que l'imagination peut produire de faux. Réel ou imaginaire, le cas est problématique : le juriste, le casuiste et le philosophe moral doivent l'examiner avant de formuler un jugement. Montaigne ne falsifie pas les données, quel que soit leur statut originaire. Il tient à préciser que ne lui sont attribuables que les raisonnements fondés sur la raison, non ceux tirés de l'expérience. Il

175 Aristote, *Rhétorique*, II, 20, 1393b.
176 *Ibid.*, II, 20, 9-15.

choisit même la version la plus improbable parmi les anecdotes historiques, glissant du plan de l'histoire à celui du récit, fondé sur le rapport entre témoin et vérité[177].

Reprenant la suggestion d'André Tournon, Olivier Guerrier insiste sur le fait que Montaigne, au nom d'une « superstition religieuse », va au-delà de la fidélité des historiens eux-mêmes (« la foy historiale »), alors qu'il récuse le *modus operandi* des « légistes », qui échafaudent des exemples feints pour prévoir les différents cas de la loi[178]. Mais si les témoignages fabuleux ont la même utilité que les véritables,

> ...qu'implique une proposition comme « pourveu qu'ils soient possibles » dans une entreprise intellecuelle fondée sur l'*epochè*, qui affirme à l'envie la témérité du partage entre possible et impossible ? Et comment appliquer à ces « tesmoignages fabuleux » les remarques sur le choix des anecdotes (« la plus rare et la plus memorable », « dire sur ce qui peut advenir »), où s'esquisse le projet d'une écriture et d'une philosophie du contingent[179] ?

Montaigne chercherait à privilégier le rare et le mémorable afin d'enrichir une forme instable, susceptible de nouvelles évolutions[180]. La leçon la plus curieuse peut devenir aussi la plus fructueuse :

> La réflexion autour des fictions rend en quelque sorte caduc le double visage qu'on prête d'ordinaire au pyrrhonisme – alternance et mélange de prudence et de témérité – au bénéfice d'un échange franc et volontaire, délivré des censures et des autorités par les règles internes de son fonctionnement[181].

---

177 K. Stierle, « L'histoire comme exemple, l'exemple comme histoire », in *Poétique*, n° 10, 1972, p. 176-198, en particulier p. 193 ; H. Friedrich, *Montaigne*, Berne-Munich, Francke Verlag, 1949 ; trad. R. Rovini, Paris, Gallimard, 1968, en particulier p. 211 *sq.* ; C. Blum, *La folie et la mort dans l'imaginaire collectif du Moyen âge et du début de la Renaissance (XIIe-XVIe siècles) positions du problème*, Louvain, Leuven University Press, 1983, p. 3-13 ; A. Compagnon, *Chat en poche. Montaigne et l'allégorie*, Paris, Seuil, 1993, p. 29-41 ; E. Benson, *Money and magic in Montaigne : the historicity of the* Essais, Genève, Droz [Champion-Slatkine], 1995, p. 211-224 et E. Balmas, « Montaigne et l'Inquisition », in *Le Parcours des* Essais *: Montaigne 1588-1598*, Paris, Aux Amateurs de livres, 1989, p. 239-249.

178 O. Guerrier, *« Quand les poètes feignent » ...*, *op. cit.*, p. 426.

179 *Ibid.*, p. 427.

180 *Ibid.*, p. 461.

181 *Ibid.*, p. 462.

SECOND DÉCALAGE SUR LE PLAN HISTORIQUE : LE STATUT DE L'*EXEMPLUM* (L. 350-357)

Le chapitre I, 21 propose ainsi une clef d'interprétation des approches de l'histoire. Il est central pour l'évaluation du statut de l'*exemplum*, dont la consistance doit être enracinée dans le réel, même si le réel est fabuleux – auquel cas, il faut s'en prendre à l'historien. Bien qu'il admette que « l'advenu » caractérise l'entreprise de celui qui rapporte les faits et le « non advenu » celle du poète, le chapitre semble moins thématiser le problème de la vérité historique que provoquer le lecteur à une réflexion sur le processus mental (*imaginatio*) que provoque l'événement. Dans la *Methodus*, Bodin fait de l'histoire une *vera narratio*, un récit d'« histoires vraies ». Ce n'est pas un hasard si dans le sillage des compilateurs de prodiges, Montaigne énumère les cas exceptionnels : mais ne fait pas porter l'essentiel de son analyse sur l'événement rapporté (stigmates, catalepsie, fascination, etc.). Il privilégie le processus de filtrage, mettant en évidence à quel point « ils pensent voir ce que ne voyent pas ». La longue addition postérieure à 1588 sur la « défaillance » du membre masculin (le « nouement d'aiguillettes ») témoigne avant tout de l'impuissance psychologique et de son impact sur le corps à travers un processus fantasmagorique, dans lequel la réalité physiologique et la réalité mentale se confondent.

Le témoignage, « tantôt vrai, tantôt imaginaire », est de toute façon utile, précisait la préface du *Theatrum Vitae humanae* de Theodor Zwinger[182]. Le point de vue de l'advenu et du non advenu montre que l'*exemplum* rapporté sur la force de l'imagination est lui-même imaginaire. À la lumière d'une telle donnée, le « *fortis imaginatio generat casum* » du début du chapitre rentre lui aussi dans un tel paradigme. Il faut donc distinguer deux aspects : 1. le fait même d'accepter l'exemple, qui rend manifeste la propension humaine à s'abandonner aux chimères, et à voir ce que l'on ne voit pas ; 2. la possibilité de narrer ce qui n'est pas arrivé : l'idée que les philosophes puissent en tirer profit « en umbre et en corps » (l. 355-356) montre la légitimité de la similitude, dans les cas où il est impossible de trouver des faits *per analogiam*. Peu importe si le fait s'est produit ou non.

182 Voir F. Garavini, « Au *sujet* de Montaigne : de la leçon à l'écriture du moi », in Plures, *Carrefour Montaigne*, Actes du second colloque de philologie française (Padoue, 15-16 janvier 1993), Pise & Genève, ETS-Slatkine, *Quaderni del Seminario di filologia francese*, n°, 2, 1994, p. 76.

C'est ainsi que Montaigne défend Plutarque contre l'attaque de Bodin dans le livre IV, 62 de la *Methodus*, qui reproche à Plutarque d'avoir écrit « souvent des choses incroyables et entierement fabuleuses[183] » (II, 32, 722). Le but de Plutarque n'était pas de proposer de croire des choses incroyables, et il n'utilise pas la formule « comme on dit » pour refreiner notre crédulité, comme le suggère Bodin lui-même pour l'excuser. Comme tous les bons historiens, Tacite rapporte lui aussi des rumeurs et des opinions populaires, précise Montaigne dans le chapitre « De l'art de conferer » : ils doivent précisément les rapporter et non les guider, domaine qui échoit aux « Theologiens et philosophes, directeurs de conscience » (III, 8, 942). La thèse de fond, bien mise en lumière par André Tournon[184], est que l'histoire, comme produit de l'imagination collective, « toute fausse qu'[elle] est, signifie ». La matière des historiens de valeur (III, 10, 417)[185], ce ne sont pas les faits, mais ce que l'on dit sur les faits, même si c'est sous la forme de légendes ou de témoignages fabuleux. Le message de Montaigne est clair : le principe de « l'advenu ou non advenu » a aussi une valeur historico-morale. Dans l'étude des mœurs comme dans l'action, les témoignages fabuleux (« pourveu qu'ils soient possibles ») sont aussi utiles que les témoignages vrais. Advenu ou non advenu, le récit est utile par sa capacité à faire émerger des aspects de l'« humaine capacité », d'où l'on peut tirer profit à la fois « en umbre » et « en corps ». Si le choix porte sur la version la plus rare et la plus mémorable d'une histoire, c'est qu'elle est en mesure d'avertir et de dire davantage.

Malgré l'assurance donnée par Montaigne d'un attachement aux faits eux-mêmes, celui-ci s'attache plutôt à la narration des faits telle qu'il la trouve et à sa signification morale. La « foy historialle » (l. 361-362) est opposée à la « fantasie » des récits et de l'utilisation de la similitude. Montaigne poursuit en contestant l'idée de vérité objective de l'histoire, celle-ci étant tributaire de témoignages sans garantie, et de conjectures invérifiables, revenant en conclusion à la thématique de départ (advenu ou non advenu) sous l'égide de Plutarque (« mon

---

183 « [...] *saepe incredibilia et plane fabulosa narrat, sed utitur verbo phasi [dicono], ne qui temere assentiatur* » (*Methodus ad facilem historiarum cognitionem*, edizione e commento a cura di S. Miglietti, Pise, Edizioni della Normale, 2013, p. 185).

184 A. Tournon, « "Advenu" ou "non advenu" ... », *op. cit.*, p. 34.

185 Voir N. Panichi, *Les Liens à renouer. Scepticisme, possibilité, imagination politique chez Montaigne*, *op. cit.*, III, 1.

homme ») comme de l'historien qu'il estime le plus. La prétention à l'objectivité historique est une forme d'escroquerie. Dans le chapitre « Des boyteux », Montaigne reprend un exemple de Bodin : l'utilisation de faits difficilement contrôlables peut également être interprétée en ce sens. Théologiens et philosophes ne peuvent pas écrire l'histoire, dans la mesure où ils n'accordent pas leur foi à une « vérité empruntée ». En cherchant à répondre à la question du rôle de l'histoire, passée au crible du pyrrhonisme, Montaigne tente de montrer comment la prépondérance de la « preuve de la raison » (l. 346-349) sur l'experience désigne une logique interne du récit, libérée de la préoccupation de l'objectivité.

LA NATURE PROJECTIVE DE L'IMAGINATION : DIRE CE QUI PEUT ADVENIR (L. 356-357)

Dans un ajout tardif (couche [C] de Villey), Montaigne propose une pensée hardie, qu'il exprime ainsi : « Il y a des autheurs, desquels la fin c'est dire les evenements. La mienne, si j'y sçavoye advenir, seroit dire sur ce qui peut advenir » (l. 358-359). Mise « en registre », l'imagination comprise comme « fantasie » travaille avec « quelque ordre et projet » (II, 18, 665) sur la condition humaine, en parvenant à saisir dans l'événement la charge de projection, ou la puissance centripète de la pensée, qui part de l'intérieur pour se tourner vers l'extérieur et agir sur cet évènement. Dans le chapitre « Des livres », Montaigne écrit préférer les historiens biographes (II, 10, 416) à cause du soin particulier qu'ils accordent aux pensées, desseins, projet ou intentions (« conseils ») par rapport aux faits (« evenements »). Ces historiens savent « dire les evenemens » utiles à la philosophie morale et ils dessinent la topographie de la vertu, comme le font les philosophes de la pratique : ils « me sont plus propres », souligne Montaigne, en faisant en particulier référence à Plutarque, en raison notamment de l'impact de son discours sur la force de l'imagination – d'après Pierre Villey[186] et Isabelle Konstantinovic[187], il s'agirait du propos VII du livre V des *Propos de table* de Plutarque.

Dans l'ensemble, la prolifération des exemples dans le chapitre I, 21 souligne la fonction principielle de l'imagination dans tous les champs des *desiderata* humains, consistant à donner forme à la matière au moyen

186 P. Villey, dans l'édition du 1981, p. 74, ou, avec quelques variantes, dans l'édition PUF, p. 1242.

187 I. Konstantinovic, *Montaigne et Plutarque*, Genève, Droz, 1989, p. 174.

d'images productrices d'énergie. Sa fonction mimétique de représentation vise à remplir, pour ainsi dire, les vides liés à l'absence[188]. Son action est à double sens, du réel vers l'imaginaire et de l'imaginaire vers le réel. Parce qu'elle se présente comme force psychique et tend à la réalisation physique de ses productions, l'imagination est un facteur de matérialisation qui permet de voir au-delà du visible.

L'épilogue du chapitre suffirait à invalider tous les soupçons de fermeture de la pensée montaignienne à l'idée de futur et de projectivité consciente. Dès l'*incipit* de ce passage, Montagne fixe le statut de l'imagination : la force de l'imagination engendre la réalité et transforme le fantasme en acte. L'« action imaginative » (II, 12, 503) est ainsi une fonction du réel. En tant que cause efficiente et action matérialisante, l'imagination finit par devenir fonction de la projection consciente dont elle est la messagère. Porteuse de significations et même d'événements, elle est capable d'avoir une incidence sur le réel et d'en anticiper les mouvements. Cette indication est utile pour comprendre le sens de l'apparent décalage de Montaigne, qui conclut par une réflexion sur la manière de « faire l'histoire » et de « se faire soi-même », tout en marquant sa préférence pour le discours qui porte sur « ce qui peut advenir ».

Ce glissement du discours anthropogénique et subjectiviste au discours sur le statut de l'histoire et de son *ethos* montre la possibilité d'articuler l'approche anthropologique et l'approche ontogénétique et phylogénétique. L'objectif est encore plus clair si l'on se rapporte à deux autres chapitres, « De l'institution des enfans » et « Des livres », qui présentent eux aussi des réflexions sur le monde social, sur l'univers de l'histoire ainsi que sur le statut et la fonction des historiens. La démarche de ces textes se fonde sur la distinction épistémologique et éthique entre le fait de dire ce qui est advenu et le fait de dire ce qui peut advenir, entre l'historien et le philosophe de l'histoire, entre la mémoire et la capacité anticipatrice de l'imagination. Cette distinction se retrouve aussi dans d'autres essais, et constitue en particulier l'horizon du chapitre « Que philosopher c'est apprendre à mourir ».

---

188 Voir C.-G. Dubois, *Essais sur Montaigne. La régulation de l'imaginaire. Ethique et politique*, Caen, Paradigme, 1992, p. 14. Voir aussi Ian D. McFarlane « Montaigne and the Concept of Imagination », in *The French Renaissance and its Heritage*, Essays presented to Alan M. Boase, London, Methuen, 1965, 126 *sq.*

L'analyse du discours de Montaigne sur la nature et les effets de l'imagination permet de dépasser un *topos* de la littérature critique, qui tend à voir chez l'auteur des *Essais* une insensibilité au futur et une absence d'ouverture véritable. Selon cette lecture, l'idée même de « futur historique » échapperait à Montaigne, ainsi que le sens de l'histoire individuelle ou collective. Cette critique ne tient pas compte de sa tentative originale de penser l'imagination comme une « faculté large » à même de poser « la question de l'avenir » (« *the question of future* », comme le souligne McFarlane[189]), et, par là, la question du sujet telle qu'elle se reflète dans les médiations qui « se regardent de loin ». De fait, Montaigne présente l'imagination comme l'instrument philosophique par excellence, voire comme la faculté même de la pensée philosophique :

> Nature nous a estrenez d'une large faculté à nous entretenir à part, et nous y appelle souvent pour nous apprendre que nous nous devons en partie à la société, mais en la meilleure partie à nous. Aux fins de renger ma fantasie à resver mesme par quelque ordre et projet, et la garder de se perdre et extravaguer au vent, il n'est que de donner corps et mettre en registre tant de menues pensées qui se presentent à elle. J'escoute à mes resveries par ce que j'ay à les enroller (II, 18, 665).

> Je propose des fantasies informes et irresolues, comme font ceux qui publient des questions doubteuses, à debattre aux escoles : non pour establir la verité, mais pour la chercher (I, 56, 317).

Ici, le projet autobiographique vient croiser une pensée du sens de l'histoire. Dans l'optique de la philosophie morale, cette considération suffit à expliquer la distinction entre les historiens de profession[190] et les philosophes de l'histoire[191]. Le critère discriminant est la capacité à concevoir un discours sur « ce qui peut advenir », dans le champ du possible, et dans le cadre de l'action morale. Il faut donc apprendre à « se conduire », c'est-à-dire à former le jugement critique et les mœurs, comme l'enseigne la philosophie (I, 26, 164). Au lieu de « dire les evenements » (l. 357-358), l'imagination invite se projeter au-delà d'eux : « Nous sommes nés pour agir » (I, 20, 89). L'imagination est ainsi

189 I.-D. McFarlane, « Montaigne and the Concept of Imagination », *op. cit.*, p. 129.

190 Pierre Villey a saisi ce point dans son *Introduction* à *Les livres d'histoire moderne utilisés par Montaigne*, Paris 1908, Genève, Slatkine Reprints, 1972, p. 32.

191 C'est ce que souligne J. Priestley, « Montaigne and History », *Renaissance and Reformation*, X, 1974, 1, p. 85.

le lieu naturel de réalisation de toute connaissance de l'« homme en general » et de l'action morale, même si, en raison de l'excès de liberté auquel elle est exposée, elle doit être souvent tenue par la bride grâce aux « pommes d'or » (III, 4, 832) de la « diversion ». Pour détourner l'imagination de ses mauvaises entreprises, Montaigne lui offre une autre fantaisie, une autre rêverie, et ainsi de suite (« à cette resverie par une autre resverie » (l. 101-102). L'auteur des *Essais* met ainsi en œuvre la « diversion », à laquelle il consacre le chapitre III, 4 : celle-ci consiste à guider le désir et donc à le réguler, en le déplaçant sans chercher à le couper à la racine. « Ces singeries sont le principal de l'effect : nostre pensée ne se pouvant desmesler que moyens si estranges ne viennent de quelqu'abstruse science. Leur inanité leur donne poids et reverence » (l. 151-153). Ce n'est cependant pas de bon gré que Montaigne met en œuvre cette solution, étant par principe hostile aux actions mensongères, et fuit la ruse, même lorsqu'elle est utile, parce que « si l'action n'est vicieuse, la routte l'est » (*ibid.*) aussi.

Le chapitre « De l'art de conferer » caractérise l'histoire comme « pepiniere de discours ethiques et politiques » (III, 8, 941). Le chapitre « De l'institution des enfans » en condense la leçon, dans une formule qui couvre l'ensemble des rapports sociaux (la « practique des hommes » : I, 26, 156). L'histoire est mise au même rang que la philosophie. Elle acquiert ainsi une place privilégiée dans le processus de formation des enfants et dans la pédagogie du monde moderne, offrant une voie royale d'accès à la mémoire éthique, et permettant la prévention de l'oubli. La conception de l'histoire est régénérée par le regard philosophique, grâce à cette « large faculté » de l'âme qui se prend ses modèles dans les *Vies* de Plutarque et ses objets d'étude dans les « coustumes » d'Hannibal et de Scipion plutôt que dans la date de la destruction de Carthage. L'éducateur enseigne au disciple à juger des histoires, c'est-à-dire à en comprendre le sens et à les mettre en relation avec « ce qui peut advenir ». Il ne s'agit pas tant de l'exemplarité de l'histoire que de son sens : c'est là une matière sur laquelle le jugement applique différents registres herméneutiques et se fait « suffisant lecteur ». La lecture de Tite-Live peut suggérer à l'un des significations qu'un autre ne verra pas ; le Plutarque de Montaigne saisit encore plus de significations que ce que Montaigne lui-même déclare y avoir lu, et peut-être bien davantage que ceux que l'auteur lui-même y a mis. En véritable « maistre ouvrier de telle besongne », Plutarque pointe du doigt un chemin possible, parfois sur la base d'une simple allusion :

> J'ay leu en Tite-Live cent choses que tel n'y a pas leu. Plutarque en y a leu cent, outre ce que j'y ay sceu lire, et, à l'adventure, outre ce que l'autheur y avoit mis. A d'aucuns c'est un pur estude grammairien ; à d'autres, l'anatomie de la philosophie, en laquelle les plus abstruses parties de nostre nature se penetrent. Il y a dans Plutarque beaucoup de discours estandus, tres-dignes d'estre sceus, car à mon gré c'est le maistre ouvrier de telle besongne ; mais il y en a mille qu'il n'a que touché simplement : il guigne seulement du doigt par où nous irons, s'il nous plaist, et se contente quelquefois de ne donner qu'une attainte dans le plus vif d'un propos. Il les faut arracher de là et mettre en place marchande. Comme ce sien mot, que les habitans d'Asie servoient à un seul, pour ne sçavoir prononcer une seule sillabe, qui est Non, donna peut estre la matiere et l'occasion à la Boitie de sa Servitude Volontaire. Cela mesme de luy voir trier une legiere action en la vie d'un homme, ou un mot, qui semble ne porter pas cela, c'est un discours. (I, 26, 156-157).

Montaigne conclut : « Plutarche nous diroit volontiers de ce qu'il en a faict, que c'est l'ouvrage d'autruy, que ses exemples soient en tout et par tout veritables ; qu'ils soient utiles à la postérité, et presentez d'un lustre qui nous esclaire à la vertu, que c'est son ouvrage » (l. 389-393). Une imagination vive et bien ordonnée est un outil indispensable au jugement moral : elle fait office de guide grâce à sa capacité d'extrapoler à partir de l'expérience[192]. Ici encore, il semble que la réflexion montaignienne entre en résonance avec le concept d'« histoire réfléchissante[193] ». Dans la taxonomie hégélienne, cette réflexion correspondrait à la figure de « l'histoire pragmatique », dont le caractère particulier consiste à aller au-delà du présent et à « actualiser l'événement », en l'assumant d'un point de vue moral.

Montaigne n'a jamais caché que les historiens sont de tous les auteurs ceux qui lui plaisent le plus (I, 26, 146). Dans le chapitre « Des livres », il les présente comme sa « droitte bale » (II, 10, 416). Son intérêt va plus loin, portant sur la racine de « l'humaine condition ». Il évoque alors le concept de l'homme commun, central dans les *Essais*, pour mettre en valeur la variété, la dissemblance des formes de la nature et de l'histoire :

---

192 Voir J. Engell, *The Creative Imagination*, *op. cit.*, p. 15.

193 Peut-être semble le comprendre aussi F. Charpentier, « "Les historiens sont ma droite bale ..." : fonction de l'anecdote historique dans les premiers *Essais* », dans *Montaigne et l'histoire*, textes réunis par C.-G. Dubois, Paris, Klincksieck, 1991, p. 27.

> […] et quant et quant l'homme en general, de qui je cherche la cognoissance, y paroist plus vif et plus entier qu'en nul autre lieu, la diversité et verité de ses conditions internes en gros et en detail, la varieté des moyens de son assemblage et des accidents qui le menacent (II, 10, 416).

On comprend mieux la valeur heuristique du couple advenu-non advenu, qui est comme un indice ou une balise dans le récit universel de la condition humaine. On soulignera à cet égard l'importance de la biographie, miroir des vies et des raisonnements, narration de la coïncidence nécessaire des actions et des idées, non seulement chez les pédagogues de l'humanité, « grands precepteurs du monde », mais aussi chez toutes les grandes figures morales – d'où l'obsession du détail chez Montaigne comme chez Plutarque. Dans le chapitre « De la force de l'imagination », Montaigne nie ainsi procéder scolastiquement par similitudes abstraites, en l'absence de ressemblances réelles, et confesse une « religion superstitieuse » en matière de « foy historialle ». Il évite d'altérer la plus petite ou insignifiante circonstance : « ma conscience ne falsifie pas un iota, ma science je ne scay » (l. 365) – c'est là une règle qui est fermement maintenue dans tous les exemples qu'il cite.

ÉCRIRE LES HISTOIRES : QU'APPRENDRE ENCORE DE BODIN ? (L. 362-379)

Cette façon de poser le problème conduit à poser la question des capacités requises à la profession d'historien (titres, compétences, qualités). En toile de fond à cette question, on trouve la *Methodus* de Bodin, qui s'interroge sur la légitimité de celui qui est désigné pour « escrire l'histoire[194] » et mérite le titre d'historien. Quelles sont les conditions requises afin d'éviter les abus, et doivent-elles être étendues aux théologiens ou aux philosophes en possession de l'« exquise et […] exacte conscience et prudence » ? Est-il possible de faire crédit à des personnes inconnues dont on ne peut vérifier les dires, alors même que le témoignage oculaire de personnes réputées est souvent problématique ? Montaigne ne nie pas l'importance de la question mais, dans l'épilogue sur l'incertitude des juges et l'impossibilité de contrôler rationnellement les comportements humains, il fait basculer la question du statut et des titres de l'historien vers celle du lecteur, la question du sujet vers

194 *Methodus ad facilem historiarum cognitionem*, *op. cit.* (2013), p. 106.

celle de l'objet de l'histoire. Quel crédit le lecteur peut-il accorder au fait narré, à l'histoire racontée, à la narration d'une action censée s'être produite en un temps lointain, soit un temps qui inclut le lecteur tout en l'exluant, comme c'est le cas avec le témoignage oculaire ? La lecture ne peut garantir aucune certitude de fait. En soulignant cette incertitude liée à la temporalité, Montaigne transpose la question sur un autre plan, qui n'est plus celui du fait, et sur lequel son intérêt pour l'histoire pourra s'accompagner d'une reconnaissance éthique pleine et entière. Le plan épistémologique cède le pas au plan moral, à l'ordre et au sens du discours. C'est ici que le couple advenu-non advenu prend tout son sens : si l'on ne peut établir la véridicité des faits, le lecteur de l'histoire devra lire ces faits avec les yeux du philosophe, de l'observateur de la nature humaine, en essayant d'en comprendre les nécessités historico-politiques. La certitude des faits fait-elle défaut ? Il reste le regard « instruisant » du philosophe, qui enquête sur l'homme en général : si le fait est non advenu, il dit cependant quelque chose du désir, de la peur, de l'espérance, de l'illusion ou de la désillusion de l'homme qui a écrit l'histoire, révélant des fragments de son humanité et de ses passions : « chaque homme porte la forme de l'humaine condition » (III, 2, 805). Le récit historique est lui aussi un échantillon de vie vécue, avec ses actions, ses pensées et ses réflexions propres.

Bouclons la boucle en revenant à la force de l'imagination. Montaigne propose une synthèse remarquable dans l'épilogue du chapitre, en s'appuyant encore une fois sur son « homme », Plutarque. Il en tirera toujours quelque leçon, que ce soit grâce aux témoins si les exemples sont véridiques, soit grâce à lui-même, si ces mêmes exemples sont présentés dans une perspective morale. Il s'agit là de l'« ouvrage » de deux acteurs, l'œil philosophique saisissant le fil conducteur ininterrompu de l'histoire. Le discours sur l'imagination du chapitre I, 21 lie doublement philosophie et histoire. L'attention accordée aux historiens n'est pas un simple prétexte, comme le montrera encore le chapitre « Des livres », dans lequel Montaigne proposera une typologie simplifiée des historiens et des façons d'écrire l'histoire. On le voit aussi dans sa préoccupation du risque d'écrire sur le présent : sa liberté est devenue « si libre » qu'elle le pousserait à publier des jugements « illegitimes » et « punissables » (l. 387-389) ; mieux vaut narrer des choses passées, des réalités « empruntées », en évitant des narrations trop étendues. Dans d'autres chapitres comme l'« Apologie de Raymond Sebond » (II, 12), « C'est folie de rapporter le vray et le faux à nostre suffisance » (I, 27) ou « Qu'il faut sobrement se mesler de juger des ordonnances divines » (I, 32), Montaigne aborde également la question de l'incertitude épistémologique de la raison-imagination humaine. En arrière-plan, on trouve toujours le problème de la faillibilité, de la boiterie, de l'incertitude du jugement :

> Il ne faut pas juger ce qui est possible et ce qui ne l'est pas, selon ce qui est croyable et incroyable à nostre sens [i.e. notre jugement] [...] et est une grande faute, et en laquelle toute-fois la plus part des hommes tombent (ce que je ne dis pas pour Bodin), de faire difficulté de croire d'autruy ce qu'eux ne sçauroient faire. Ou ne voudroient. Il semble à chascun que la maistresse forme de nature est en luy ; touche et rapporte à celle là toutes les autres formes. Les allures qui ne se reglent aux siennes, sont faintes et artificielles. Quelle bestiale stupidité ! (II, 32, 725).

Montaigne renvoie au chapitre I, 27, dans lequel il discute du statut de la « creance ». La naïveté et l'ignorance induisent à croire facilement ; la « creance » est semblable à un sceau imprimé dans l'esprit, la persuasion étant en proportion inverse de sa qualité et de sa capacité de résistance (I, 27, 179). La crédulité a son reflet dans l'incroyance : croire ou nier témérairement, condamner comme faux ou impossible, « c'est se donner l'advantage d'avoir dans la teste les bornes et limites de la volonté de Dieu et de la puissance de nostre mere nature ; et qu'il n'y a point de plus notable folie au monde que de les ramener à la mesure de nostre capacité et suffisance. Si nous appelons monstres ou miracles ce où nostre raison ne peut aller, combien s'en presente il continuellement a nostre veuë ? » (*ibid.*). L'objectif est de mieux comprendre « cette infinie puissance de nature », en évitant de juger des événements peu vraisemblables comme faux : « les condamner impossibles, c'est se faire fort, par une temeraire presumption, de sçavoir jusques où va la possibilité » (*ibid.*, 180).

Entre croire ou nier témérairement, il n'y a donc pas de différence. Montaigne expose le paradoxe du « bel entendement », qui veut établir « les limites de la verité et de la mensonge », mais qui finit par croire des choses encore plus invraisemblables que celles qu'il a niées (I, 22, 181) ou nié avoir cru. Le « bel entendement » éprouve ainsi le hiatus entre croyance et incrédulité, jusqu'au point où le vraisemblable devient la chose niée et la chose niée apparaît à nouveau comme vraisemblable. Le « bel entendement » est accompagné de la figure de la conscience malheureuse, dont la seule justification est l'ancienneté du témoignage et le nombre des croyants. Temps, durée, quantité : Montaigne dessine dans ces pages le parcours du malheur de l'imagination acritique : « Il y a du mal'heur [...] ». La conscience malheureuse se repose sur les opinions communes et voit dans la multitude des croyants sa meilleure preuve, au point de vouloir bientôt contraindre par « le commandement, la force, le fer et le feu » (III, 11, 1028).

Les diverses déclinaisons de l'imagination dans son lien à la question du possible deviennent donc bien l'instrument historiographique et moral le plus adapté pour interroger l'histoire « sur ce qui peut advenir ». L'imagination définit ainsi un horizon d'attente au point « jusqu'où » peut arriver l'« humaine capacité ». Cette formule permet de penser un univers ouvert, riche d'une infinité de mondes et de formes. L'univers est donné à travers une conception ouverte de l'histoire, non prédéterminée et non circulaire, mais à sa façon progressive. De ce point de vue, il est clair que Montaigne combat le concept de destin ou de Providence. Il critique toute conception qui limiterait ou annulerait le libre arbitre, répétant presque à la lettre les thèses exposées dans le traité de Pomponazzi sur le *fatum* : « Les choses advenir » sont à relier « à notre volonté », non à une « inevitable necessité ». Montaigne s'oppose explicitement à ce qu'il définit comme l'argument du temps passé : « Puis que Dieu prevoit toutes choses devoir ainsin advenir, comme il fait sans doubte, il faut donc qu'elles adviennent ainsi » (II, 29, 708). À cela, il réplique :

> À quoy nos maistres répondrent que le voir que quelque chose advienne, comme nous faisons, et Dieu de mesmes (car, tout luy estant present, il voit plutost qu'il ne prevoit) ce n'est pas la forcer d'advenir ; voire, nous voyons à cause que les choses adviennent, et les choses n'adviennent pas à cause que nous voyons. L'advenement faict la science, non la science l'advenement. Ce que nous voyons advenir, advient ; mais il pouvoit autrement advenir (II, 29, 709).

PROSOPOPÉE DE L'IMAGINATION : CONTAMINATIONS ET TEMPORALITÉ

Montaigne construit un modèle hypothétique qui substitue au commentaire des événements contingents l'anticipation de l'avenir. Comme le souligne Olivier Guerrier :

> Avec la préposition « sur » dans « dire sur ce qui peut advenir », il fonde en même temps un espace de pensée et d'écriture, le mouvement sécularisé et intériorisé d'une inspection du possible articulée à un déchiffrement de soi. L'enregistrement des « fantasies » et des divers matériaux textuels obéit à ce dessein virtuel, à cette voie que l'essai se donne et s'invente, par inflexion des discours sur la mantique[195].

La même chose doit valoir pour le discours de la force de l'imagination en tant qu'anticipation de la mort, et pour le discours sur la mort même. La « fantasie de chacun » fait concevoir diverses « formes » et « qualitez » non seulement de la vie, mais aussi de la mort (III, 9, 983-984). Ce n'est pas un hasard si le chapitre « Que philosopher c'est apprendre à mourir » précède immédiatement « De la force de l'imagination ». L'imagination est ici paradoxalement une thérapie de la vie, en tant que pratique anticipée de la mort. Son pouvoir anticipateur permet en effet de se familiariser avec l'idée de la mort (les « imaginations de la mort » : I, 20, 87) grâce à sa constante représentation (*ibid.*, 86), en lui ôtant son aspect d'événement extraordinaire, en en faisant quelque chose d'habituel, en la pratiquant, bref en l'attendant partout (*ibid.*, 90). Si l'on ne craint que ce que l'on ne connaît pas, anticiper la mort, la « préméditer » (*ibid.*), est une façon de mettre en place dès maintenant une conduite saine et solide (I, 24, 130). Tous les grands philosophes – Montaigne pense à Socrate, Caton et Sénèque – ont appris à mourir de leur vivant, et ont ainsi désappris à être des esclaves. Ils ont appris à vivre, parce que la pensée de la mort est pensée de la liberté. La philosophie distingue généralement le problème épistémologique et le problème moral, alors que la mort les réunit : « Tout ce que vous vivez, vous le desrobez à la vie ; c'est à ses despens. Le continuel ouvrage de vostre vie, c'est bastir la mort » (I, 20, 93). Cette prise de conscience ne condamne pas à l'inaction. Nous sommes nés pour agir et « je veux qu'on agisse, et qu'on allonge les offices de la vie tant qu'on peut » (*ibid.*, 89). La vie n'est par elle-même ni un bien ni un mal : elle est le siège ou la « place » du bien et du mal, selon le choix que l'on fait pour l'accueillir (*ibid.*, 93). On trouve une indication analogue au chapitre I, 14, « Que le goust des biens et des maux depend en bonne partie de l'opinion que nous en

195 O. Guerrier, « *Quand les poètes feignent…* », *op. cit.*, p. 466.

avons » : « Si ce que nous appellons mal et tourment n'est ny mal ny tourment de soy, ains seulement que nostre fantasie luy donne cette qualité, il est en nous de la changer » (I, 14, 50).

Rendre l'idée de la mort habituelle comme tout autre acte de la vie ne part pas seulement d'une volonté d'ôter sa puissance à la peur, mais d'une prise de conscience nécessaire : nous appartenons au flux universel de la vie et de la mort, avec ses entrées et sorties incessantes et circulaires. Nous sommes ainsi reliés à la loi du temps, au rythme de de toutes choses. Morceau de la vie universelle, la fin d'une vie est aussi le début d'une autre, à la fois une perte et une reconquête : elle renvoie à l'équilibre de la *natura naturans* et de la *natura naturata*, aux vicissitudes du monde et à la multiplication des formes infinies. Montaigne parvient par étapes à cette prise de conscience philosophique. Le passage des *Tusculanes* fait référence à la figure de Socrate chez Platon (*Phédon*, 64a-68b ; 80a) et, en toile de fond, à la fameuse thèse pythagorico-socratique selon laquelle la mort est libération, séparation de l'âme d'avec le corps, dans lequel elle serait comme dans un tombeau. Pratiquer la philosophie et s'exercer à la mort, cela ne fait pas de différence : se rassemblant en elle-même, l'âme pure s'échappe du corps. La thèse avait été reprise par Érasme dans son célèbre *Éloge de la folie*[196]. Toutefois, le premier usage que veut en tirer Montaigne vise l'individuation du sujet qui se propose cet exercice, de celui qui, « toujours et uniquement », s'occupe « droitement » du discours philosophique. Une telle façon de présenter le problème situe le texte entre le *De finibus*[197], où Cicéron présente le bonheur comme étant la fin ultime de la philosophie, et les *Tusculanes*[198], où l'on trouve le concept d'une vie autonome de l'âme : « rappeler l'âme en elle-même » signifie la détacher du plaisir, du corps, des biens matériels au service du corps, de l'activité politique et des affaires du monde. Dans une opération consciente de syncrétisme, Montaigne rapporte le projet du

196 Montaigne pouvait lire ce passage dans le chapitre de conclusion. La première traduction française remonte à 1520 (par ailleurs première traduction moderne à partir du latin, fondée sur l'édition de Bâle de 1515) avec le titre : *De la declaration des louenges de follie, stille facessieux et profitable pour congnoistre les erreurs et abuz du monde*, par George Halluin (Lord Halewin et seigneur di Commines, neveu du plus connu Philippe). Concernant le corps, sa prise en compte dans le chapitre « Sur de vers de Virgile » (où l'on peut déceler une trace de la sensibilité érotique du *Cantique des cantiques*) atteste, une fois de plus, l'idée que la philosophie est pour Montaigne un art de vivre.

197 *De finibus*, II, 27, 86.

198 *Tusculanae*, I, 31, 75.

« bien vivre » au message de l'*Ecclésiaste*[199], tout en réunissant Cicéron (son point de départ) et les Écritures. Le recours à l'*Ecclésiaste*[200] se comprend en dernière instance par le fait que le texte sacré promeut l'aptitude de l'homme au plaisir, en l'appuyant sur la volonté divine elle-même. Si toute chose advient en son temps (naître et mourir, lancer ou ramasser des pierres, enlacer ou désenlacer ses bras, se chercher ou se quitter, etc.), les hommes, affirme Qohelet,

> je sais qu'ils ont comme unique bien
> le plaisir
> Se procurer le bonheur de leur vivant
> Mais que l'homme mange et boive
> et parmi tant de peine il n'ait de bien
> qu'une lueur
> cela aussi est donné par Dieu [...]
> Et je ne vois d'autre bien
> pour l'homme que le plaisir.
> Aussitôt par ses actes
> C'est sa quote-part
> Car Jouir du lendemain, il ne le pourra plus.

Le plaisir serait-il une sorte de tromperie utile de Dieu, destinée à faire supporter aux hommes le poids de la vie, et l'incertitude des destins ?

> Qui sait si le souffle
> de l'homme va vers le haut
> Qui sait si descend vers le bas
> le souffle de la bête
> dans la terre ?

Plus loin[201], la portée du scepticisme s'amplifie :

> Qui sait ce qu'est
> Bonheur de l'homme dans la vie
> Jours comptés, un souffle de vie
> Où est une ombre qui passe
> Et qui dira à l'homme
> Ce qui viendra après ?

---

199 *Ecclésiaste*, 3, 12.

200 *Ecclésiaste*, 31, 5-7 ; 12-13 ; 21-22. Voir A. Legros, article « Ecclésiaste », *Dictionnaire de Michel de Montaigne*, Paris, Champion, 2e éd., 2007, p. 337-338.

201 *Ecclésiaste*, 6, 12.

Au terme d'un parcours fragmenté, qui va de la religiosité du fragment de l'*Ecclésiaste* jusqu'à l'élégance profane du *De vero bono* de Lorenzo Valla, Montaigne réintroduit le concept de plaisir, annoncé dans l'*incipit* du chapitre : le but de la vie, c'est la volupté. Avec Valla, Montaigne souligne qu'elle est la fin dernière de la vie. Il faut en rebattre les oreilles des philosophes[202] :

> Quoy qu'ils dient, en la vertu mesme, le dernier but de nostre visée, c'est la volupté. Il me plaist de battre leurs oreilles de ce mot qui leur est si fort à contrecoeur. Et s'il signifie quelque supreme plaisir et excessif contentement, il est mieux deu à l'assistance de la vertu qu'à nulle autre assistance. Cette volupté, pour estre plus gaillarde, nerveuse, robuste, virile, n'en est que plus serieusement voluptueuse. Et luy devions donner le nom du plaisir, plus favorable, plus doux et naturel : non celuy de la vigueur, duquel nous l'avons denommée (I, 20, 81-82).

Les *Tusculanes* ont souligné que la *virtus* désigne toutes les inclinations droites de l'âme, tandis que d'un point de vue strictement philologique (*virtus* vient de *vir*), le terme ne concerne que la disposition par laquelle une espèce dépasse les autres[203]. Étymologiquement, la *vis* désigne la force propre à l'homme, dont le principal attribut selon les stoïciens est le mépris de la douleur et de la mort. La volupté, en revanche, rend hommage à la vie sous toutes ses formes, incluant le jeûne et les veilles, la sueur et le sang, les passions déchirantes qui l'alimentent et la satiété, à tel point qu'on la prendrait pour de la pénitence. Comment l'homme peut-il atteindre une telle jouissance ? La volupté doit être approchée, sans être possédée. C'est là pour Montaigne la fonction la plus élevée de l'imagination. Dans le chapitre « De la Vertu » (II, 29), l'une des principales illustrations de la force de l'imagination est le mépris de la mort, « moyen qui fournit nostre vie d'une molle tranquillité, nous en donne le goust pur et amiable, sans qui toute autre volupté est esteinte » (I, 20, 82). Le mépris de la mort apparaît comme un fruit coûteux : si elle est inévitable, elle fait peur et si elle fait peur, elle est source continuelle de tourments, tel le rocher de Tantale, selon une image tirée de Cicéron[204]. La mort est le terme inéluctable de la course. Le remède

---

202 Voir N. Panichi, « Le plaisir de la vertu entre éthique et esthetique. Valla e Montaigne », *Les Interférences des écoles de pensée antiques dans la littérature de la Renaissance*, sous la dir. d'E. Tilson, Paris, Classiques Garnier, 2013, p. 221-234.

203 *Tusculanes*, II, 18, 43.

204 *De finibus*, I, 18, 57-61.

commun, de ne pas y penser n'est en réalité pas un remède, mais un simple aveuglement : « de quelle brutale stupidité luy peut venir un si grossier aveuglement ? » (*ibid.*, 84).

Il est toutefois possible de tracer un parcours libératoire, en partant de l'hypothèse selon laquelle la peur de la mort serait liée à la conscience du devenir. Le seul remède, la capacité de la domestiquer, consiste à passer au crible l'idée de mort elle-même. *Meditare mortem*, selon la devise épicurienne que rappelle Sénèque dans la lettre 26, source de ces pages chez Montaigne : telle est la voie de la préparation et de l'anticipation de la mort par la force de l'imagination. Cela demande cependant quelques précautions : « Comme celuy qui continuellement me couve de mes pensées, et les couche en moy », l'auto-surveillance force à s'éloigner du monde, et à toujours rester près de soi-même. C'est ce que dit aussi la maxime selon laquelle « nous sommes nés pour agir », qui fait de l'imagination non seulement la faculté de la liberté, comprise comme libération de la peur, mais aussi le principe de la vie humaine. Si la peur de la mort peut conduire l'homme à l'inaction, à l'immobilité et à l'a-responsabilité, l'imagination en fait en revanche un stimulant de l'action, par opposition à la résignation et à la soumission au factuel : « Je veux qu'on agisse, et qu'on allonge les offices de la vie tant qu'on peut, et que la mort me treuve plantant mes chous, mais nonchalant d'elle, et encore plus de mon jardin imparfait » (I, 20, 89).

Montaigne s'informe par ailleurs très soigneusement des dernières paroles des mourants, de leur apparence et de leur comportement. Il propose une hypothèse, qu'il prolonge dans d'autres chapitres : les dernières paroles prononcées sont des paroles de vérité. « Si j'estoy faiseur de livres, je feroy un registre commenté des morts diverses. Qui apprendroit les hommes à mourir, leur apprendroit à vivre » (*ibid.*, 90). L'imagination philosophique soude les deux extrêmes : si, grâce à sa force anticipatrice, elle apprend à mourir, en faisant de la mort une action de la vie, elle enseigne également à vivre. Cet enseignement porte en lui d'autres conséquences : ainsi, la devise épicurienne formulée par Horace, *carpe diem*, vient cautionner le refus de tout projet à long terme.

La prosopopée de la nature vient en aide à l'imagination dans son difficile parcours d'apprentissage. Celle-ci développe l'analogie entre le corps et l'âme dans ses différents aspects. L'idée de passage a ici une fonction heuristique importante. La nature nous conduit en effet d'un état à l'autre par degrés imperceptibles[205]. La raison est d'ordre ontologique :

> D'autant que le sault n'est pas si lourd du mal estre au non estre, comme il est d'un estre doux et fleurissant à un estre penible et douloureux. Le corps, courbé et plié, a moins de force à soustenir un fais ; aussi a nostre ame : il la faut dresser et eslever contre l'effort de cet adversaire (*ibid.*, 91).

Notre esprit ne pourra atteindre la paix tant qu'il craint la mort. Montaigne reprend à son compte l'invitation de la religion chrétienne à mépriser la vie : « Nostre religion n'a point eu de plus asseuré fondement humain, que le mespris de la vie [...] ». L'exhortation d'Épicure (« Non seulement le discours de la raison nous y appelle, car pourquoy craindrions nous de perdre une chose, laquelle perduë ne peut estre regrettée [...] ? » : *ibid.*, 91-92) répond paradoxalement à celle d'Augustin (« et, puis que nous sommes menassez de tant de façons de mort, n'y a il pas plus de mal à les craindre toutes, qu'à en soustenir une[206] ? » : *ibid.*, 92) : en intériorisant la dialectique de l'un (la mort comme acte unique) et du multiple (les nombreuses morts dans la vie) qui affaiblit l'intégrité de l'un au point de la dissoudre, l'imagination pénêtre dans les méandres de l'idée de la mort pour considérer la fin de toutes choses, en suivant l'enseignement de Lucrèce[207]. Les contaminations mutuelles du profane et du sacré permettent de relativiser le concept de temporalité : « Parquoy c'est pareille folie de pleurer de ce que d'icy à cent ans nous ne vivrons pas, que de pleurer de ce que nous ne vivions pas il y a cent ans » (*ibid.*). La durée se trouve paradoxalement neutralisée

205 « Qui y tomberoit tout à un coup, je ne crois pas que nous fussions capables de porter un tel changement. Mais, conduicts par sa main, d'une douce pente et comme insensible, peu à peu, de degré en degré, elle nous roule dans ce miserable estat, et nous y apprivoise ». Cet escamotage de la nature peut être sur nous en d'autres passages : « si que nous ne sentons aucune secousse, quand la jeunesse meurt en nous, qui est en essence et en verité une mort plus dure que n'est la mort entiere d'une vie languissante, et que n'est la mort de la vieillesse » (*ibid.*).

206 *De civitate Dei*, XVI, 76-79.

207 « Que chaut-il quand ce soit, puis qu'elle est inevitable ? [...] Quelle sottise de nous peiner sur le point du passage à l'exemption de toute peine ! Comme nostre naissance nous apporta la naissance de toutes choses, aussi fera la mort de toutes choses, nostre mort » (I, 20, 92). Avec le *De rerum natura* de Lucrèce, la mort « est origine d'une autre vie. Ainsi pleurasmes-nous : ainsi nous cousta-il d'entrer en cette-cy : ainsi nous despouillasmes-nous de nostre ancien voile, en y entrant. Rien ne peut estre grief, qui n'est qu'une fois ». L'allusion à l'« ancien voile » fait également penser à l'Évangile selon Mathieu (27.51).

par l'imagination : « Est ce raison de craindre si long temps chose de si brief temps ! Le long temps vivre et le peu de temps vivre est rendu tout un par la mort. Car le long et le court n'est point aux choses qui ne sont plus[208] » (*ibid.*). La mort est un acte naturel de la vie du monde : elle a toujours précédé la vie, et celle-ci se dirige depuis toujours vers la mort. Dans son ordre et avec ordre, la nature produit des existences, des êtres, des passages et des métamorphoses[209].

Nous sommes revenus à Lucrèce[210], dont la référence produit des effets souvent chargés d'antichristianisme, notamment avec le rappel de la sentence *nihil de nihilo* – rien ne naît de rien. Montaigne la note – avec une grimace – sur son exemplaire de l'édition Lambin, en face des vers cités[211]. Cet exemplaire est l'un des plus annotés de la main de Montaigne. Plusieurs des *marginalia* sont d'une grande profondeur herméneutique et ne semblent pas jouer le rôle d'un simple marque-page. On y retrouve certaines indications essentielles pour comprendre le cadre général du chapitre I, 20, parmi lesquelles des citations de formules lucrétiennes telles « *Primum nihil de nihilo fit* », exprimée peu après en français : « *rien ne se faict de rien*[212] ». Dans l'hypothèse contraire, précise Lucrèce, les graines ne produiraient pas les espèces, et tout pourrait naître de n'importe quoi : « Toutes choses ont des principe[s] comme l'écriture des lettres*; nulla res ad nihilum redit*[213], rien ne revient

208 L'exemple des petits animaux qui vivent sur le fleuve Hypanis décrits par Aristote (*Historia animalium*, V, 19, 552b) et repris dans les *Tusculanae disputationes* (I, 399) – une vie d'un seul jour, un âge avancé au début de l'après-midi, décrépit le soir – expose le concept même de durée à une sorte de relativisme temporel et l'ouvre à une approche de type eschatologique : « Le plus et le moins en la nostre, si nous la comparons à l'eternité, ou encores à la durée des montagnes, des rivieres, des estoiles, des arbres, et mesmes d'aucuns animaux, n'est pas moins ridicule ».

209 « Mais nature nous y force. Sortez, dit-elle, de ce monde, comme vous y estes entrez. Le mesme passage que vous fites de la mort à la vie, sans passion et sans frayeur, refaites le de la vie à la mort. Vostre mort est une des pieces de l'ordre de l'univers. C'est une piece de la vie du monde, *inter se mortales mutua vivunt. Et quasi cursores vitai lampada tradunt* » (I, 20, 92).

210 *De rerum natura*, II, 76 et 79.

211 L'exemplaire annoté de Montaigne est accessible sur le site des Bibliothèques Virtuelles Humanistes <http://www.bvh.univ-tours.fr>. Les annotations de Montaigne on les lit aussi dans M.A. Screech, *Montaigne's annotated copy of Lucretius. A transcription and study of the manuscript, notes and pen-marks*, with a Foreword by G. de Botton, Genève, Droz, 1998 ; A. Legros, *Montaigne manuscrit*, Paris, Garnier, 2010 (édition de référence).

212 Dans A. Legros, *Montaigne manuscrit*, *op. cit.*, p. 220, n. 25 et 27.

213 *Ibid.*, p. 221, n. 31.

au néant », glose Montaigne. À partir d'un premier passage, « Rien ne devient rien. Tout se change », on trouve une série d'annotations liées entre elles par analogie : « Si les choses se consumoint / le tout seroit pieça consommé ; *Principia rerum aeterna in quae omnia recidunt et unde oriuntur materiaes* [Principes éternels des choses auxquels tout revient et d'où tout provient : la matière][214] ; Matiere aeternelle[215]. » Leur succession va jusqu'à former une ontologie de la métamorphose : « Eschanges qui se faict / des unes choses aus / autres[216]... La conclusion de ce propos est que rien / ne meurt tout se change », jusqu'à cette autre conclusion : *Ali[u]d pro aliud sic ali[u]s pro ali[u]s*[217] *Rem gigni patitur, nisi morte adiutam aliena* [Aucune chose ne peut naître sans l'aide de la mort d'une autre][218] ». Cette ontologie de la métamorphose est illimitée, selon la conception que se font Démocrite et Lucrèce de l'infinité des atomes et du vide, et en définitive de l'infinité des mondes : « Atomes infinis / et le vuide infini[219]. *Omne τὸ πᾶν universum est infinitum si non esset esset aliquid ultra* [Le tout, l'univers : il est infini. S'il ne l'était pas, il y aurait quelque chose au-delà][220] ». L'univers est infini. Alternant citations latines et annotations en français, Montaigne met en évidence les arguments lucrétiens en faveur du concept d'infini. Au livre III, toutefois, l'infinité ne peut concerner la vie de l'âme. Montaigne glose en traduisant et paraphrasant : « La mort ne nous touche point puisque l'âme est mortelle ». Dans sa langue maternelle, cela donne : « *Quod cum ita sit mors nil ad nos attinge nihilo enim magis quae post vitam subsequentur quam quae ante fuerunt nos tangent* » [La mort ainsi definie ne nous atteint en rien, parce que ce qui se passe après notre vie ne nous touche vraiment pas plus que ce qui a eu lieu avant nous][221]. La mort est la condition nécessaire pour qu'il y ait de la vie, qui à son tour crée dans une même séquence vie et mort :

214 *Ibid.*, p. 222, n. 36.
215 *Ibid.*, p. 222, n. 38.
216 *Ibid.*, p. 222, n. 39.
217 *Ibid.*, p. 222-223, n. 41.
218 *Ibid.*, p. 222, n. 38.
219 *Ibid.*, p. 249, n. 177.
220 *Ibid.*, p. 249, n. 178.
221 *Ibid.*, p. 324, n. 532. On croise une autre idée reformulée par Montaigne : « Les choses avenir ne / nous touchent non plus que les passées », avec des annotations à la fois en latin et en français : « *Id ipsum me non tangit propter oblivionem et vitae pausam* / Puis que nous avons / cessé une fois d'estre / rien ne nous touche ».

> Changeray-je pas pour vous cette belle contexture des choses ? c'est la condition de vostre creation, c'est une partie de vous que la mort : vous vous fuyez vous mesmes. Cettuy vostre estre, que vous jouyssez, est egalement party à la mort et à la vie. Le premier jour de vostre naissance vous achemine à mourir comme à vivre, *Prima, quae vitam dedit, hora, carpsit. Nascentes morimur, finisque ab origine pendet* [L'heure qui nous a donné la vie, l'a déjà diminuée[222]. [...] Vostre mort est une (I, 20, 92).

On voit apparaître ici une sorte de déterminisme naturaliste. Celui-ci est confirmé par un amour de la vie qui progresse par contaminations successives. Dans un sens déterministe, Montaigne combine le Sénèque le Tragique de l'*Hercules furens*[223] (qu'il connaît dans les éditions de Juste Lipse selon Pierre Villey) et l'*Astronomica* de Manilius (dont il pouvait avoir une édition lyonnaise de 1551 ou de 1556)[224], sans négliger bien sûr le Sénèque des *Lettres à Lucilius*. Selon Manilius, « l'heure qui la première nous a donné la vie est la même qui nous l'arrache / En naissant nous mourons, le moment de la mort dépend de l'instant de la naissance[225]. » Quant au philosophe Sénèque, il avertit Lucilius en ces termes :

> Je me souviens qu'un jour tu développais cette idée que l'homme ne tombe pas tout d'un coup dans la mort, qu'il s'y achemine pas à pas, que nous mourons chaque jour, car chaque jour nous dérobe une portion de vie, et alors même que nous croissons, la somme de nos années décroît. La première enfance nous a échappé, puis le second âge, puis l'adolescence[226].

Sénèque invite Lucilius à se relire lui-même avec plus de profit qu'en lisant la lettre de son ami. En effet, en se lisant soi-même, Lucilius découvrira un témoignage laissé par sa propre écriture, et comprendra à quel point « cette crise redoutée par nous est notre dernière mort, mais n'est pas la seule ». La force de l'imagination se trouvera confirmée par la relecture de soi.

Vie et mort tissent sans cesse leurs fils. La force de l'imagination ne fait que seconder la vie, dans sa construction ininterrompue de notre

222 Manilius, *Astronomica*, I, 4, 16.

223 *Hercule furieux*, v. 874 : « Naître, c'est commencer de mourir ; le dernier moment de notre vie est la conséquence du premier ».

224 *Marci Manilii poetae clariss. Astronomicon ad Caesarem Augustum*, Lugduni, apud Tomaesium typographum Regium.

225 Manilius, *Astronomica*, IV, 16.

226 Sénèque, *Lettres à Lucilius*, 25, 19-20.

propre mort. Sénèque le souligne, mais aussi Épicure dans sa *Lettre à Ménécée*. Montaigne écrit :

> Tout ce que vous vivez, vous le desrobez à la vie ; c'est à ses despens. Le continuel ouvrage de vostre vie c'est bastir la mort. Vous estes en la mort pendant que vous estes en vie. Car vous estes apres la mort quand vous n'estes plus en vie. Ou si vous aymez mieux ainsi, vous estes mort apres la vie ; mais pendant la vie vous estes mourant, et la mort touche bien plus rudement le mourant que le mort, et plus vivement et essentiellement (I, 20, 93).

Montaigne se tourne également vers la poésie de Lucrèce, en s'inspirant de sa prosopopée de la nature[227]. Le thème de la mort effleure celui du suicide, objet du chapitre « Coustume de l'isle de Cea ». La mort volontaire est une sorte d'anticipation dans le temps, qui déjoue le déterminisme causal par le caractère volontaire de l'acte : « Si vous avez faict vostre proufit de la vie, vous en estes repeu, allez vous en satisfaict, *Cur non ut plenus vitae conviva recedis ?* [Pourquoi ne sors-tu pas de la vie comme un hôte rassasié ?] » (*ibid.*, 93). Cette citation de Lucrèce en amène une autre[228], d'une teneur similaire : « Si vous n'en avez sçeu user, si elle vous estoit inutile, que vous chault-il de l'avoir perdue, à quoy faire la voulez-vous encores ? *Cur amplius addere quaeris Rursum quod pereat male, et ingratum occidat omne* ? [Pourquoi demander des jours supplémentaires, que tu ne sauras pas employer, et que tu perdras, ingrat, comme les précédents ?] » (*ibid.*). La prosopopée de la nature invite à sortir du festin de la vie en « hôte rassasié » : c'est la nature elle-même qui intente ici un procès à l'homme, en faisant valoir ses raisons[229]. De façon quasi-antinomique, tout en renforçant le déterminisme, Montaigne invoque dans une annotation manuscrite la liberté du vouloir : « La vie n'est de soy ny bien ny mal : c'est la place du bien et du mal selon que vous la leur faictes ». Le passage est d'ailleurs censuré dans les *animadversiones* postérieures au voyage en Italie, par la Congrégation de l'Index. Montaigne invoque alors Manilius[230] :

> Et si vous avez vescu un jour, vous avez tout veu. Un jour est égal à tous jours. Il n'y a point d'autre lumière, ny d'autre nuict. Ce Soleil, cette Lune,

227 Lucrèce, *De rerum natura*, III, 931 *sq.*

228 *Ibid.*, III, 938 et III, 941.

229 « [...] *eadem tamen omnia restant, omnia, si pergas vivendo vincere saecla, atque etiam potius, si nusquam sis moriturus, quid respondemus, nisi iustam intendere litem naturam et verum verbis exponere causam* » (*ibid.*, III, 947-950).

230 *Astronomica*, I, 522-523.

> ces Estoilles, cette disposition c'est celle mesme que vos ayeuls ont jouye, et qui entretiendra vos arriere-nepveux : *Non alium videre patres : aliumve nepotes Aspicient* [Nos ancêtres n'ont rien vu différent, et ce sera pareil pour nos descendants][231].

Le déterminisme de Manilius se conjugue au *Nihil novi sub sole* de l'*Ecclésiaste.* S'y mêle encore une fois la voix de la nature lucrétienne[232], sur laquelle s'appuie Manilius :

> Et, au pis aller, la distribution et varieté de tous les actes de ma comedie se parfournit en un an. Si vous avez pris garde au branle de mes quatre saisons, elles embrassent l'enfance, l'adolescence, la virilité et la vieillesse du monde. Il a joué son jeu. Il n'y sçait autre finesse que de recomencer. Ce sera tousjours cela mesme, *versamur ibidem, atque in sumus usque* [Nous tournons dans le même cercle. Nous n'en sortons jamais][233]. *Atque in se sua per vestigia volvitur annus* [L'année roule sur elle-même et recommence sans cesse le même chemin][234] (I, 20, 93-94).

La nature de Lucrèce parle encore à l'homme : « *Nam tibi praeterea quod machiner, inveniamque Quod placeat, nihil est, eadem sunt omnia semper* [Car pour de nouveaux plaisirs à imaginer et à forger pour toi, je n'en ai pas ; ce sont toujours les mêmes][235] » (*ibid.*, 94). Les quatre citations, toutes tirées du *De rerum natura*[236], illustrent une sorte de déterminisme descendant[237] :

231 *Ibid.*

232 *De rerum natura*, III, 1080.

233 *Ibid.*

234 Virgile, *Géorgiques*, II, 402.

235 Lucrèce, *De rerum natura*, III, 944-945.

236 Voir *ibid.*, III, 1090-1091 ; 885-887 ; 919 et 922 ; 925-927.

237 « Faites place aux autres, comme d'autres vous l'ont faite. L'equalité est la premiere piece de l'equité. Qui se peut plaindre d'estre comprins, où tous sont comprins ? Aussi avez-vous beau vivre, vous n'en rebattrez rien du temps que vous avez à estre mort : c'est pour neant : aussi long temps serez vous en cet estat là, que vous craignez, comme si vous estiez mort en nourrisse, *licet, quod vis, vivendo vincere secla, Mors aeterna tamen nihilominus illa manebit* » [*ibid.*, III, 1090 : « Vous auriez beau triompher des siècles en vivant autant que vous voulez, la mort n'en restera pas moins éternelle »]. Et si vous metteray en tel point, auquel vous n'aurez aucun mescontentement, *In vera nescis nullum fore morte alium te, Qui possit vivus tibi te lugere peremptum, Stansque jacentem* [*ibid.*, III, 885 : « Ignorez-vous que la mort ne laissera pas survivre un autre vous-même qui, vivant, puisse vous pleurer mort, et, debout, gémir sur votre cadavre »]. Ny ne desirerez la vie que vous plaingnez tant, *Nec sibi enim quisquam tum se vitamque requirit, Nec desiderium nostri nos afficit ullum* [*ibid.*, III, 919-922 « Alors, en effet, personne ne s'inquiète ni de la vie ni de soi-même ; il ne nous reste aucun regret de nous-mêmes »]. La mort est moins à craindre que rien, s'il y avoit quelque chose de moins, *multo mortem minus ad nos esse putandum. Si minus esse potest*

tandis que l'homme ensevelira quelques générations, la mort, éternelle, l'attendra ; dans la véritable mort, il n'y aura pas d'autre soi-même qui puisse se pleurer mort, debout à côté de son propre cadavre. *Post mortem*, personne ne cherchera donc à prolonger la vie, ni ne se cherchera encore soi-même, et il n'y aura ainsi aucun regret. Le pouvoir anticipateur de l'imagination se greffe sur le déterminisme et le conforte.

LES GÉOMÉTRIES DE L'IMAGINATION DEVIENNENT GÉOMÉTRIES DE L'ÉTHIQUE (L. 389-394)

La conclusion du chapitre réintroduit quelques considérations fondamentales, avec une référence à la philosophie morale de Plutarque : Montaigne s'appuie sur le traité de la vertu morale (*De virtute morali*) et sur le bref écrit sur la question de savoir si la vertu peut s'enseigner (*An virtus doceri possit*). Le mérite de Plutarque est d'avoir montré le chemin de la vertu. Si l'on admettait que la vertu morale ne peut être ni apprise ni enseignée, comme le soutient Platon dans le *Ménon*, le *Clitophon*, l'*Euthydème* et le *Protagoras*, on supprimerait en l'homme la possibilité de progresser sur le plan moral et civique : « si apprendre c'est naître, empêcher d'apprendre, c'est tuer », écrit Plutarque. Il revient à la philosophie d'assumer cette délicate fonction, souligne Montaigne, en tant que « formatrice des jugemens et des meurs » (I, 26, 164)[238]. La voie à suivre est celle du progrès vers la vie bonne. Plutarque ramène la philosophie à l'art de vivre : la vertu n'est pas un concept abstrait, mais elle renvoie à une vie harmonieuse et mesurée. L'éducation, qui offre à l'homme la possibilité d'acquérir cette vertu, provient d'abord de la famille, puis de l'école et en dernier lieu de l'expérience, qui consiste à vivre en homme parmi les hommes. Le pédagogue est celui qui fait faire aux petits enfants leurs premiers pas sur le chemin de la vertu. Dans la vision humaniste que Montaigne se fait de la philosophie, la vertu n'est pas la disposition héroïque d'une âme élue, mais la sagesse, patrimoine commun des hommes, qui présuppose la formation de la conscience morale, celle-ci reposant à son tour sur une éducation appropriée de la volonté.

---

quam quod nihil esse videmus. [*Ibid.*, III, 926] « Elle ne vous concerne ny mort ny vif : vif, parce que vous estes : mort, par ce que vous n'estes plus » (I, 20, 94-95).

238 Sur ce rôle assigné par Montaigne à la philosophie, voir Marc Foglia, *Montaigne, pédagogue du jugement*, Paris, Classiques Garnier, 2011, p. 181-202.

Montaigne se réfère également aux prologues de la *Vie de Nicias*, de la *Vie de Paul Émile* et de la *Vie d'Alexandre.* Dans la *Vie de Nicias*[239], Plutarque met en relation l'écriture et la vie en ces termes :

> Je me suis estudié de recueillir des choses qui ne sont pas communes à tout le monde, que d'autres ont par ci par là escrittes, ou que j'ay retirees de quelques antiquailles, ou de quelques anciens registres, dont j'ay tissu une narration qui ne sera point, ce me semble, inutile ains servira beaucoup à connoistre les mœurs et la nature du personnage[240].

Dans la *Vie de Paul Émile*, Plutarque compare le protagoniste à un « hôte », en invitant à considérer les buts éducatifs du genre de la biographie. Il s'agit de forger sa propre vie en se servant d'un récit qui reflète les qualités du protagoniste comme d'un miroir ou d'un dialogue continu. L'histoire d'une vie permet d'entrer en empathie, en symbiose avec des personnages qui sont accueillis comme dans une conversation, l'un après l'autre, à la façon d'Homère, et chacun à son tour. Le travail du biographe, souligne Plutarque, revient à converser quotidiennement avec des hommes choisis. Écrire la vie d'un personnage pour la mettre au service des autres prend tout son sens, l'écriture étant conçue comme un processus d'identification :

> Quand je me mis à escrire ces vies, ce fut au commencement pour profiter aux autres ; mais depuis j'ay perseveré et continué pour profiter à moy-mesme taschant à raccoustrer aucunement ma vie et la former au moule des vertus de ces grands personnages en recevant tousjours en mon entendement les choses dignes de memoire des plus gens de bien, et de plus vertueux hommes du temps passé[241].

Enfin, dans la *Vie d'Alexandre*, Plutarque tente de refermer le cercle :

> Je n'useray d'autre prologue, que de prier les lecteurs qu'ilz ne me reprennent point si je n'expose pas le tout amplement et par le menu, ains summairement en abbregeant beaucoup de choses, mesmement en leurs principaux actes et faicts plus memorables : car il fault qu'ilz se souviennent que je n'ay pris à escrire des histoires, ains des vies seulements[242].

---

239 *Vie de Nicias*, 1, 5.

240 *Ibid.*, 1, 2, trad. fr. J. Amyot, *op. cit.*, f° 367F-G.

241 *Prologue* à *Vie de Paulus Æmilius*, I, 2, trad. fr. J. Amyot, *op. cit.*, f° 163A.

242 *Prologue* à *Vie d'Alexandre le Grand*, 1-2, trad. fr. J. Amyot, *op. cit.*, f° 464E-F.

Même si la vertu s'oppose souvent à la *tyché*, dans certains cas elle se sert de la fortune pour réaliser ses objectifs.

Dans une annotation de l'*Apologie*, Montaigne fait allusion à une sorte de mal radical : « l'homme, au rebours, possede ses biens par fantasie, les maux en essence » (II, 12, 489). Il évoque Sénèque, pour qui les biens humains ne sont rien d'autre que des songes (*ibid.*, 289). Au cours de son histoire, le genre humain a fait un bon usage de la « force de l'imagination », en s'efforçant de construire sa propre voie. Montaigne conclut par une double comparaison. D'un côté, il faudrait se comporter comme les animaux, effacer ses propres traces devant sa tanière – opération qui n'est pas sans risque et demande des précautions particulières. Se fier à soi-même présuppose que l'on sache premièrement se gouverner, et donc se dédoubler pour oser se voir « boiter devant soi » avec un sentiment de respect et de honte pour sa propre demeure. Mais tant que le but n'est pas atteint, il faut bien avoir à l'esprit Caton, Phocion et Aristide, pour les choisir comme « contrerolleurs de toutes [...] intentions ». Si ces intentions dévient, le respect vis-à-vis de ces figures devra les remettre « en train » (I, 39, 247-248) en s'appuyant sur leur valeur parénétique. L'enseignement moral, confié à l'histoire par le biais de ces « figures » d'une philosophie « vraye et naifve », figures historiques de la conscience de soi éthique, consiste à se contenter de soi, à n'emprunter qu'à soi en renforçant son âme de pensées « certaines » et « limitées ». Les biens véritables, enseigne Socrate, sont ceux que l'on possède en soi-même. « Pourvoyeuse » d'exemples visant au perfectionnement éthique, l'imagination est une pensée consciente de soi. Elle enseigne non à savoir davantage, mais à mieux savoir ; elle invite à ne laisser vides ni l'intelligence, ni la conscience (I, 26, 136), et finit par s'identifier à une forme de raison critique.

Centre autour duquel se déploie la signification la plus profonde des *Essais*, la réflexion montaignienne sur la force de l'imagination montre, par son tranchant, le jeu polysémique que l'imagination est capable de jouer, non seulement en renforçant l'habitude et les opinions reçues occasionnellement, mais en devenant aussi l'instrument stratégique de leur conservation :

> Et les communes imaginations, que nous trouvons en credit autour de nous, et infuses en nostre ame par la semence de nos peres, il semble que ce soyent

> les generalles et naturelles. Par où il advient que ce qui est hors des gonds de coustume, on le croid hors des gonds de raison : Dieu sçait combien desraisonnablement, le plus souvent (I, 23, 115-116).

Il faut donc que « l'empire de la coustume » préserve son pouvoir et l'expérimente sur le plan de la vie sociale, en se montrant plus puissant que tout changement et toute « innovation » :

> Les peuples nourris à la liberté et à se commander eux mesmes, estiment toute autre forme de police monstrueuse et contre nature. Ceux qui sont duits à la monarchie en font de mesme. Et quelque facilité que leur preste fortune au changement, lors mesme qu'ils se sont, avec grandes difficultez, deffaitz de l'importunité d'un maistre, ils courent à en replanter un nouveau avec pareilles difficultez, pour ne se pouvoir resoudre de prendre en haine la maistrise. Darius demandoit à quelques Grecs pour combien ils voudroient prendre la coustume des Indes, de manger leurs peres trespassez (car c'estoit leur forme, estimans ne leur pouvoir donner plus favorable sepulture, que dans eux-mesmes), ils luy respondirent que pour chose du monde ils ne le feroient ; mais, s'estant aussi essayé de persuader aux Indiens de laisser leur façon et prendre celle de Grece, qui estoit de brusler les corps de leurs peres, il leur fit encore plus d'horreur. [...] Chacun en fait ainsi, d'autant que l'usage nous desrobbe le vray visage des choses (*ibid.*, 116).

Au-delà de la richesse suggestive de ces pages, dans lesquelles l'imagination affirme son pouvoir dans le domaine de la coutume, de l'éthique, de la politique et de la religion, l'argumentation complexe de Montaigne lui permet de mettre en évidence la façon dont se produit la libération à l'égard du monde des idées reçues, vénérées hors de toute critique, et de l'idéologie coutumière. Elle indique ce que l'imagination humaine doit faire pour ôter leur masque aux personnes et aux choses :

> Qui voudra se desfaire de ce violent prejudice de la coustume, il trouvera plusieurs choses receues d'une resolution indubitable, qui n'ont appuy qu'en la barbe chenue et rides de l'usage qui les accompaigne ; mais, ce masque arraché, rapportant les choses à la verité et à la raison, il sentira son jugement comme tout bouleversé, et remis pourtant en bien plus seur estat (*ibid.*, 117).

La notion de « nouvelleté » pourrait apparaître comme une fissure au cœur même du concept d'imagination productrice. La dynamique de la métamorphose, de la possibilité et de la nouveauté pourraient être comme bloquée dans sa capacité critique au profit d'une coutume comprise comme identité et conservation. Mais, à bien y regarder, c'est bien la notion de « nouvelleté » qui est problématisée dans ces pages montaigniennes :

> Je suis desgousté de la nouvelleté, quelque visage qu'elle porte, et ay raison, car j'en ay veu des effets tres-dommageables [...]. Mais si les inventeurs sont plus dommageables, les imitateurs sont plus vicieux, de se jetter en des exemples, desquels ils ont senty et puny l'horreur et le mal. Et s'il y a quelque degré d'honneur, mesmes au mal faire, ceux-cy doivent aux autres la gloire de l'invention, et le courage du premier effort. Toutes sortes de nouvelle desbauche puisent heureusement en cette premiere et foeconde source, les images et patrons à troubler nostre police (I, 23, 119-120).

Le parcours de la nouveauté a commencé et recommence sans cesse, en se présentant toujours comme l'*autre de l'autre.*

BIBLIOGRAPHIE

ANTIQUITÉ, MOYEN ÂGE, RENAISSANCE ET ÉPOQUE MODERNE

AGRIPPA DE NETTESHEIM, Henri-Corneille, *De occulta philosophia libri tres*, Coloniae, 1533 ; aussi in *Opera [...] quibus post omnes editiones de novo accessit ars notoria*, Lyon 1600 [?], réimpr. anastatique, Hildesheim, Olms, 1970, 2 vol. Voir aussi l'édition critique éditée par Vittoria Perrone Compagni, Leyde, Brill, 1992.

ARISTOTE, *De anima*, libri tres., Apud Sebastrianum Gryphium 1546 (éd. moderne : *De l'âme*, texte établi par A. Jannone, trad. et notes de E. Barbotin, Paris, Les Belles Lettres, 1989).

ARISTOTE, *De historia animalium libri 9. De partibus animalium & earum causis libri 4. De generatione animalium libri 5. Theodoro Gaza interprete. De communi animalium gressu liber 1. De communi animalium motu liber 1. Petro Alcyonio interprete. Indices in praefatorum operum singula*, Parisiis, ex officina Simonis Colinæi 1524 (éd. modernes : *Histoire des animaux* [1974, 2 vol.] – *Les parties des animaux* [1990] – *De la génération des animaux* [1961], éd. et trad. P. Louis, Paris, Les Belles Lettres).

ARISTOTE, *Problematum Aristotelis Sectiones duœdequadraginta. Problematum Alexandri Aphrodisiei libri duo, Theodoro Gaza interprete. Ad haec, in utriusque sectiones & Problemata copiosissimus Index*, Lugduni, apud Paulum Mirallietum, sub insigni Divi Pauli, 1551, Lugduni, excudebat Nicolaus Baccaneus (éd. moderne : *Problèmes*, éd. et trad. P. Louis, Paris, Les Belles Lettres, 1991-1994, 3 vol.).

ARNAUD DE VILLENEUVE, *Regimen sanitatis cum expositione magistri Arnaldi de Villa Nova Cathellan*, Lugduni, Apud Joannem Stratium, sub Bibliis Aureis, 1586.

AUGUSTIN D'HIPPONE, *Divi Aurelii Augustini Hipponensis episcopi De civitate Dei libri XXII ad priscæ venerandæque vetustatis exemplaria denuo collati, eruditissimisque insuper commentariis per doctiss. virum Ioan. Lodouicum Viuem illustrati & recogniti. Accessit index multo quàm Basiliensis fuerat, copiosior*, Parisiis, apud Carolam Guillard viduam Claudij Cheuallonij, sub sole aureo, in via diui Iacobi, 1555 (Parisiis, excudebat Carola Guillard, 1544) ; éd. B. Dombart et A. Kalb, Turnhout, Brepols, 1955, vol. XXIV.

AVICENNE *(Avicenne latine), Liber de anima seu Sextus de naturalibus*, éd. S, Van Riet, 2 vol., Louvain – Leyde, Peeters-Brill, 1968-1972.

BACON, Francis, *Advancement of Learning Works*, collected and edited by James Spedding, Robert Leslie Ellis and Douglas Denon Heath, Londres, Longman, 1857.

BERNI, Francesco, *Rime*, s.l. 1540, in *Poesie e prose*, Genève-Florence, Olschki, 1934, éd. Ezio Chiorboli (capitolo del prete da Povigliano : *A Messer Ieronimo Fracastoro*).

BOAISTUAU, Pierre, *Histoires prodigieuses les plus memorables qui ayent esté observees, depuis la nativité de Jesus Christ, jusques à nostre siecle. Extraictes de plusieurs fameux autheurs, Grecs, et Latins, natif de Bretaigne*, avec les portraicts et figures, Paris, Iehan Longis et Robert le Mangnyer Libraires, 1560 (*Préface* de Gisèle Mathieu-Castellani, Paris – Genève, Slatkine, 1996).

BODIN, Jean, *Colloquium heptaplomeres de abditis rerum sublimium arcanis / Colloque entre sept sçavans qui sont de differens sentimens, des secrets cachez, des choses relevez*, Traduction anonyme du *Colloquium heptaplomeres* de Jean Bodin (Manuscrits français 1923 de la Bibliothèque Nationale de Paris), texte présenté et établi par François Berriot, avec la collaboration de Katharine Davies, Jean Larmat et Jacques Roger, Genève, Droz, 1984.

BODIN, Jean, *Démonomanie des sorcieres*, à Paris, chez Jacques du Puys, 1580 (en appendice *Refutation des opinions de Iean Wier*), éd. an. Hildesheim – Zürich – New York, Olms, 1988).

BODIN, Jean, *Methodus ad facilem historiarum cognitionem*, à Paris, Martin Le Jeune, 1566 (éd. critique par S. Miglietti, Pisa, Edizioni della Normale, 2013 ; *Œuvres philosophiques de Jean Bodin*, Paris, Presses Universitaires de France, 1951, p. 104-269).

BOUCHET, Jean, *Les Serees*, derniere edition, reveuë et augmentee par l'Autheur, à Lyon, chez Pierre Rigaud 1614, p. 84-85 ; dans André Janier, *Les Serées (1584-1597-1598) du libraire-imprimeur Guillaume Bouchet (1514-1594)*, texte revu et corrigé par Jean-Claude Arnould, Paris, Champion, 2006.

BRUNO, Giordano, *De imaginum, signorum et idearum compositione...*, libri tres, Francofurti, Apud Ioan. Vv[W]echelum et Petrum Ficherum consortes 1591 ; in *Opere mnemotecniche*, II, texte latin en vis-à-vis, éd. par Marco Matteoli, Rita Sturlese, Nicoletta Tirinnanzi, dir. Michele Ciliberto, Milan, Adelphi, 2009.

CARDAN, Jérôme, *De subtilitate*, in *Ieronymi Cardani Mediolanensis philosopho ac medici celeberrimi Operum tomus tertius quo continetur Physica...*, Lugduni, sumptibus Ioannis Antonii Huguetan, et Marci Antonii Ravaud, 1663.

CECCHI, Giovanni Maria, *Il Donzello*, Giunti, Venetia, 1585, in *Commedie*, 2 vol., Milan, 1850.

CELSUS, *De arte medica libri octo*, Lugduni, S. Gryphius, 1542.

CICÉRON, *Les Vies des Hommes Illustres, Grecs et Romains Compares l'une avec l'autres par Plutarque de Chaeronee*, translatees de Grec en François, à Paris, De l'Imprimerie de Michael Vascosan, avec Privilège du Roy ; *Les Vies des Hommes illustres Grecs et Romains, comparees l'une avec l'autre par Plutarque de Cheronee*, translatee de Grec en François, par Maistre Jacques Amyot lors Abbé de Bellozane, et depuis en seconde edition reveües et corrigees en infinies passages par le mesme Traslateur, maintenant Abbé de Saincte Corneille de Compiegne, Conseiller du Roy, et grand Aumosnier de France, à l'aide de plusieurs exemplaires vieux, escripts à la main, et aussi du jugement de quelques personnages excellens en sçavoir, à Paris, De l'Imprimerie de Michel de Vascosan, 1565, avec Privilege du Roy ; *Vies*, éd. Gallimard, Paris, 1951 ; pour le texte latin que Montaigne aurait pu consulter : *Plutarchi Chaeronei quae vocantur Parallela : hoc est Vitae Illustrium Virorum Graeci nominis ac Latini, prout quaque alteri convenire videbatur, accuratius quam antehac unquam digestae et castigatae*, Basileae, Froben, 1560.

CORAS, Jean de, *Arrest memorable du Parlement de Tolose : contenant une histoire prodigieuse, de nostre temps, avec cent & onze belles, & doctes annotations…*, par Monsieur M. Jean de Coras, Conseiller en ladite Cour, & rapporteur du procez, Prononcé és arrests Generaux le XII. Septembre 1560 (*Argument et sommaire du faict*) ; éd. consultée Lyon chez Antoine Vincent, en 1565, suivie par *Les douze reigles du Seigneur Iean Pic, de la Mirandole, lesquelles adressant l'homme au combat spirituel : traduites du latin en françois par ledit de Coras.*

DEL RIO, Martin, *Disquisitionum magicarum libri sex*, Lovanii : ex officina typographica Gerardi Riuii typog. iurati, 1599-1601 (réimpr. anastatique, Gruppo Editoriale Castel Negrino, 2006).

FAYE, Jacques, sieur d'Espesses, *Recueil de plusieurs pieces des Sieurs de Pybrac, d'Espeisses, Presidents au Parlement de Paris, et de Bellièvе Chancelier de France non encore imprimee*, Paris, P. Blaise 1635.

FICIN, Marsil, *Theologia platonica*, Basileae, ex officina Hericpetrina, 1556, IV, *Quartum signum ab effectu miraculorum*, in *Opera omnia*, réimpression anastatique, Bottega d'Erasmo, Torino 1959, I, 13, 4, p. 298-305, avec une *Lettera introduttiva* de P. Kristeller et une *Premessa* de M. Sancipriano (*Theologia Platonica*, XIII, 4, trad. R. Marcel, Paris, Les Belles Lettres, 3 vol., 1964-1970).

GALIEN, Claude, *De simplicium medicamentorum temperamentis et facultatibus*, apud Gulielmum Rouillium, 1561.

ÉRASME, *Adagiorum opus Des. Erasmi Roterodami, ex postrema autoris recognitione.*

Accessit huic editioni index nouus, lectori quaecunque... Lugduni, apud Sebastianum Gryphium, 1556 (Sebastianus Gryphius excudebat, 1556).

HÉRODOTE, *Historiae*, 1502, Venetia, Aldo Manuzio (Bâle 1541 et Paris 1570).

HÉRODOTE, *Les neuf livres des histoires de Herodote prince et premier des historiographes grecs, intitulez du nom des Muses Clio, Euterpe, Thalia, Melpomène, Terpsychore, Erato, Polymnia, Urania, Calliope, plus un recueil de George Gemiste dict Plethon, des choses avenues depuis la journée de Mantinée, le tout traduit du grec en françois par Pierre Saliat, secrétaire de monseigneur le Revendissime Cardinal de Chastillon*, à Paris, avec Privilege de roy, pour Estienne Groulleau, 1556.

HOBBES, Thomas, *The Answer by Hobbes to Sir William Davenant's, Preface before Gondibert* (1650), in In Sir William d'Avenant, *The Gondibert : An Heroick Poem*, 52-64. 1st English edition, London.

INSTITOR, Heinrich (KRÄMER), SPRENGER, Jakob, *Malleus maleficarum*, Argentorati, ca. 1488, Venetiis, apud Antonium Bertanum, 1574 (*Monstres et prodiges*, *Des noüeurs d'esguillettes*).

JÉRÔME DE STRIDON, *Quaestiones in Genesim*, in *Opus Epistolarum Divi Jeronimi*..., éd. Erasme, Guillard, Paris 1546.

JOUBERT, Laurent, *Preface au Second livre du ris, contenant sa definition, ses especes, differences, et divers epithetes*, à Paris, chez Nicolas Chesneau, 1579 (réimp. anastatique Genève, Slatkine Reprints, 1973).

LA BOÉTIE, Étienne, *Les reigles de mariage*, à Paris, chez Federic Morel 1571 (reproduite par Bonnefon en 1892 ; réimpression anastatique 1967, p. 159-184 et par Louis Desgraves, Bordeaux, William Blake, 1991, II, p. 9-27).

L'ANCRE, Pierre de, *L'incredulité et mescreance du sortilege plainement convaincue. Ou il est amplement et curieusement traicté, de la verité ou illusion du sortilege, de la fascination, de l'attouchement*..., à Paris, chez Nicolas Buon, ruë Saint Iacques, à l'enseigne Sainct Claude, & de l'homme sauvage, 1622.

MALEBRANCHE, Nicolas, *De la Recherche de la Vérité*, in *Œuvres complètes*, éd. G. Rodis-Lewis, Paris, Vrin, 1991.

MEXÍA, Pero, *Silva de varia lección*, publié incomplète en 1542, après selon la version de Mambrino Roseo da Fabriano, à Lyon, 1556 (trad. ital. chez Iseppo Prodocimo, Venetia, 1682 ; trad. fr. Claude Bruget : *Les diverses leçons de P. Messie, gentilhomme de Sevile, contenans la lecture de veritables histoires*..., Paris, Vincent Sertenas, 1556.

MICHELANGELO BUONARROTI (il Giovane), *La Fiera* (1618), in Firenze, nella Stamperia S. A. R., per li Tartini e Franchi 1726 (in *Opere*, éd. par Pietro Fanfani, Firenze, Le Monnier, 1860, vol. 1, p. 9-544 ; éd. Uberto Limentani, Firenze, Olschki, 1984).

PARACELSE, *Fragmentum libri de virtute imaginativa*, in Aureoli Philippi

Theophrasti Paracelsi Bombast ab Hohenheim, *Opera omnia*, II, Genevae, sumptibus Johan Antonij, et Samuelis De Tournes, 1658.

PARACELSE, *La cause morale du Ris de Democrite, expliquee et temoignee par Hippocras...*, à Paris, chez Nicolas Chesneau, 1579, avec Privilege du Roy, Second livre, Genève, Slatkine Reprints, 1973.

PARÉ, Ambroise, *Des monstres et prodiges*, Paris, André Wechel, 1573 (édition critique et comm. J. Céard, Genève, Droz, 1971).

PELETIER, Jacques (connu aussi comme PELETIER DU MANS), *L'art poëtique de Jaques Peletier du Mans, départi an 2 livres*, Lyon, J. de Tournes et G. Gazeau, 1555.

PIC DE LA MIRANDOLE, Jean, *Conclusiones numero XXXI secundum propriam opinionem de modo intelligendi hymnos Orphei secundum Magiam, id est, secretam divinarum rerum naturaliumque sapientiam a me primum in eis repertam (conclusiones sive theses DCCCC* Romae Anno 1486 *Publice disputandae sed non admissae. De adscriptis Numero Noningentis Dialecticis, Moralibus, Physicis, Mathematicis, Meta-Phisicis, Theologicis, Magicis, Cabalisticis, cum suis tum sapientum Chaldaeorum, Arabum, Hebreorum, Grecorum, Aegyptiorum, Latinorumque placitis, disputabit publice Johannes Picus Mirandulanus Concordie Comes. In quibus recitandis non Romanae linguae nitorem, sed celebratissimorum Parisiensium disputatorum dicendi genus est imitatus. Propterea quod eo nostri temporis philosophi plerique omnes utuntur. Sunt autem disputanda dogmata, quod ad gentes attinet et ipsos heresiarchas seorsum posita, quod ad partes philosophie promiscue quasi per satyras Omnia simul mixta*).

PIC DE LA MIRANDOLE, Jean-François, *Liber de imaginatione*, Venetiis apud Aldum Romanum, mense Aprili 1501 ; Strasbourg, 1507 ; pour la première traduction française, voir *Traitté de l'imagination*, tiré du latin de I. Françoys Pic de la Mirandole. Par I.A.D.B [Jean-Antoine de Baïf], à Paris, chez André Wechel, demeurant à l'enseigne du Cheval volant, rue S. Iean de Beauvais 1557, Avec privilège du Roy. Pour les éditions modernes : *On the imagination*, the latin Text with an Introduction, an english Translation, and Notes, by Harry Caplan, New Haven, London, Oxford, Yale University Press, 1930 (Cornell Studies in English, XVI) ; *Über die Vorstellung. De imaginatione*, lateinisch-deutsche Ausgabe, mit einer Einleitung von Charles B. Schmitt – Katharine Park, München, hrsg. von Eckhard Keßler, Fink, 1984 ; *De l'imagination / De imaginatione*, édité par Christophe Bouriau (texte latin et trad. française moderne, édition de référence), préface de Pierre-François Moreau, Chambéry, Éditions Comp'Act, 2005.

PIC DE LA MIRANDOLE, Jean-François, *Libro detto Strega, o delle illusioni del Demonio del Signore Giouanfrancesco Pico dalla Mirandola*, Impresso in Bologna : per maestro Geronimo de Beneditti da Bologna, 1524 (a cura di Leandro Alberti, il cui nome figura nella prefazione : *F. Leandro delli Alberti Bolognese, dell'ordine de Predicatori, alla molto Illustre Signora Della Mirandola, Madonna Giovanna Caraffa Pica*).

PIERRE D'ABANO (ou PIERRE DE PADOUE), *Conciliator Controversiarum, quae inter philosophos et medicos versantur* [1303] Petro Abano patavino, philosopho ac medico clarissimo auctore, Venetiis apud Iuntas, 1565 (*editio princeps*, Modena, Ludovico Carmelitano 1472, réimpr. anastatique Ezio Riondato e Luigi Olivieri, Padoue, Antenore, 1985).

PLUTARQUE, *Les Vies des hommes illustres, grecs et romains, comparées l'une avec l'autre, par Plutarque de Chaeronée, translatées premièrement de grec en françois, par maistre Jacques Amyot*... et depuis en ceste seconde édition reveües et corrigées... par le mesme translateur... À Paris, de l'imprimerie de M. de Vascosan, 1565 (1557).

PLUTARQUE, *Les oeuvres morales & meslees de Plutarque, Translatees du Grec en François par Messire Jacques Amyot, à present Evesque d'Auxerre, Conseiller du Roy en son privé Conseil & grand Aumosnier de France*, à Paris, de l'Imprimerie de Michel de Vascosan 1572 (réimpr. anastatique, intro. M.-A. Screech, Johnson Mounton, Reprints Corporation, 1971).

PLINE, *C. Plinii Secundi Naturalis historiae libri triginta septem. Nunc demum ex Aldinis archetypis pristino suo nitori accuratè restituti : affixa suis locis Sigismundi Gelenij oculatissimi viri castigatione. Qua ex ipsa egregiè cognita vera lectione, vitiatum quod erat pellitur. His accessit traditarum à Plinio rerum index locupletissimus*, Venetiis, apud Hieronymum Scotum, 1571 (Venetiis : apud Hieronymum Scotum, 1570).

POMPONAZZI, Pietro, *De naturalium effectuum causis sive de incantationibus*, in *Opera*, ex officina Hericpetrina, Basileae, 1567 (G. Gratarol, Basileae, 1556 ; réimpression anastatique Hildesheim-New York, Olms, 1970 ; *De naturalium effectuum causis sive de incantationibus*, tr. fr. parz., *Les causes des merveilles de la nature ou les echantements*, avec une Introduction et des notes par H. Busson, Paris, Les éditions Rieder, 1930, p. 138. Éd. critique V. Perrone Compagni avec la collaboration codicologique de L. Regnicoli, *De incantationibus*, Florence, Olschki, 2011, texte de référence).

PONTANO, Giovanni, *De rebus coelestibus tractatus*, Neapoli, ex officina Sigismundi S. Mayr Germani, 1512.

PULCI, Luigi, *Il Morgante*, 1478 (Firenze 1481), éd. Franca Ageno, Milan – Naples, Ricciardi, 1955.

RAYNAUD, Théophile, *Des stigmates sacrés et profanes, divins, humains, démoniaques*, Gratianopoli, apud Claudium Bureau, 1647.

RICCHIERI, Ludovico (surnommé Ludovico CELIO RODIGINO), *Antiquarum lectionum*..., Parrhisiis, in Aedibus Iadoci Badii, ad Idus Iulias 1517 (aussi Basileae, apud H. Frobenium et N. Episcopium, 1542).

THOMAS D'AQUIN, *De operationibus occultis naturae* et *De sortibus*, in *Opera omnia* iussu Leonis XIII P. M. edita, tomus XLIII, cura et studio Fratrum Praedicatorum, Editori di San Tommaso, Santa Sabina 1976. Le volume contient : *De principiis naturae, De aeternitae mundi, De motu cordis, De mixtione elementorum [De operationibus occultis naturae], De iudiciis astrorum [De sortibis], De unitate intellectus, De ente et essentia, De fallaciis, De propositionibus modalibus.* Dans le *Liber De sortibus* dédié à Jacques de Tonengo (*ad dominum Iacobum de Tonengo*).

VALÈRE MAXIME, *Valerii Maximi Dictorum et factorum memorabilium rubricae primi libri [-IX libri]*, Venetiis, N. Girardengus, 1480.

VARCHI, Benedetto, *Della generazione de' mostri* (*Lezione sopra la generazione de' mostri, se sono intesi dalla natura, o no : fatta pubblicamente nella Accademia fiorentina la prima e la seconda domenica di luglio, l'anno 1548*, in *Opere* di Benedetto Varchi. Ora per la prima volta raccolte con un discorso di A. Racheli intorno alla filologia del secolo XVI e alla vita e agli scritti dell'autore ; aggiuntevi le lettere di Gio. Battista Busini sopra l'assedio di Firenze. Dalla sezione letterario-artistica del Lloyd austriaco, volume secondo, Trieste, 1859, p. 660-681.

VIVES, Juan Luis, *De subventione pauperum sive de humanis necessitatibus libri II. De Communione rerum ad Germanos inferiores. Epistolae : D. Joanni, episcopo Lincolniensi, a confessionibus inclyti Britanniae regis*, Brugis, 1524.

WIER, Johann, *De lamiis liber*, Basileae, ex Officina Oporiniana, 1577 (1582).

WIER, Johann, *De praestigiis daemonum, et incantationibus ac veneficiis libri sex*, Basileae, ex Officina Oporiniana, 1568, tr. fr. *Histoires, disputes et discours des illusions et impostures des diables, des magiciens infâmes, sorcières et empoisonneurs, des ensorcelez et démoniaques et de la guérison d'iceux : item de la punition que méritent les magiciens, les empoisonneurs et les sorcières. Deux dialogues touchant le pouvoir des sorcières et de la punition qu'elles méritent*, de Thomas Erastus, Jacques Chouet, 1579 (1885, réimpr. anastatique, 1976).

ÉTUDES CRITIQUES

ANSALDI, Saverio, *L'imagination fantastique : images, ombres et miroirs à la Renaissance*, Paris, Les Belles Lettres, 2013.

ARMOGATHE, Jean Robert, « L''Imagination' de Mersenne à Pascal », in Marta Fattori e Massimo Luigi Bianchi (a cura di), *Phantasia-Imaginatio.* Atti del V Colloquio internazionale del Lessico Intellettuale Europeo, Rome, Ateneo, 1988, p. 259-272.

BENSON, Edward, *Money and magic in Montaigne : the historicity of the* Essais, Genève, Droz [Champion-Slatkine], 1995.

BERNOULLI, René, « Montaigne und Paracelsus », *Gesnerus*, n° 49, 1992, p. 311-322.

BOASE, Alan Martin, *Montaigne et la sorcellerie, Bibliothèque d'Humanisme et Renaissance*, n° 4, 1935.

BRANN, Eva T.H., *World of the Imagination*, Savage (Maryland), Lanham, Rowman – Littlefield Publisher Inc., 1990.

BUSSON, Henri, *Le rationalisme dans la littérature française de la Renaissance*, Paris, Vrin, 2e éd., 1971[2].

CARRAUD, Vincent, MARION, Jean-Luc (dir.), « Imaginer l'inimaginable. Le Dieu de Montaigne », *Montaigne : scepticisme, métaphysique, théologie*, Paris, Presses Universitaires de France, 2004, p. 49-87.

MATHIEU-CASTELLANI, Gisèle, « 'Dire les événements' ou 'dire sur ce qui peut advenir' ? (selon le chapitre 'De la force de l'imagination') », *Le livre I des* Essais *de Montaigne*, Actes de la Journée d'Études *Montaigne*, 6 nov. 1992, *Cahiers Textuel*, n° 12.

CHARPENTIER, Françoise, « 'Les historiens sont ma droite bale…' : fonction de l'anecdote historique dans les premiers *Essais* », Cl.-G. Dubois (dir.), *Montaigne et l'histoire*, Paris, Klincksieck, 1991, p. 21-29.

CHENU, Roselyne (dir.), *L'Imagination créatrice*, Neufchâtel, La Baconnière, 1971.

COTTRELL, Robert D., *Sexuality/Textuality : A Study of the Fabric of Montaigne's Essais*, Columbus, Ohio State University Press, 1981.

CRISTOFOLINI, Paolo (a cura di), *Studi sul seicento e sull'immaginazione*, seminario del 1984, Pise, Scuola Normale Superiore di Pisa, 1985.

CUBEDDU, I. et *al.*, « Materiali per una storia e teoria dell'immaginazione », Urbino, *Quaderni dell'Istituto di filosofia*, 1999, p. 55-98.

DEMONET, Marie-Luce, « La fiction comme "chimère" chez Montaigne et Sanchez », *Bulletin de la Société Internationale des Amis de Montaigne*, 2e semestre 2007, p. 7-24.

DUBOIS, Claude-Gilbert, *L'imaginaire de la Renaissance*, Paris, Presses Universitaires de France, 1985.

DUBOIS, Claude-Gilbert, *Essais sur Montaigne. La régulation de l'imaginaire. Ethique et politique*, Caen, Paradigme, 1992.

ENGELL, James, *The Creative Imagination*, Cambridge (Mass.), Londres (Engl.), Harvard University Press, 1981.

FERRARI, Emiliano, *Montaigne. Une anthropologie des passions*, Paris, Classiques Garnier, 2014.

FERRARIS, Maurizio, *L'immaginazione*, Bologne, Il Mulino, 1996.

FRIEDRICH, Hugo, *Montaigne*, Bern-München, Francke Verlag, 1949 ; trad. R. Rovini, Paris, Gallimard, 1968.

GARAVINI, Fausta, *Mostri e chimere. Montaigne, il testo e il fantasma*, Bologne, Il Mulino, 1991.

GARIN, Eugenio, *Phantasia e imaginatio tra Ficino e Pomponazzi*, in *Phantasia-Imaginatio*, Colloquio Internazionale (Roma, 9-11 gennaio 1986), Lessico intellettuale europeo, Atti a cura M. Fattori e M. Bianchi, Rome, Edizioni dell'Ateneo, 1988.

GUERRIER, Olivier, *« Quand les poètes feignent » : 'fantasie' et fictiont dans les* Essais *de Montaigne*, Paris, Champion, 2002.

JOUVIN, Jean-Pierre, *Imagination et alchimie à la Renaissance*, Paris, L'Harmattan, 2016.

LABARRIÈRE, Jean-Louis (dir.), « Aristote sur l'imagination », cahier de la revue *Les Études Philosophiques*, 1997, 1.

LEGROS, Alain, « *De la force de l'imagination* selon l'*Exemplaire de Bordeaux* en l'état et du recours à l'édition posthume », *Bulletin de la Société Internationale des Amis de Montaigne*, 2012, p. 287-320.

LESTRINGANT, Frank, « Montaigne et le corps en procès : *De la force de l'imagination* », in *La poétique des passions à la Renaissance*, sous la dir. de François Lecercle et Simone Perrier, Paris, Champion, 2001, p. 91-109.

LESTRINGANT, Frank, « L'action génitale. À propos du plaidoyer pour le membre », *Bulletin de la Société des Amis de Montaigne*, juil.-déc. 2000, 19-20, p. 65-79.

LYONS, John D., *Before Imagination. Emodied thought from Montaigne to Rousseau.* Stanford, Stanford University Press, 2005.

MAGNIEN, Catherine, « Montaigne historien de l''expedition' de Henri d'Anjou en Pologne (1573-1574) ? Hypothèses », in *Histoire et littérature au siècle de Montaigne, Mélanges offerts à Claude Gilbert Dubois*, éd. Françoise Argod-Dutard, Genève, Droz, 2001, p. 195-206.

MCFARLANE, Ian D., « *Montaigne and the Concept of Imagination* », D.-R. Haggis (dir.), *The French Renaissance and its Heritage*, Essays presented to Alan M. Boase, Londres, Methuen, 1965, p. 126 *sq.*

NAKAM, Géralde, *Les Essais de Montaigne. Miroir et procès de leur temps*, Champion, Paris 2001, éd. revue, corrigée et mise à jour, Paris, Nizet, 1984.

NORTON, Glyn P., *Image and Introspective Imagination in Montaigne's Essais*, Modern Language Association of America, 88, 2, March 1973, p. 281-288.

O'BRIEN, John, « Imagination », P. Desan (dir.), *Dictionnaire de Michel de Montaigne*, Paris, Champion, 2e éd. 2007, *s.v.*

PANICHI, Nicola, *Michel de Montaigne. L'immaginazione*, Florence, Olschki, 2e éd. 2010.

PANICHI, Nicola, *Les liens à renouer. Scepticisme, possibilité, imagination politique chez Montaigne*, Paris, Champion, 2008, p. 255-352.

PANICHI, Nicola, *Montaigne*, Carocci, Roma, 2010.

PAPPALARDO, Lucia, *Gianfrancesco Pico della Mirandola : fede, immaginazione e scetticismo*, Turnhout, Brepols, 2015.

PIRO, Francesco, *Il retore interno. Immaginazione e passioni all'alba dell'età moderna*, Naples, La Città del Sole, 1999.

PIRO, Francesco, « La cognizione del desiderio. L'immaginazione e la *virtù estimativa* tra topografie dell'anima medievali e proto-moderne », in I. Cubeddu, et *al.*, « Materiali per una storia e teoria dell'immaginazione », Urbino, *Quaderni dell'Istituto di filosofia*, 1999, p. 55-98.

PIRO, Francesco, *Tra intelligenza animale e passioni umane : discussione sull'immaginazione e la « virtù estimativa » nel XVI secolo*, in *Imago in phantasia depicta*, a cura di Lia Formigari, Giovanni Casertano e Italo Cubeddu, Milan, Carocci, 1999, p. 167-188.

POLACHEK EISENBERG, Dora, *Montaigne and Imagination : The Dynamics of Power and Control*, in M. Tetel (dir.), *Le parcours des Essais, Montaigne 1588-1988*, Colloque international Duke University, Paris, Aux Amateurs des Livres, 1989, p. 134-145.

PRIESTLEY, John, « Montaigne and History », *Renaissance and Reformation*, X, 1974, n° 1, p. 85.

SCIASCIA, Leonardo, *La sentenza memorabile*, Palerme, Sellerio, 1992.

TELLE, Emile V., « Montaigne et le procès Martin Guerre », *Bibliothèque d'Humanisme et Renaissance*, n° 37, 1975, p. 387-419.

TOURNON, André, *Montaigne : la glose et l'essai*, Lyon, Presses Universitaires de Lyon, 1984, rééd. Paris, Champion, 2000.

TOURNON, André, « 'Advenu' ou 'non advenu'… », in C.-G. Dubois (dir.), *Montaigne et l'histoire*, Paris, Klincksieck, 1991, p. 31-38.

VILLEY, Pierre, *Les sources et évolution des* Essais, t. I, *Les sources et la chronologie des* Essais, Paris, Hachette, 1908.

ZEMON DAVIS, Natalie, CARRIÈRE, Jean-Claude, VIGNE, Daniel, *Le retour de Martin Guerre*, Paris, Robert Laffond, 1982.

INDEX NOMINUM

TABLE DES MATIÈRES

ESSAIS, LIVRE I, CHAPITRE 21
DE LA FORCE DE L'IMAGINATION

IMPRIM'VERT®

Achevé d'imprimer par Corlet Numéric,
Z.A. Charles Tellier, Condé-en-Normandie (Calvados), en décembre 2020
N° d'impression : 169779 - dépôt légal : décembre 2020
Imprimé en France